AF088200

The English Text of the Ancrene Riwle

EDITED FROM

COTTON MS. TITUS D. XVIII

AND

BODLEIAN MS. Eng. th. c. 70

EARLY ENGLISH TEXT SOCIETY

No. 252

1963 (for 1962)

PRICE 40*s*.

Mine leue sustre alsya
as yitten yel oure yttres
vtteyid: Alsya ou alle þi
ge lokes þ ȝe beon myid softe ⁊
milde ⁊ eadmode ⁊ swote iher
ted ⁊ þolemode aȝain woh of
yord þ mon seis oþ. oþer werc þat
mon dmis dos oþ. leste ȝe al
forleosen. Aȝaines bittre an
cres. dd. seis þis uers. Simil
fc̃s sum pellic. sol. ⁊c. Ich am
he seis as pellican þ wunes bi
him ane. Pellicanis a fuhel se
yeamod ⁊ se yrad ful þ hit sles
ofte o gromie hise ahne briddes
hwen ho don him tene. ⁊ tene
sone þrafter hit yurdes swide
sari. ⁊ makes swide muche man
⁊ smites hi self his bile. þ he
sloh ear hise briddes yid ⁊ dra
hes blod of his herte brest. ⁊
yid þ blod aquenes eft hise brid
des slaine. Þis fuhel pellican
is te yeamod anker. Hire brid
des: arn hire gode yerkes þ ho
slas ofte yid bile of scharp yr

adde. Ah hyen he sya haues
idon: do as dos te pellican
forþunche hit sone. ⁊ yid hire
ahne bile. brake to breoste. þ
is yid schrifte of his mud þ he
sunchede yid ⁊ sloh hire gode yer
kes: drahe þe blod of sune ut
of his breoste. þ is of þe herte þ
sayle lif is ine. ⁊ sya schule eft
aquiken hire isleine briddes þ
arn hire yerkes. Blod bitac
nes sune. for al sya as a mon bibled
yid bile is grislich ⁊ eatlich in
monnes ehe: alsya is te sune fu
le bifore godes ehnen. on oder
half. na mon ne mai iugi þel
blod ear hit beo icoled: al sya is
of sune. hyil þe herte walles
yid of yradde: nis ter na riht
dom. oder hyil þe lust is hat
toyard ani sune: ne maht tu
nayt te hyiles deme yel hyat
hit is. ne hyat ter yile cume
of. Ah let lust ou gan ⁊ hit te
yile liken. let te heate acolen
as dos tat yile iugi blod. ⁊ tu

British Museum Cotton MS. Titus D. XVIII, f. 33v

The English Text of the Ancrene Riwle

EDITED FROM COTTON MS. TITUS D. XVIII

BY

FRANCES M. MACK

TOGETHER WITH

THE LANHYDROCK FRAGMENT

Bodleian MS. Eng. th. c. 70

EDITED BY

A. ZETTERSTEN

Published for

THE EARLY ENGLISH TEXT SOCIETY

by the

OXFORD UNIVERSITY PRESS

LONDON NEW YORK TORONTO

OXFORD
UNIVERSITY PRESS

Great Clarendon Street, Oxford OX2 6DP
United Kingdom

Oxford University Press is a department of the University of Oxford. It furthers the University's objective of excellence in research, scholarship, and education by publishing worldwide. Oxford is a registered trade mark of Oxford University Press in the UK and in certain other countries

© The Early English Text Society 1963

The moral rights of the authors have been asserted

Database right Oxford University Press (maker)

First Edition published in 1963 (for 1962)

All rights reserved. No part of this publication may be reproduced, stored in a retrieval system, or transmitted, in any form or by any means, without the prior permission in writing of Oxford University Press, or as expressly permitted by law, or under terms agreed with the appropriate reprographics rights organization. Enquiries concerning reproduction outside the scope of the above should be sent to the Rights Department, Oxford University Press, at the address above

You must not circulate this book in any other form and you must impose this same condition on any acquirer

Published in the United States of America by Oxford University Press
198 Madison Avenue, New York, NY 10016, United States of America

British Library Cataloguing in Publication Data
Data available

Library of Congress Cataloging in Publication Data
Data available

Original Series, 252

ISBN 978-0-19-722252-2

CONTENTS

PREFATORY NOTE

THE text of the Titus version of the *Ancrene Riwle* is reproduced from the manuscript without emendation. Alterations made by the original scribe are enclosed in angular brackets. Letters expuncted are so printed, but words treated in this way are mentioned only in the footnotes. Alterations and additions by other hands are also recorded there. The capitalization, punctuation, and word-division of the manuscript are retained. The ordinary hyphens used are those of the manuscript, being always at line-ends. For a hyphen introduced by the printer where a word has to be broken at the end of a line the symbol ⸗ is used. When a word is divided in the manuscript between two lines and there is no hyphen, a short vertical stroke is inserted in the print at the point of division.

Contractions are normally expanded without italics; but ꝥ (for 'þet' or 'þat') and ⁊ (for 'and' or 'ant') are left unexpanded. ƿ (wyn), used throughout the manuscript with one exception, is printed as *w*.

Mr. N. R. Ker, who has consented to undertake the general supervision of the palaeographical features of the several manuscripts, has contributed various details to the special description of Titus.

Members of the Council of the Early English Text Society have seen the volume in the proof stage and have made contributions towards its revision.

F. M. M.

INTRODUCTION

MS. Cotton Titus D. xviii, which preserves the version of the *Ancrene Riwle* printed in this volume, is a codex with leaves of parchment measuring 157 × 120 mm. and numbered from 1 to 147. The first section (ff. 1–12), written in a fifteenth-century English hand, comprises a *liber alphabetarius* and other texts described by Derolez.[1] It belonged to Thomas Allen (d. 1632) and has no connexion with the rest of the manuscript. The English works occupy ff 14–147. A parchment leaf at the end, folded in three and used by the binder, contains a list of archbishops of Canterbury to Walter Reynolds and of bishops of Lincoln to Wolsey.

In an *Index Contentorum*, on the verso of a fly-leaf numbered 13, the *Ancrene Riwle* is listed as 'Institutio Monialium veteri Anglicana circa tempora: Hen: 2'. It occupies ff. 14r–105 and is followed by *Sawles Warde*, *Hali Meiðhad*, the *Wohunge of ure Lauerd*, and a *Life of St. Katherine*, one of the writings of the so-called 'Katherine Group'.

Like the other English works the *Ancrene Riwle* is written in book-hand in double columns. It is imperfect at the beginning, having lost leaves corresponding to pp. 2–42 of Morton's text. In consequence most of Part I, on Devotions, is missing. Two other leaves have been lost, one between ff. 39 and 40 and another between ff. 68 and 69. The leaves are numbered in ink on the recto side. In another hand the verso of f. 19 is numbered 20, that of f. 29 is numbered 30, and so on in the case of every tenth leaf to f. 99, which is numbered 100. In the printed text columns have been indicated as well as the recto and verso of leaves.

The number of lines to each column of a page varies between 24 and 30. From the beginning to the end of f. 32r, 24 is the usual number along with an occasional 25 and 26. It does not appear in the rest of the text, where the range is between 25 and 28 except for a very few examples of 29 and 30. The written space is 112 × 88 mm. On each page the first line of writing is

[1] R. Derolez, *Runica manuscripta* (Brugge, 1954), pp. 335–43. (Rijksuniversiteit de Gent. Werken uitgegeven door de Faculteit van de Wijsbegeerte en Letteren. Afl. 118.)

below the first ruled line,[1] which suggests that the second quarter of the thirteenth century is a better date than *c.* 1225. The collation of ff. 14–107 is 1^{10}; 2^{12}; 3^{12}, leaf 5 being wanting after f. 39; 4^{12}; 5^{12}, leaf 11 being wanting after f. 68; 6^{10}; 7^{12}; 8^{16}, the *Ancrene Riwle* ending on the fourteenth leaf of this quire.

A number of three-line and two-line initial letters appear in the text. Apart from a few two-line examples in green or in red these show a varying degree of ornamentation, some with scroll-work extending along several lines of the margin. Only two colours have been used: green for the letter with ornamentation in red, or red and green in reverse. Seven three-line initials occur and these begin the seven parts of the work that survive in Titus, the original eight parts into which the author divided his book having been reduced to little more than seven through the loss of earlier leaves noted above. These are as follows:[2]

Part II: The custody of the senses (2/32).
Part III: The regulation of the feelings within (31/11).
Part IV: Temptations (55/1).
Part V: Confession (104/7).
Part VI: Penance (125/12).
Part VII: Love (141/12).
Part VIII: The External Rule (153/4).

In the initial letters beginning Parts II, III, and IV the ornamentation takes the form of a stylized bird-figure (see the photograph of f. 33^{v}). This appears again in a somewhat less elaborate form among the two-line capitals at 26/6, 88/18, 97/32, and 153/14; also with much simplification at 122/14, 122/22, and 122/32.

Occasional paragraph marks introduced before f. 101 are indicated either in the text or in the footnotes. On f. 101rb (153/29) there begins a series of such signs used before some of the instructions of the External Rule. These, usually in red or in green in the manuscript, are reproduced in the printed text.

In addition to the three- and two-line initials especially prominent capital letters are used to some extent within the line.

[1] For the significance of this detail see N. R. Ker's article in *Celtica*, v (1960), 13–16.

[2] References are to page and line of this edition.

These differ somewhat in size. They may be wholly in black, in black with a hair-stroke in red or in green, and, though rarely, in red or green alone. They sometimes introduce what might have been a new paragraph, thus making for some slight economy in the use of parchment while at the same time avoiding the labour involved in forming large initial letters. Apart from isolated examples a series of such capitals occurs in the section that sets out the eight reasons for fleeing the world (49/15–51/29), where thick black capitals are used for the initial Þ in *Þe forme . . . Þe oðer . . . Þe þridde*, &c. Here in the Nero text two-line capitals introduce new paragraphs (72/25–75/9).[1]

Such capitals are also frequent where there is no question of a new paragraph, among other instances, in the names of the Seven Deadly Sins: *Liun . . . Neddre . . . Vnicorn*, &c. (63/4–6), and in the enumeration of the six whelps of the Unicorn of Wrath as *Þe firste . . . Þe oðer*, &c., the initial Þ being written in black with a hair-stroke in red (64/24–26). A similar prominence is given to the reiterated *Nam* in a series of rhetorical questions at 147/9–13. It has been decided for various reasons not to indicate these capitals in the printed text by the use of a special type.

Apart from these special capitals the editor has been faced with some difficulty in deciding between the majuscule and the minuscule in the case of letters where these do not differ in shape, especially since the scribe is not altogether consistent in his use of a capital at the beginning of a sentence in those that are clearly differentiated in this respect. This difficulty is specially pronounced in the letters *ȝ*, *þ*, *v*, and *w* (wyn)[2] and it cannot always be certain that the scribe's intention has been correctly interpreted.

In the case of *s*, long *s* is generally used for the small letter initially in a word with a variation of the modern twisted *s* for the capital. But capitals formed by the double long *s* appear in *Swa* 12/6 and 12/10, and in *Sch-ew* 23/21. Three types of *s* are

[1] See the *Ancrene Riwle* (MS. Cotton Nero A. XIV), ed. Mabel Day, E.E.T.S., o.s. 225, 1952, to which reference is made throughout the Introduction.

[2] One example of the modern capital appears in *Walter* 122/21.

used finally: a smaller and less open form of the twisted *s* (occasionally in Latin words and frequently in short English words such as *is*, *as*, *þis*, &c.), long *s*, and an unusual form intermediate in shape between the other two.[1] The smaller twisted *s* occurs only rarely instead of long *s*, in an initial position and medially.

A special feature of the writing is the frequent appearance of capitals where modern usage would require a small letter. Especially prominent is the use of *G* for *g* in words such as *gan*, *god*, *godd*, *gast(liche)*, though here again the scribe's practice is most erratic. *G* is even found occasionally in a medial position, e.g. *iGan* 74/19, *anGerfule* 82/23, *eGede* 97/7.

The lengthened and slightly tailed *i* in numerals (153/17–23) is printed as *j* in *ij*, *iij*, &c. *j* has also been used to represent the same type of *i* sometimes used finally (*a*) in Latin words chiefly after minim letters and *i*, and (*b*) in English words, e.g. *anj* 4/9, 6/23, &c.; *ymbrj* 11/22, *imonj* 65/24, &c. Initial *i* is only occasionally prolonged below the line. Here again *j* is used in print as in *jtachet* 3/34, *jnwið* 25/30, *jswete* 39/10, and a few other examples.

Words crowded together in the closely compressed book-hand of the manuscript have had to be separated in print and difficulty often arises about word-division, in which the scribe's practice seems to be variable. This is especially so in the case of verbs prefixed with *bi-*, *for-*, *to-*, &c.; in compounds, including such words as *forþi*, *wiðinnen*, *wiðuten*, *hwase*, &c., and in the attachment of *i*, the personal pronoun, to the stem of the verb. The editor's intention has been to separate the two elements only when a space is clearly visible in the manuscript, but complete consistency cannot be claimed here.

The punctuation of the manuscript is that usual in the period. ⁏ is reproduced in the printed text but the mark of interrogation has been modernized. The dot (·) may take the place of any modern mark of punctuation. It is sometimes absent at the end of a sentence, especially when this coincides with a line-end.

The hyphen, which resembles an acute accent (represented in

[1] See the photograph of f. 33^{v}, ll. 7, 8, 14, &c. A facsimile page is also included in C. E. Wright, *English Vernacular Hands* (Oxford, 1960), and in *Palaeographical Soc.*, ser. ii.

print by a modern hyphen), is found only at line-ends. It is frequently omitted in error and in a few instances it has been added incorrectly: e.g. *wa-is* 47/18, *hu-god* 85/23, *ho-is* 113/30, *ne-feles* 127/29, &c.

The Latin quotations show a frequent use of suspension and contraction. The contractions here as well as the much fewer examples in the English text are mainly those in general use. Reference is made in the footnotes to cases in which the expansion is doubtful. Since *ti* appears much more frequently than *ci* in Latin words such as *gratia* and *temptatio* when they are written in full, *ti* has been used in the expansion. It may be noted, too, that English *quod* (pt. sg.), never written in full in the manuscript, is expanded from *ꝗ*, since this appears throughout the text as the contracted form of Latin *quod*. The infrequent variant *qð* is expanded in the same way.

The text contains frequent errors and shows some carelessness in copying, though it is possible that some few mistakes may have been inherited from the manuscript used by the scribe. Letters and words are sometimes repeated in error and single words or a sequence of words omitted. Misspellings and mistakes in inflexion due to the influence of some word in the immediate context appear frequently. Some of these mistakes have been corrected by the usual devices: expunction, alteration of letters, interlining, marginal additions, transposition marks, crossing out, and erasion. Occasional alteration at the beginning of words indicates that the scribe sometimes discovered his mistake or changed his intention as he was writing. Apart from such cases occasional doubts arise as to the handwriting in the corrections. In the main, however, these would appear to have been made by the scribe himself. Slight changes in the colour of the ink do not necessarily indicate another hand. In a few odd instances the scribe has replaced one word by another without changing the sense: *for* by *aȝain* 9/27; *wordes* by *muðes* 15/26; *bodi* by *licome* 140/32. Here it may be assumed that after straying from his text he restored the reading before him. But such a concern for accuracy is not characteristic. Corrections, though frequent, are sometimes made carelessly and a number of mistakes, both major and minor, have been passed over by the scribe, who does not appear to have made any thorough revision of his transcription. These include:

(*a*) Omissions, sometimes of several lines, that cause a break in the sense. There are clear examples of these at 10/30, 25/13, 25/34, 75/2, 88/1, and 92/11. In order to supplement these faulty passages reference to the text of Nero has been made in the footnotes.

(*b*) Blunders in copying and short omissions that spoil or seriously weaken the sense. In such cases corrections based on a comparison with the readings in the printed texts of the *Ancrene Riwle* and those of MS. Cleopatra C. VI have usually been suggested.

(*c*) Mistakes in copying that do not affect the sense. Here suggested emendation in the spelling of words has been kept to a minimum. This is felt to be advisable in dealing with a text that displays a marked lack of uniformity in its orthography.[1]

Some carelessness in the use of personal pronouns is to be noted, though mistakes are occasionally corrected by the scribe. Particularly evident is the confusion between feminine and masculine that may occur when reference is made to the recluse. An example of such blundering appears in the passage in which the pelican is presented as a type of the 'weamod ancre' (31/23–31). Sometimes, however, there is only a single change from one gender to another within a sentence or a series of short sentences. This is most obvious when oblique case forms of the pronoun (*his*/*him* and *hire*) accompany the nominative (e.g. 30/34–31/5, 35/33–36/5, 36/19–20, 92/1–3, &c.). Such anomalies have usually been left without comment in the footnotes, as it has not been found practicable to suggest corrections.

[1] The language of Titus shows a clear intermingling of two different types of dialect. The scribe, whose home was apparently somewhere in the north-east Midlands, introduced his own regional forms of phonology and inflexion in a casual and irregular way during the process of copying into a text written probably in much the same west Midland area as *Ancrene Wisse* (MS. Corpus Christi College Cambridge 402) and MS. Bodley 34. For a detailed study of the language see Theodor Mühe, *Über den im MS. Cotton Titus D xviii enthaltenen Text der Ancren Riwle* (Diss., Göttingen, 1901).

This uncertainty in the use of pronouns is connected with the very superficial attempt made in the Titus version to address the teaching of the work to men as well as to women recluses. Significant in this connexion is the extension of the prayer *Saluas fac ancillas tuas* (Nero 19/31) to *Saluos fac seruos tuos ⁊ ancillas tuas* (1/25).

The purpose of the revision obviously necessitated the suppression of the long reference to the three sisters[1] for whom the work was composed as given in the well-known passage of the Nero text (85/8–19 and 23–27). The personal details given there have been reduced to the statement: *Muche word ꝥ is of ow. hu gentille ȝe beon. ȝunge of ȝeres ȝulden ow. ⁊ bi comen ancres. forsoken worldes blisses.* (61/5–7). The only other omission of any length is the passage that corresponds to Nero 31/1–16, beginning *ne ne preche ȝe to none mon-ne* (see Titus 12/2). It cannot be certain that the loss here is fortuitous. Since the lines deal with the relationship of women recluses to men of religion they may have been deliberately excluded.

The scribe's somewhat perfunctory attitude to his task as reviser appears in the retention in a number of cases of the address to '(my) dear sister(s)' as in Nero. Elsewhere this is altered to *(mine) le(o)ue childre* or omitted altogether; at 10/6 it is replaced by *mine leo-ue frend.*

The loss of '(my) dear sister(s)' is occasionally due to a longer omission of some personal reference in which it occurs. So, in the passage that warns against the abuse of windows, Titus at 3/36 omits the remark *ich write muchel uor oþre. ꝥ noþing ne etri-neð ou mine leoue sustren.*, slightly recasting the rest of the sentence to give a general rather than a particular application (Nero 22/12 ff.). Also, too, when the recluses are adjured to keep their hands within their windows the exhortation in Nero but not in Titus is accompanied by the remark *nout ou. auh do oðre. uor hit nis no neod mine leoue sustren.* (Nero 50/23 ff.; cf. Titus 30/17). Again the advice about austerity is followed in Nero by the sentence *noðeleas leoue sustren ower mete and ower drunch haueð iþuht me lesse þen ich wolde.* (188/26 ff.), an observation

[1] The reference to *three* sisters (Nero 50/31) has also disappeared at Titus 30/23.

that does not appear in Titus at 153/36. This is in keeping with the suppression of the earlier remark that the sisters had at times endured greater suffering than the writer could have wished (Nero 172/24–25; cf. Titus 139/14).

To be noted is the replacement throughout the text of the term *meiden(es)* as applied to the two domestics that serve the needs of the recluses by *seruant(e)* or *seruanz*. It has been omitted at 156/33 along with the sentence in which permission is given to the 'maiden' to teach some young girl or other if it is not desirable for her to have lessons along with boys (Nero 192/10–12). However, the word *wimmen* in the sense of serving-women is admitted at 157/12 at the beginning of the long section that sets out the rules for their treatment. Elsewhere these are spoken of as *seruanz*; at 157/29 as *familiers*.[1] *Seruant*, too, occasionally replaces *spuse* when applied to the recluse as the Bride of Christ, the term being inappropriate to a man (28/4, 32/32, 33/4, &c.).

Only rarely is the reviser's intention to extend the teaching of the work to men stated precisely in an added sentence (6/12–14 and 112/28–29).[2] Sometimes it is indicated by a short interpolation,[3] e.g. *Þis is a swiðe dredliche word [to wepmon ⁊] to wimmen* 6/24–25; *Anker ⁊ [husebondeoðer] husewif: ah muche to beo bitwe-nen.* 11/19; . . . *ancres [baðe þi-ne breðre. ⁊] tine leue sustres* 97/21. At other places masculine words may be substituted for feminine: 'man' for 'woman'; 'men' for 'women' or 'ladies'; 'son' for 'daughter'; 'brethren' for 'sisters' (7/18–19, 8/13, 59/3 and 5, 82/18, 155/3, &c.). In the case of the personal pronoun, too, particularly when it refers to the indefinite *hwase*, the masculine form often replaces the feminine of Nero. However, a reverse change occasionally takes place and, as has been already noted, confusions sometimes occur as the scribe wanders from the text before him.

Yet when allowance has been made for the alterations and

[1] This anticipates by many years the first appearance of 'familiar' recorded in *O.E.D.*

[2] The reviser apparently had the behaviour of a man in mind when at 112/31 in the confession put into the mouth of a woman he followed the acknowledgement *Biheold oþe wrastling* with the words *oðer me self wrastle-de.*

[3] Words enclosed in square brackets do not occur in Nero.

mistakes of the scribe the text is seen to be very close to that of Nero. In the External Rule, for example, a particularly suitable field for revision, details differ little from those of the earlier version. In fact the essential character of the *Ancrene Riwle* as a work written primarily for the instruction of women recluses has been only superficially disturbed in Titus.

ANCRENE RIWLE

B.M. Cotton MS. Titus D. XVIII

swuche oðre þinges as pater nostres ⁊ Auez on owre ahne f. 14ra (M. 44) wise. Salˈmes ⁊ uraisuns. I am wel ipai-ed. Euch an seie as best beres hi-re on heorte. Versailinge of sawter. Redinge of englische o-ðer frensch. Hali meditatiuns. Ower cneolinges. hwen se ȝe eauer muhen ȝeme ear mete ⁊ after Eauer se ȝe mare don:ʼ se godd ow eches forðre his deorewurðe grace. Ah lokis swa ibide ow ꝥ ȝe ne beon neauer idel. ah wur-chen oðer reden oðer beo in bones. ⁊ swa don eauer sumhwat ꝥ god mai of wakien. Þe v-res of þe hali gast. ȝif ȝe ham wilen seie:ʼ seis euch tide of ham bifore vre lauedi tide. Owre metė graces stondinde bifore me-te. ⁊ after. as ho arn writen ow. ⁊ wið þe. Miserere. Gas bi-fore owre auter. ⁊ endes ter þe graces. Bitwene mel ꝥ drin|ke wile:ʼ seie. Benedicite. Benedi-cat f. 14rb dei filius potum nostrum. In noˈmine patris. And blesces afterˈward. Adiutorium nostrum in nomine domini qui fecit celum. ⁊ terram. Sit nomen domini benedictum ex hoc nunc ⁊ usque in seculum Benedicamus domino. Deo gratias. Hw-en ȝe Gan to bedde iniht oðer in euen: falles o cneos. ⁊ þenˈches hwat ȝe habben iwraððet owre lauerd i ꝥ dai. ⁊ cries him ȝeorne merci. ⁊ forȝeouenˈesse. ȝif ȝe hauen ani God don:ʼ þonkes him ȝeorne his ȝeoue. wiðuten hwam ȝe ne muhen God do. ne god þenˈke. ⁊ sei Miserere. kyrieleison. christe eleison. kyrieleison. pater. noster. Et ne nos. Saluos fac seruos tuos ⁊ ancilˈlas tuas deus meus sperantes in te. Oremus Deus cui proprium est. And stondin-de. Visita domine habitationem istam. And o last þenne. Christus uin-cit † christus regnat † christus (M. 46) imperat | † cros wið þe þume up o þe forˈheaued. ⁊ tenne. f. 14va Ecce crucem do-mini. † fugite partes aduerse. vicit leo de tribu iuda radix dauid alleluia. A large croiz as at. Deus

22 his: *a small hole over* h   24 pater: p *altered from some other letter*

in adiutorium. wið ecce crucem domini. ⁊ tenne fowr croices o fowr half wið þise fowr afterwarde clauses Crux fugat omne malum crux est reparatio rerum. per crucis hoc signum fugi-at procul omne malignum. Et per idem sig-num saluetur quodque benignum. On ende on owself ⁊̣ o þe bed baðe In nomine patris ⁊ filii. Ibedde se forð se ȝe muhen ne do ȝe ne ne þen-chen na þing bute slepe. Hwa se con oðer uhtsong oðer ne mai hit seien.ʼ he seie for uhtsong þrˡitti pater nostres. ⁊ aue maria after euch pater noster. ⁊ Gloria patri. after euch Aue. Olast. Oremus. Hwa se con. Deus cui proprium est. Benedi-camus domino. Anime fidelium defunc-torum per misericordiam
f. 14vb dei requiescant in pace. | For euensong twenti pater. nostres. for euch oðer tide. fifte oþis ilke wise. bute at uhtsong mon schal first seie hwa se con. Domine labia mea aperies. Deus in adiuto-rium. At Complin. Conuerte nos Deus in adiutorium. At alle þe oðre tides. Deus in adiutorium. Hwa se is unheite oðer sec.ʼ forkerue of uhtsong tene. Of euch an of þe oðre tides.ʼ fiue. Þe haluendel of euchan ȝif ho beo seckre. hwase is ful mesaise.ʼ of alle beo ho cwit. Nime hire secnesse nawt ane þolemodliche.ʼ ah do swiðe gladliche. ⁊ al is hires ꝥ ha-li chirche singes oðer redes. Ah ȝe ahen þenne þenchen in euch ti-me mast in owre tiden ꝥ owre þohtes ne beo fleotinde þenne. ȝif ȝe þurh ȝemles gliffen of wordes oṛðer mis taken of ueres.ʼ takes owre uenie dun at te eorðe wið
f. 15ra þe hond ane. oðer al falles dun | for muche mis takinge.
(M. 48) ⁊ sch-eawes ofte ischrifte owre ȝem-les herabuten. Þis is te for-me dale ꝥ ihaue ispeken hider to of owre seruise. þis riwle her after muche ned is wel to lo-ke ꝥ godd ȝiue ow grace. for hit spekes of þe fiue wardains of þe heorte

Omni custodia custodi cor tuum quia ex ipso ui-ta procedit. Wið alle cun-ne warde wite wel þin heorte. for sawle lif is in hire ȝif ho is wel iloked. Þe heorte wardains arn þe fif wittes. Sihðe. heringe. Sm-ecchinge. smellinge. Euch limes felinge. ⁊ we schulen

8 ne *omitted after* se 14 fifte *for* fiftene 23 of godd *omitted after* þenchen 26 ueres *for* uers

speken of al-le. for hwase wites ham wel.ˀ he dos salomones bode. He wites wel his heorte ⁊ his sawle heale Þe herte is a wilde beast. ⁊ makes moni liht lupe as sein gregorie seis Nichil corde fugatius. Na þing ne | at luppes te mon sonre f. 15rb þen his ahˈne heorte. dauid. Godes prophete meaneˈde him isum time þat ha was atstart him. Cor meum dere⸗liquid me. ꝥ is min heorte is at flohin me. And ḥeft he blisses him. ⁊ seis. ꝥ ha was icumen ham. Inuenit seruus tuus cor suum. Lauerd he seis min heorte is cumen aȝain eft. ⁊ hire haˈue i funden. Hwen se hali mon ⁊ swa war ⁊ swa wis lette hire at starten.ˀ sare mai an oðer of hire fluht karien. And hwer atbr-ac ho him vt þe hali king godes prophete. hwere? Godd hit wat at his eheþurl. At a sihðe ꝥ he seh þurh bihaldinge as ȝe schulen after here. Forþi mine leue sustre þe leaste ꝥ ȝe eauer muhen luues (M. 50) owre win-dohes al beon ho lutle. Þe parlu-re windohe beo least ⁊ narewest. ꝥ clað in ham beo twafald. Blac þe clað. þe cros hwit innewið ⁊ wið uten. Þe blake clað bitacnes ꝥ ȝe arn blake ⁊ unwurð toward | te world wið⸗ f. 15va uten. ꝥ te soðe sunne ꝥ is iesu crist haues utewið forcu-led ow. ⁊ swa wiðuten ꝥ ȝe beon unsewlich imaked ow. þurh gleames of his grace. Þe hw-ite cros limpes to ow. for þreo crosses arn. Read. blac. hwit. Þe reade limpes to þoa ꝥ hauen þurh godes luue wið hore blod schedinge irudet ⁊ ireadet. ⁊ ase þe martyrs weren. Þe blaˈke limpes to þoa ꝥ maken iþe world hore penitence for laðliche sunnes. Þe hwite limpes ariht to hwit meidenhad ⁊ to clennesse ꝥ is muche pine wel for to halˈde. Pine is eihwer þurh cros don to understonden. Þus bitacnes hwit cros þe blake clað teke þe bitacninge. dos lasse eil to þe ehne ⁊ is þiccre to ȝain þe wind ⁊ wurse to seo þurh ⁊ haldis his heow betere for wind ⁊ for oðerh-wat. Lokes ꝥ te parlurs clað beo on eauer euch half faste | ⁊ wel f. 15vb jtachet. ⁊ geateð wel þer owre ehne. leste þe heorte atfleo ⁊ wende vt as dude of dauid. ⁊ owre sawle seclie sone as ho is vte. loke ꝥ ȝe ne hauen nawt te nome ⁊ te wil of

18 hwit: i *probably altered from* a 24 hauen *for* arn *or* hauen beon

totinde an-ker. ne of tollinde lokinges ne lates. ꝥ sum oðerhwile walawai vnkundeliche makies. for aˈȝain cunde is hit ⁊ unmeð selli wunder ꝥ te deade a dotie ⁊ wið cwike (M. 52) worldes men wede wið sunne. Me leue sire seis sum ⁊ is hit nu se ouer uuel for to lokin utward. Ȝea hit leue suster. ful vuel ⁊ ouer uuel to eauer euch anˈker is te vuel ꝥ ter cumes of. nomeliche to þe ȝunge. ⁊ to þe alde forþi:ʼ ꝥ to þe ȝunge ȝiues vuel forbisne. ⁊ scheld to were ham wið. for ȝif anj wites ham:ʼ þenne seien ho onan. Me sire ho don al swa ꝥ arn betere þen ich am ⁊ witen betere þen f. 16ra ich wat hwat ho ahen to donne. Leo|ue ȝunge anker ofte a ful hahˈer smið smiðes a ful wac cnif. Þe wise folhe iwise⸗dom ⁊ nawt ifolie. An ald anker mei do wel ꝥ tu dos al to wunder. at totin vt wið uten uuel ne mai owre nowðer. Nim nu ȝeme hwat vuel is icumen of totinge. na-wt an uuel ne twa:ʼ ah al þe vuel ꝥ nu is ⁊ eauer ȝete was ⁊ eauer schal iwurðen:ʼ al com of a sihðe. ꝥ hit beo soð:ʼ her preoue. Lucifer þurh ꝥ he seh ⁊ biheold on him seolf his ahˈne fairnesse. leop into prude. ⁊ bi-com of engel ateli⸗che deouel. Of eue owre aldemoder is iwri-ten on alre earst in hire sunne. in-ȝong of hire ehesihðe. Vidit igitur mulier quod bonum esset lignum ad uescendum ⁊ pulchrum ocu⸗lis aspectuque delectabile. ⁊ tulit de fructu eius ⁊ comedit. deditˈque uiro suo. Þat is. Eue biheld o þe forbodene f. 16rb appel. ⁊ seh hire | fair. ⁊ feng to deliten iþe bihal-dinge. ⁊ toc hire lust þer toward ⁊ nom ⁊ et þer of. ⁊ ȝaf hire la-uerd. Lo hu hali writ spekes .⁊ hu inwardeliche hit telles hu sunne bigan. Þus eode sihðe bifore ⁊ maˈkede weie to uuel lust. ⁊ com þe deað þer after. ꝥ al ⟨mon⟩cun nu feles. Þis appel leue suster bitacnes euch þing ꝥ lust falles to ⁊ delit of sunne. Hwen þu bihaldes te mon:ʼ þu art in eue point. þu lokes o þe appel. Hwa se hafde seid to eue þa ho warp erst hire ehe þron. A eue. wend te awei. (M. 54) þu w-arpes ehe up oþi deað. hwat hef-de ho onswered? Me leoue sire þu haues woh. hwer of chalan-ges tu me.

4 Me: *a space sufficient for a single letter (perhaps erased) between* M *and* e 14 at *for* ah 25 hire *for* hine 29 ⟨mon⟩cun: mon *interlined with two strokes*

Þe appel ꝥ iloke on is forboden me to eoten ⁊ nawt to
bihalden. Þus walde eue inohˈraðe haue onswered. O
mi leoˈue suster. As eue haues monie su-nes ȝea ⁊ dohtre
ꝥ folhen hore moder. ꝥ onsweren o þis wise. Me | wenes f. 16va
tu seis sum ꝥ iwile leape at him. þah i loke up on him.
God wat leoue suster mare wunder ilimpes. Eue þi moder
leap after hire ehe. fram ehe to þe appel. fram þe appel
ipara dun to þe eorðe. fram þe eorðe.ˀ to h-elle. þer ho lai
iprisun fowr þusent ȝer ⁊ mare ho ⁊ hire were baðe ⁊
demde al hire ofsprung to leapen al after hire. to deað
wið uten ende Bininge ⁊ rote of al þis ilke reow-ðe.ˀ was
a lute sihðe þus. Ofte as mon seis of lutel much waxes.
Haue þenne euch feble mon ⁊ wummon muche dread.ˀ
hwen heo ꝥ was riht ta iwraht wið honde was þurh a
sihðe biswiken ⁊ ibroht forð into brad sunne. ꝥ al þe
world ouerspreades. Egressa est dina filia Iacob ut uideret
mulieres alienigenas. ⁊ cetera. A meiden al-swa Dina het
iacobes dohter hit telles in Genesj ȝeode vt to bihalden
uncuðe wimmen. ȝet | ne seis hit nawt ꝥ ho biheld f. 16vb
wepˈmen. And hwat com wenes tu of ꝥ bihaldinge. Ho
losede hi-re meidenhad ⁊ was imaked hore. Þer after of
ꝥ ilke weren treowðes tobroken of hehe pa-triarches. ⁊
amuche burh forb-earnd. ⁊ te king ⁊ his sune ⁊ te burhmen
isleine. Þe wum-mon ilad forð. Hire fader ⁊ hire breðre
utlahes imakede se noble princes as ho weren. Þus eo-de
ut hire sihðe. Al swuch þe hali gast lette writen o bok
for to wearne men of hore fol sih-ðe. And ter of nime ꝥ
tis uuel of dina com nawt of ꝥ ho seh sichen emores sune
ꝥ ho sune-hide wið.ˀ ah dide of ꝥ ho let him setten ehe (M. 56)
up on hire. for ꝥ tat he dide hire wes þe forme cher sare
hire vnþonkes. Alswa Bersabee for ꝥ ho unwreh hire in
dauiðes sihðe.ˀ ho dide him suneh|in on hire se hali king f. 17ra
as he was ⁊ godes prophete. Nu cumes forð a feble mon.
haldis him þah hehlich ȝif he haues a wid hod ⁊ a lokin
cape ⁊ wile iseon ȝunge ancres. ⁊ loke neode as stan hu
hire wlite him like. ꝥ naues n-awt hire leor forbarnd iþe

7 leap *probably for* leop
8 ipara *at line-end for* iparais
11 Bininge *for* Biginninge
14 godes *omitted after* wið

sunne ⁊ seis ho mai baldeliche iseon ha-limen. ȝea swuch as he is for his wide ⁊ his lokene sleue. Me surqui-de sire ne heres tu ꝥ dauid godes prophete bi hwam he seide. Inueni uirum secundum cor meum. I haue ifunden quod he amon after mi heorte. he ꝥ godd self seide bi þis deorewurðe sahe. king ⁊ prophete culed ut of alle. Þus þurh an ehewarp to awummon as ho wesch hire. lette ut his heorˈte. ⁊ forȝet him seluen. Swa ꝥ he dude þreo heaued ⁊ deadliche sunnes o Bersabees spusbreche þe lafdi ꝥ he lokid on. Treisun ⁊ monslaht on his treowe f. 17rb cniht | vrie hire lauerd. And tu a sune-ful mon art swa hardi to casten þin ehe on a ȝung wummon. þis ꝥ is nu seid limpes to wimmen Ah ase muche neod is wepman to wite wel his ehsihðe fra wimmeˈnes sihðe. Nu mi leoue suster if a-ni ⟨is⟩ ful willes ful to seon ow:ʹ ne we-ne ȝe þer neauer god ah leues him þe lasse. Nule ich ꝥ nan seo ow bote he haue special leaue of ow-re maister. for alle þa þreo sunnes ꝥ ispec of last. ⁊ al ꝥ uuel of di-na ꝥ i ear spek of. al com nawt forþi ꝥ te wimmen lokeden cangeˈliche (M. 58) oweþmen:ʹ ah þurh ꝥ ha vn-wrihen ham imonnes ehe⸗ sihðe ⁊ diden hwer þurh ho mihten fallen into sunne. Forþi was iha-ten o godes half iþe alde lahe ꝥ put were eauere ihulet. ⁊ ȝif anj vnhulede þe put. ⁊ beast fel þer in:ʹ he hit schulde ȝelde. Þis is a swiðe dredliche word to f. 17va wepmon ⁊ | to wimmen ꝥ swiðe sone scheawen ham to hwase wile. ȝe arn bitacnet þe vnwrihene put. ꝥ is owre feire neb owre hwite swire. owre lihte ehe. ow-re honde ȝif ȝe ham scheawen. ȝet beoð owre wordes put. bote ho beon þe betere biset. Al ȝet ꝥ feahes ow hwat se hit eauere beo. þurh hwat mihte sonre ful luue acwikien. al ure la-uerd calles put. Þis put he biddes ꝥ beo ilidet. leste beast falle þrin ⁊ druncne isinne. Beast:ʹ is te be-astliche mon oðer wimmon ꝥ ne þenches nawt of godd. ne ne no-tes noht his wit as mon ah to don ah seches to falle i þis put ꝥ ispeˈke of ȝif he hit findes open. Ah þe dom is ful grureful ⁊ strong o þa ꝥ unliden ham þe put. for ho

5 þis: þ *altered from* h   9 Bersabees *for* Bersabee   15 is *interlined with two strokes*   26 bi *omitted after* bitacnet

schulen ʒelde þe beast ꝥ is þrin fallin. ʒe arn schuldi of hore deað biforen ure lauerd. ⁊ schulen for hore sawle onsweren o domes dai. ⁊ ʒelde þe beastes lure hwen | ʒe f. 17vb ne hauen ʒeld bote ow seluen strong ʒeld is her wið alle. ⁊ Go-des dom is his heaste ꝥ he hit ʒelde allegate for he vnlude-de þe put ꝥ hit druncnede inne. Þu vnhules te put. þu ꝥ dos ani þing þurh hwat mon is of þe fleschliche ifondet. þah þu hit ne wite nawt.' dred tis dom swiðe. ⁊ ʒif he is ifondet swa ꝥ he sunehe deaðliche on ani wise þurh þe. þah hit ne beo nawt wið þe. bote wið wil toward te. oðer ʒif he seches to fillen wið sum oðer þe fondinge ꝥ of þe þurh þi dede wacnede.' beo al siker of þe dom. þu (M. 60) schalt ʒelde þe be-ast for þe puttes opninge. ⁊ bote þu schriue þe þrof.' þu schalt acorien hire sunne. Hund wile in at open dure. þer man him ne wernes. Impudicus oculus in-pudici cordis est nuntius. Augustinus ꝥ te muð ne mai for schome | þe lihte ehe spekes hit. ⁊ is as ernde⸗ f. 18ra berere of þe lihte heorte Ah nu is sum mon ꝥ nalde for na þing wilne fulðe to wummon ⁊ toh ne rohte neauer þah ho þohte toward him.' ⁊ were of him itemptet. Ah seint Austin dos þase twa baðe in aweie. wilne ⁊ haue wil for to beon iwilnet. Non solum appetere sed ⁊ appeti uelle.' criminosum est. Cvueite mon oðer haue wil for to beo icuuei-tet of mon.' baðe is heaued sun-ne. Oculi prima tela sunt adultere. Ehne arn þe arewes ⁊ te earste armes of leccheries pricches. Alswa as mon weorres wið þre cunnes wepne. wið scheoting wið ⟨speres⟩ ord. ⁊ wið swordes egge. Al riht wið þis ilke wep-nes. ꝥ is. wið schutes ehe. wið spere of wundinde word. wið sword of deadlich hondlinge werres leccherie þe stinkinde hore | vp o þe lafdies chastete ꝥ is go-des spuse. Earst ho f. 18rb scheotes þe a-rewes of þe lihte ehne. ꝥ fleon lihtliche forð

6 vnlude-de *for* vnlide-de ꝥ *expuncted after* Þu vnhules: s *written in thickly over some other letter* 20 ho: o *altered from* e 27 ⟨speres⟩ ord: *originally* swordes ord *with an unsatisfactory attempt to alter* swordes *to* speres *by crossing out* ord *and adding a bar to the tail of the second letter* w (*wyn*) *to simulate the abbreviated form of* per*;* speres *then added in margin to replace* swordes 29 of *omitted after* schutes

as flan ꝥ is fiðered ⁊ stiches iþe heorte. Þrafter shaˈkes his ⟨s⟩pere. ⁊ nehleache upon hire. ⁊ wið schakiende word ȝi-ues speres wunde. Swẹordes dunt is dunriht ꝥ is þe hondlinge. for sword smites neh hond. ⁊ ȝiues deaðes dunt. And hit is soðes weilawai neh idon wið ham ꝥ cumen se neh ṭọ neh to gede-res ꝥ owðer oðer handle. or (M. 62) owðer fele oðer. Hwa se is wis ⁊ seli.ʼ wið þe schute wite hire. ꝥ is wite hire ehne. for al ꝥ uuel þrafter.ʼ cumes of þe ehne arewˈes. And nis ho to muche cang-un oðer to fol hardi ꝥ haldes hire heaued baldeli forð. ut i þe opene kernel hwil mon wiþ quarreus utewið asailȝes te castel. f. 18va Sikerliche ure fa þe wer-|reur of helle. he scheotes as iwene ma quarreus to an anker þen to seo-uene ⁊ seuenti men iþe worlde. þe kerneus of þe castel arn þe huse winˈdohes. ne tote ha nawt ut at ham leste ho þe deoueles quarreus habbe amid te ehe ear ho least wene. for he asailȝes ai. halde hire ehe inwið for beo ho iblind earst ho is eað fal-le. ablinde þe heorte.ʼ ho is eað to ouercumen. ⁊ ibroht sone þurh sun-ne to grunde. Bernardus. Sicut mors per peccatum in orbem.ʼ ita per has fenestras intrat in men⸗tem. As deað com ⟨sais⟩ sein Berˈnard in to þe world þurh sinne.ʼ al swa þurh eheþurles deað haues hire ingong. in to þe sawle. Lauerd crist swa men walden steke faste euch þurl forhwi ꝥ ha muhten steke deað þer ute. Deað of fleschliche lif. And an anker nule nawt tui-nen hire eilþurl to ȝain deað of sawle. And wið god rihte muhen f. 18vb ehþurles beon icleped eil-|þurles. for ha hauen muchel eil don to moni anker. Al hali writ is ful of warninge of ehe. Dauid. Auerte oculos meos ne uideant uanitatem Lauerd seis dauid wend min ehnen awai fram þe worldes dweole. ⁊ hire fantasme Iob. Pepigi fedus cum oculis meis ut nec cogitarem de uirgine. Ich ha-ue fastned seis Iob fore⸗ward wið mine ehne ꝥ ich ne misþenke. Hu deale. hwat seis he? Þenches mon wið ehe? Godd hit wat he seis

2 his ⟨s⟩pere: s *interlined with a stroke; for* hire spere   neh-leache *for* nehleaches   6 neh *left unexpuncted after* ṭọ   21 sais *interlined in lighter ink*   26 helle *expuncted and crossed out after* of

wel. for after þe ehe cumes tc þ-oht ⁊ þrefter þe dede. Ieremie hit wiste wel ꝥ mante him ⁊ seide. Oculus meus (M. 64) depredatus est animam meam wailawai min ehe haues irob-bet al mi sawle. Hwen godes prophete makede swuch man of ehe. hwuch man wenes tu is to moni mon ⁊ to moni wummon. ⁊ sorhe of ha-re ehe. Þe wise askes In his bok hweðer ani þing harme mare mon þen his ehe. Oculo quid nequius ? | totam faciem lacrimare facit quam f. 19ra uidet. In Ecclesiastico. Al þe neb schal he seis flowen o teares.ʼ for þe ehsihðe ane. Þis is nu of þis wit inoh iseid at tis chere to w-erne þe seli. we schulen þah so-ne her after speke mare her of

Spellinge ⁊ smechinge is imuð baðe as sihðe is iþe ehe. Ah we schulen leaue sm-ecchinge til ꝥ we speken of owre mete. ⁊ speke nu of spellinge ⁊ þer after of heringe. of ba-ðe imeane sumchar. as ha Gan to gedere. On alre earst hwen ȝe schuln to owre parlurs windohe. wites at owre ser-uanz hwa hit is ꝥ beo icumen. for swuch hit mai beo ꝥ ȝe sch-wlen aseinen ow. Hwen ȝe alles moten forð.ʼ crosses ow ful ȝeor-ne. muð. eares. ⁊ ehne. ⁊ te b-reost wið al. ⁊ Gas forð wið go'des dred. To preost on earst. Con|fiteor. Þrefter. Benedicite. ꝥ he ah to seggen. f. 19rb Hercnes hise w-ordes ⁊ haldes ow al stille. ꝥ hwen he partes fram ow.ʼ ꝥ he ne cun-ne owre God ne owre uuel now-ðer laste ne preise. Sum is se wel ileared oðer se wis iwordet ꝥ ho walde he wiste hit. ꝥ sittes ⁊ spe-kes toward him. ⁊ ȝeldes him word ⟨aȝain⟩ word. ⁊ bicumes mei-ster ꝥ schulde beon anker. ⁊ leares him ꝥ is cumen hire for to learen. Walde bi hire tale sone wið þe wise beo cuððet ⁊ cnawen. Icna-wen ho is. for þurh ꝥ ilke ꝥ ho wenes to beo wis ihalden.ʼ ho vn-derstondes sot. for ho huntes (M. 66) after pris.ʼ ⁊ cacches lastinge. for atte alre leaste hwen he is a-wei went. Þis anker he wile seie is muche speche. Eue held in pa-rais long tale wið þe neddre Talde him al

8 faciem: c *resembles* t *in MS.*

13 *Directing* S *in margin before two-line capital*

27 aȝain *interlined to replace* for, *expuncted after* word

31 ho vn-derstondes sot *for* he vnderstondes ꝥ ho is sot

33 of *omitted after second* is

f. 19va þe lescun ꝥ godd hafde ired hire ⁊ adam.' of þe | appel. ⁊ swa þe fend þurh hire word vnderstod onanriht hire wacnesse. ⁊ fand wei toward hire of hire forlorennesse. Vre laue-di seinte marie dide al on oðer wise. ne talde ho þe engel na ta-le. Ah askede him schortliche þing ꝥ ho ne cuðe. Ȝe mine leo-ue frend. folhes ure lafdi. nawt te cakelinde eue. forþi anker hwatse ho beo. hu muche se ho eauer con.' halde hire stille. nab-be nawt henne cunde. Þe henne hwen ho haues ileid.' ne con bu-te cakelin. Ah hwat biȝetes ho þrof? Cumes te ȝeape an-anriht ⁊ reaues hire hire eai-re. ⁊ fretes of ꝥ ho schulde forð bringe cwike briddes. Riht al swa þe luðere deuel beres awei fram cakelinde ancres. ⁊ for sweolhes al þe god ꝥ ho haues istreoned ꝥ schulde as briddes beore ham up toward f. 19vb heuene ȝif hit nere vt cakeled. Þe | wrecche peddere mare noise he makes to ȝeien his sape þen þe riche mercer al his derewurðe ware. As is iseid her after. to sum Gastliche mon ꝥ ȝe arn trust on.' God is ꝥ ȝe askin read ⁊ salue ꝥ he tea-che ow to ȝaines fondinges. ⁊ ischrift scheawes him ȝif he wile iheren. owre grattest ⁊ owre laðlukest sunnes. forþi ꝥ him reowe of ow. ⁊ þurh þe rewnesse inwardeluker crie crist merci for ow. ⁊ habbe ow in hise bones Sed multi ueniunt ad uos in uestimen-tis ouium intrinsecus autem sunt lupi ra-paces. Ah wites ow ⁊ beos warre he seis ure lauerd. for moni cumen to ow ischrud wið lambes fleos. ⁊ arn wið innen wedde wulues. Worldliche leues lute. Religiuse ȝet lasse. Ne wilne ȝe nawt to muche ha cuðð⸗ (M. 68) inge. Eue wið uten dred spec wið þe neddre. Vre lafdi wes f. 20ra offe-ard of Gabrieles speche. Wið uten | witnesse of mon oðer of wummon ꝥ ow muhe here.' allegate i ꝥ il-ke hus. oðer ꝥ he muhe seo tow-ard ow.' sitte þe þridde. bute ȝif ꝥ ilke þridde oðer stunde trukie. Þis nis nawt for ow iseid ne for oðre al swuche. Nawt forþi. þe trewe is ofte mis trowet. ⁊ te saclese bilohen. for wone of wit⸗

13 þ *or* ꝥ *partially erased after* haues 27 ha *at line-end for* harė 30 *A break in the sentence caused by an omission between* here.' *and* allegate; *cf. Nero* 29/22–23 . . . iheren. ne speke ȝe mid none monne ofte. ne longe. ⁊ þauh hit beo of schrifte.

nesse. Mon leues tat uuel sone. ⁊ te vnwreaste bliðeliche. Lihe oþe Gode. Svm vnseli ancre haues hwen ha seide ha schraf hire./ schr-iuen hire al to wunder. for þi ah þe gode to hauen witnesse ai for twa achaisuns nomeliche ꝥ an ꝥ te ondfule ne muhen li-hen on ham. swa ꝥ te witnesse ne preoue ham false. Þe oðer is for to ȝeouen þe oðre forbisne ⁊ reaue þe uuele ancre ꝥ ilke vn-seli Gile ꝥ ich of seide. Vt þurh þe chirche windohe ne halde ȝe na tale wið na mon. Ah beres | þer to wurðmund for þe hali f. 20rb sacra-ment ꝥ ȝe seon þer þurh ⁊ nimen oðer hwile. To owre seruanz./ þe huse windohe. To oðre./ þe par-lurs. Speke ne ahe ȝe boten at teose twa windohes. Silence eauer at te mete. ȝif oðre re-ligiuse as ȝe witen don hit./ ȝe ahen ouer alle. Ȝif ani haues deo-re Gest./ do hire seruanz in hire stude. to gladien him feire. Heo schal haue leue to opnin hire windohe. eanes oðer twi-es. ⁊ (M. 70) make sines toward him of a glad chere. Summes curtaisie is iturnd hire to uuel. Vnder sem-blaund of God./ is ofte ihulet sunne. Anker ⁊ husebonde oðer husewif./ ah muche to beo bitwe-nen. Euche fridai of þe ȝer haldes silence. bute hit beo du-ble feaste. ⁊ tenne haldes hit sum oðer dai iþe wike. In adue-nz ⁊ iþe ymbrj wikes./ wednes-|dai f. 20va ⁊ fridai. I þe lenten./ þre da-hes ⁊ al þe swihende wike. ai til non of ester euen. To owre ser-uanz ȝe muhen þah seie wið lut wordes hwatse ȝe willen. ȝif ani god mon is of feorren icumen hercnes his speche. ⁊ onsweres wið lut wordes to hise askinges. Muche fol ho were ꝥ mihte to hire biheoue hweðer se ha walde grinden greot oðer hweate./ ȝif heo þe greot grunde ⁊ leauede þe hweate. Hweate./ is hali speche as seint Anselme seis. heo grindes grot ꝥ chaueles. Þe twa cheakes arn þe twa grindelstanes. Þe tunge is te clappe. lokes ꝥ owre chekes ne grinden neauere bote sawle fo-de. Ni owre eares./ ne drinke neauer bute sawle heale. ⁊ nawt ane ow-re eare. ah owre eheþurl sperres to aȝaines idel speche. To ow ne cume na tale ne tiðinde of þe worlde. Ȝe ne schulen for na þing. ne warien

20–21 *Three strokes in lighter ink under the full stop between* silence *and* bute

f. 20vb ne swerien bote ȝif ȝe seggen. witerliche. | oðer sikerliche. (M. 72/8) oðer o sum swuch wise. Seneca ad summam. vo-lo uos esse rariloquas. tuncque pau-ciloquas. ꝥ is þe ende of þe tale seis seneke þe wise. Ich wile ȝe speken selden. ⁊ tenne selden ⁊ lutel Moni puindes hire word. for to lete ma ut. as mon dos wið þe water at te milne cluses. Swa diden Iobes freond ꝥ weren icu-men to frouren hạ⟨i⟩m. seten stille seueniht. Ah þa ha haue-den alles to spekene⹎ þane cu-ðen ha neauere stunten hare clappe. GreGorius. Censura silentii nu-tritura est uerbi. Swa hit is in monie as sein gregorie seis. Silence is wordes fostrild ꝥ brin-ges forð chauele. On oðer half as he seis. Iuge silentium cogit celestia meditarj. Long silen-ce ⁊ wel iwist. neden þe þohtes up toward heuene. Alswa as ȝe muhen seo water hwen mon puindes hit ⁊ stoppes hit bifor-e wel ꝥ f. 21ra hit ne muhe dune-|ward⹎ þenne is hit ined aȝain for to climben upward. ⁊ ȝe al þise ȝeis puinden owre wordes forstoppes owre þohtes. as ȝe wiln ꝥ ha climben ⁊ hehen to ward heuene. ⁊ nawt ne falle duneward ⁊ flowen ouer al þe world⹎ as dos muche chauele Hwen ȝe nede motin alutew-iht letes up owre muðes flod ȝate as mon dos at (M. 74) mulne ⁊ letes adun sone. Ma slas word þen sword. Mors et uita in manibus lingue. Lif ⁊ de-að seis Salomon is itunge hon-des. Qui custodit os suum custo-dit animam suam. Hwase witel wel his muð⹎ he wites he seis his sawle. Sicut urbs patens ⁊ ab-sque murorum ambitu⹎ sicut ⁊ cetera. gregorius. Qui murum silentij non habet⹎ patet inimici iaculis ciuitas mentis Hwase ne wið hald hise wordes seis Salomon þe wise⹎ he is ase burh wið ute f. 21rb wal ꝥ ferd mai in ouer al | Þe feond of helle wið his ferd⹎ wendes þurh þe tutel ꝥ is eauer open⹎ into þe heorte. In uitas patrum hit telles ꝥ an hali mon seide þa mon prei⸗sede ane breðre ꝥ he hafde. iherd of muche speche. Boni utique sunt. sed habitatio eorum non habet ianuam. quicumque uult intrat ⁊ asinum soluit. Gode quod he ho arn. ah hare wuninge ne ha-ues na ȝate. Hare muð

7 hạ⟨i⟩m: i *interlined* 8 bigunnen *omitted after* haue-den
13 neden *for* nedes 17 ȝeis *for* weis 25 witel *for* wites

ma-ðeles eauer. Hwase eauer wile m-ai gan in ⁊ leaden forð þe asse ꝥ is hare unwise sawle. forþi seis sein Iame. Si quis putat se religiosum esse. non refrenans lin-guam suam. sed seducens cor suum huius uana est religio. ꝥ is. ʒif ani wenes ꝥ he beo religius ⁊ ne bridli nawt his tunge./ his religiun is fals. he Giles his he-orte. he seis swiðe wel. ne brid-les nawt his tunge. Bridel nis nawt ane iþe horses muð. ah sittes up o þe ehne. ⁊ gas abuten | þe f. 21va eares. for alle þreo is much ned ꝥ ho beon ibridled. ah iþe muð sittes þe irne. ⁊ oþe lihte tunge. for þer is mast ned hald hwen þe tunge is o rune. ⁊ ifo-len to eorne. Ofte we þenchen hwen we biginnen for to speken for to speke lutel. ⁊ wel isette wordes. Ah þe tunge is slibri. for ho wades iwete. ⁊ slides lihtli-che forð. fram lute wordes in to monie. ⁊ tenne as saloˡmon seis. In multiloquio non de-erit peccatum. Ne mai nawt m-uche speche. ne biginne hit neauer se wel./ be wið uten sunne. for fram soð./ hit slit to fals vt of god./ in to sum uuel. fram mesure./ in to vnimete. ⁊ of a drope waxes in to a muche flod ꝥ druncnes te sawle. for wið þe fleotinde word./ to fleoˡtes te heorte. swa ꝥ (M. 76) longe þr-after ne mai ho beo riht igeˡdered to Gederes. Et os nostrum | tanto est deo longinqum./ quanto mundo f. 21vb proximum. tanto que minus exauditur in prece. quanto am-plius inquinatur in locutione. Þis is sein gregories word in his dia-loge. Ase neh as ure muð is to worldli speche./ ase feor he is godd. hwen we speken toward g-odd ⁊ bidden him ani bone. forþi is ꝥ we ʒeien up on him ofte. ⁊ he firnes him awei framˡward ure steuene. ⁊ ne wile nawt ihere hire. for ha stinˡkes to him al of þe worldes maðelinge. Hwase wile þen-ne ꝥ godes eare beo neh his tun-ge. firsne hire fram þe world. elles ho mai longe ʒeien ear godd hire here. as he seis þ-urh ysaie. Cvm extenderitis manus uestras./ auertam oculos meos a uobis. Et cum multiplicaueritis oratio-nes uestras./ non exaudiam uos. ꝥ is. þah ʒe makin manifald owre bones toward me. ʒe ꝥ | moten wið þe world./ nulich ow nawt f. 22ra iheren. Ah iwile turne me awej. hwen ʒe heuen toward

28 firnes *for* firses (?) 31 firsne *for* firse (?)

me hehe ow-re honde. Vre lafdi seinte ma-rie ꝥ ah to alle
men to beo for-bisne. was of se lute speche. ꝥ no-whwer
in hali writ. ne finde we ꝥ ha spek bute fowr siðe. Ah for
se seld speche. hire wordes we-ren heuie. ⁊ hafden muche
m-ihte. Bernardus ad Mariam. In sempiterno dei uerbo
facti sumus omnes ⁊ ecce morimur. In tuo breui re-sponso
reficiendi sumus ut ad ui-tam reuocemur. Responde uer-
bum ⁊ suscipe uerbum. profer tu-um ⁊ concipe diuinum.
Hire forme wordes ꝥ we reden of. weren þa ha spek ⁊
onswerede Gabriel þe en-gel. ⁊ ta weren swa mihtie. ꝥ
wið ꝥ ha seide. Ecce ancilla domini. fi-at mihi secundum
uerbum tuum. At tis w-ord godes sune ⁊ soð godd bicom
mon. ⁊ te lauerd ꝥ al þe world ne mihte nawt vnderfon.ʼ
f. 22rb bitun-|de him inwið hire meidenes wom-be. Hire oðre
wordes weren þa ha com ⁊ grette helizabeth hire mehe.
(M. 78) ⁊ hwat mihte was icud at tase wordes? Hwat? Vox eius
exultare fecit Iohannem in utero. ꝥ a child bigan to pleien
to ȝain ham. ꝥ was sein Iohan in his mo-der wambe.
Þe þridde time ꝥ ha spek ꝥ was at te neoces. ⁊ ter þurh
hire bisocne. was water iwent to win. Þe feorðe time was
þa ho hefde mist hire sune. ⁊ eft him ifun-den. And hu
muche wunder fol-heden þase wordes? ꝥ godd almih-ti
beah to mon. to a smið ⁊ to a wummon. ⁊ folhede ham as
ho-res hwider as ha walden. Nimes nu ȝeorne ȝeme. ⁊
leornes ȝeor-ne herbi. hu seldsene speche haues muche
strengðe. Vir lin-guosus non dirigetur in terra. feo-le
iworded mon seis þe salmwrih-te. ne schal neauer leade
f. 22va riht lif on eorðe. forþi he seis elles hwer | Dixi custodiam
uias meas ut non delinquam in lingua mea. Ypallage.
And is as þah he seide. Ich wile wite mine weies wið mi
tunge warde. Wite i wel mi tunge.ʼ i mai wel halde þe
weie toward heouene. for as ysaie seis. Cultus iustitie
silentium þe tilinge of rihtwisnesse. ꝥ is silence. Silence
tiles hire. ⁊ ho iti-led bringes forð sawles eche fo-de. for
ho is undeadlich as Sa-lomon witnes. Iustitia immor-talis
est. forþi seis. ysaie. hope ⁊ silence baðe to Gederes. ⁊ seis
in hom schal stonde Gastliche st-rengðe. In silentio ⁊ spe

22 folheden *for* folhede   36 *First* seis *for* feis *or* fehes

erit for-titudo uestra. ꝥ is. isilence ⁊ in ho-pe schal beo owre strengðe. Ni-mes ȝeme hu wel he seis. for hw-ase is muche stille. ⁊ halt silen-ce longe:· ho mai hope siker-liche ꝥ hwen ho spekes toward Godd. þat he hire ihere. Ho mai ec hopie ꝥ ho schal singen þu-rh hire silence swetliche in heo-|uene. Þis is nu þe reisun of þe fehinge. hwi ysaie f. 22vb fehes ho'pe ⁊ silence. ⁊ cuples baðe to ge-deres. teken ꝥ he seis i ꝥ ilke auctorite. ꝥ in silence ⁊ in streng'ðe schal beon owre strengðe igod-es seruise. to ȝain þe deoue-les turnes ⁊ hise fondinges. Ah lokes þurh hwat reisun hope is a swete spice inwið þe heorte ꝥ swetes al þe bitter (M. 80) ꝥ te bodi dr-inkes. Ah hwase cheowes spece he schal tuinen his muð. ꝥ te spece breað ⁊ te strengþe þrof lea-ue wiðinnen. Ho ꝥ opnes hire muð wið muche maðelinge. ⁊ brekes silence:· ho spittes hope al ut. ⁊ te swetnesse þrof wið w-ordliche wordes. ⁊ leoses toȝa-in þe fend gastliche strengðe. for hwat makes us strong hard for to drehe i godes seruise. ⁊ in fondinges to wrastle stalewur-ðeliche toȝain þe deoueles swenges bote hope of heh mede? | Hope haldes herte hal. hwatse þe flesch drehes as mon f. 23ra seis. Ȝif ho-pe nere herte to breke. A iesu þin are hu stond ham ꝥ arn þer as al-le wa ⁊ weane is wið uten hope of vtcume ⁊ herte ne mai to bre'sten? forþi as ȝe willen halden inwið ow hope. ⁊ te swete breað of hire ꝥ ȝiues te sawle mihte. wið muð ituined cheowes hi-re inwið owre herte. ne blawe ȝe hit nawt ut wið maðelinde ⟨muðes⟩ wið ȝeoniende tuteles. Non habeatis linguam uel aures prurientes. Lokes seis Ierome ꝥ ȝe ne habben ȝicchinde no-wðer tunge ne eare. ꝥ is to seie. ꝥ ow ne luste nowðer speken. ne her-cni worldli speche. H⟨id⟩erto is ise-id of owre silence. ⁊ hu owre speche schal beo seldscene. Contrariorum eadem est disciplina. Of silence ⁊ speche nis buten a lare. ⁊ for þi iwritunge ho eornen to gede-res. Nu we schulen sumhwat speken | of owre heringe aȝain f. 23rb uuel spe-che. ꝥ ȝe þer to ȝaines tuinen owre eares. ⁊ ȝif ned is:· weren ow-re ehe þurles.

8 streng'ðe *for* hope 26 muðes *in margin to replace* wordes, *expuncted at begining of line* 30 H⟨id⟩erto : id *interlined with two strokes*

For alle uuele speches mine leue sustre stoppes owre eares ⁊ habbes wlatinge of þe muð ꝥ speowes (M. 82) ut attre. Vuel speche is þrefald. Attri. ful. ⁊ idel. Idel speche is uuel. ful speche is wurse. Attri; is te wurste. Idel is ⁊ vnnait al ꝥ god ne cumes of. ⁊ of þulli speche seis vre la-uerd. schal euch word beo reknet ⁊ iȝeouen reisun. hwi ꝥ an iseide hit ⁊ tat oðer ilustnede. De omni uerbo ocioso ⁊ cetera. And tis is þah ꝥ leaste uuel of þe þre vueles. Hwat ? Hu þenne schal mon ȝel-de reisun of þe wurste. ꝥ is of þe attri ⁊ of ful speche. Nawt ane ꝥ hit spekes. ah ꝥ hit hercnes. Ful speche is as of leccherie ⁊ of oðre fulðes ꝥ unwaschene mu-ðes speken oðer hwiles. f. 23va Þeos arn alle ischraped vt | of ancres riwle ꝥ swuch fulðe spittes ut in ani ancres eares Mon schulde ditten his m-uð nawt wið scharpe sṇ⟨n⟩eater-es; ah wið greate neue dun-tes. Attri speche is eresie. þwe-rt ouer leasinge. Bacbitinge ⁊ fikelinge. þeose arn þe wur-se. Eresie godd haue þonc. ne rixles nawt in engelond. Le-asing is se uuel þing. ꝥ seint Austin seis. ꝥ for to schilde þi fader fra deað; ne schuldes tu nawt lihen. Godd self seis ꝥ he is soð. And hwat is mare a-ȝain soð. þen is leasinge. Di-abolus mendax est et pater eius. Þe deuel he seis is leas ⁊ leasin-ges fader. Þat ilke þenne ꝥ stures hire tunge ileasinge ho makes of hire tunge cra-del to þis deoueles bearn. ⁊ rockes hit ȝeornliche as nu-rice. Bacbitinge ⁊ f. 23vb fikelinge ⁊ egginge to don uuel. nis | nawt monnes speche. Ah is te deo-ueles bleas ⁊ his ahne steuene ȝif ha ahen for to beo feor fram alle worldliche men. hwet hu Ancres ahen to hatien ham ⁊ schunien ꝥ ho hom ne heren. Iheren hom isaie. for hwa se spe-kes hom; nis ho nawt anker Salomon. Si mordet serpens in si-lentio. nichil minus eo habet qui de-trahit in occulto. Þe neddre seis Salomon stinges al stille. ⁊ tet ꝥ spekes bihinden ꝥ ho nalde biforen; nis nawt betere. Heres tu hu salomon euenes bacbitere to stingende neddre. Swa hit is witer⸗

13 ischraped vt *written below last line of the column* 15 sṇ⟨n⟩eateres: *a badly formed* n (*perhaps altered from* a) *expuncted and another* n *interlined* 33 tet: *second* t *resembles* c *in MS.*

liche. he is neddre cun-del. ⁊ beren þa ꝥ uuel speken (M. 84) at'ter iþe tunge. Þe fig⟨k⟩elere blin-des mon. ⁊ puttes him pricke iþe ehe ꝥ he wið fikeles. Gregorius. Adula-tor ei cum quo sermonem conserit quasi clauum in oculo figit. Salomon. Noli esse in conuiuiis eorum ⁊ cetera. qui con-ferunt carnes ad uescendum | ⁊ cetera. þe bacbitere f. 24ra cheowes ofte mon-nes flesch o fridai. And beakis wið his blake bile o cwike cha-roines. as he ꝥ is þe deueles cor-bin of helle. Ȝet walde he picken ⁊ to teren wið his bile stinkende rotin flesch as is rauenes cunde ꝥ is. walde he seien uuel bi nan oðer. bote bi þa ꝥ rotien ⁊ stinken al ifulðe of hore sunnes:' were la-sse wunder. Ah lihteṇ⟨s⟩ o cwik fl-esch. to limes ⁊ to teres hit. ꝥ is. mis seis bi swuch ꝥ is cwik in godd. He is to ʒiuer rauen. ⁊ to bald wið alle. On oðer half. nimes nu ʒeme of hwiche twa mesters þise twa menestraus seruen ho-re lauerd. þe deuel of helle ful hit is to nempnen. ah ful're for to beon hit. ⁊ swa hit is allegate. Ho arn þe deueles Gangemen. ⁊ arn ha in his gan-gehus. Ne uideatur hec mora-litas minus decens. Recolatur | in esdra quod Melchias edificauit portam f. 24rb stercoris. Melchias enim corus domino interpretatur. filius recab id est m-ollis patris. Nam uentus aquilo dis-sipat pluuias ⁊ facies tristis lin-guam detrahentem. Þe fikelers me-ster is to hulien þe Gangehus oðer þe þurl. ꝥ he dos ase ofte as he wið his fikelinge ⁊ wið his prei-singe:' hules te monnes sunne ꝥ stinkes naþing fulre. ⁊ he hit hules ⁊ lides swa. ꝥ he hit nawt ne stinkes. Þe bacbitere vnlides hit. ⁊ opnes swa ꝥ fulðe ꝥ hit stin-kes wide. Þus ho arn ai bisie iþis fule mester ⁊ eiðer wið oðer her abuten striues. Þulliche men stinken of hore fule mester ⁊ bringen euch stude ostinc ꝥ ha to nehhen. Vre lauerd schilde ꝥ te breað of hore stin-kende þrote neohhi ow eauer oðer owre speches fulen Ah þeo-se attrin baðe þe eares ⁊ te herte | ꝥ ʒe sone cnawen ham ʒif anj cumes f. 24va toward ow:' lo her hare moldes. Fikeleres arn þreo cunnes. (M. 86) Þe forme:' arn uuele inoh. Þe oðre þah arn wurse Þe þridde

2 fig⟨k⟩elere: k *interlined* 12 lihteṇ⟨s⟩: s *interlined*
16 menestraus: *an accidental dot under* a

ȝet:ʼ arn wurste. Ve illis qui ponunt puluillos ⁊ cetera. Ve illis qui dicunt bonum ma-lum ⁊ malum bonum ponentes lucem tenebras ⁊ tenebras lucem Hoc solis detractoribus con-uenit. Þe forme:ʼ ȝif a mon is god:ʼ preises him biforen himself. ⁊ makes inoh raðe ȝet betere þen he beo. And ȝif he seis wel oðer dos wel:ʼ he-ues hit to hehe ⟨up⟩ wið ouer mu-che hereword. Þe oðer:ʼ ȝif a mon is uuel ⁊ seis ⁊ dos se mu-chel uuel ꝥ hit beo se open sinne ꝥ he hit ne muhe na-nes weis allinge wiðseggen. he þah bifore þe mon self ma-kes his uuel lasse. Nis hit
f. 24vb nawt nu se uuel wið alle as | mon hit makes. he seis. Art tu nawt iþis þing þe forme ne þe laste. þu haues monie feres. Let iwurðe god mon ne Gas tu nawt te ane. mo-ni dos muche wurse. Þe þridde cunnes fikelere. is w-urst as iseide. for he preis-es þe uuele ⁊ his uuele de-de. as þa ꝥ sein to þe cniht ꝥ robbes hise poure men A sire þu dost wel. Laudatur peccator in desideriis anime sue ⁊ iniquus benedicitur. For eauer mon schal þene chorl pilken ⁊ pilken. For he is as þe wi-þine ꝥ sprutes ut te betere ꝥ mon hit croppes ofte. Augustinus. Adulantium lingue alligant homines in peccatis. Þus þeose fal'se fikeleres blinden ꝥ ham hercnen. as ich ear seide. ⁊ hulen hare fulðe
f. 25ra ꝥ ho hit ne muhen stinke. And | tat is muchel unselhðe. for ȝif ha hit stunken:ʼ ham w-alde wlatie þer wið. ⁊ swa eor-ne to schrifte. Speowen hit vt þer. ⁊ schunien hit þer after. Clemens. Homicidarum duo sunt genera dicit petrus. ⁊ eorum pa-rem penam esse uolumus. Qui cor-poraliter occidit. ⁊ qui detra-hit fratri ⁊ qui inuidet. Bacbi-teres ꝥ biten bihinde bak oðre:ʼ arn of twa maneres ah þe latere is wurse. Þe firste cumes al openliche ⁊ seis
(M. 88) u-uel bi an oðer. ⁊ speowes ut his atter. al ꝥ him to muðe cumes ⁊ culches al ut somen ꝥ te attri herte sendes to þe tunge. Ah þe latere cumes forð al on oðer wise. wurse feond þen þe oðer is. Ah vnder fren-des huckel. warpes dun ꝥ h-eaued. Biginnes for to siken ear he ewt saie.
f. 25rb ⁊ makes dru-|pinde cher. Bisaumples longe abuten.

7 up *interlined with two strokes* 17 iniquus *expanded from MS.* īiqꝰ 19 pilken *for* peolien *or* pilien

for to beo þe betere leued Hwen hit al cumes forð.ʹ
þen-ne is hit ʒeoleu atter. Waila he seis. wa is me ꝥ he
oðer ho haues swuch word icaht. Inoh iwas abuten. ah
ne halp hit me nowt. to do her on bote. Ðare is ꝥ i wiste
þer of. Ah þah þurh me ne schulde hit beo neauer iuppet.
Ah nu hit is se wide þurh oðre ibroht forð ꝥ ine mai hit
nawt wiðsaken. Vuel mon seis ꝥ hit is.ʹ ⁊ ʒet hit is wurse.
Sorhful ich am ⁊ sari ꝥ ich hit schal seggen ah forsoðe
swa hit is. ⁊ tat is much sorhe. for imoni oðer þing. he
oðer heo is swiðe to he-rien. Ah onont tis þing. wa is me
þer fore. ne mai ham na mon werien. Þise arn þe deoueles
neddres ꝥ Salomon spekes of. Vre lauerd þurh | his grace. f. 25va
halde owre eares fram hore attri tunges. Ni leue ow
neauer stinken ꝥ fule put ꝥ ho vnhulen. as þe fikeleres
hul-en as i ear seide. Vnhulen hit to ham seluen ꝥ hit to
limpes ⁊ hulien hit to oðre.ʹ ꝥ is a m-uche þeaw. nawt to
þoa ꝥ hit schulden smellen ⁊ hatien ꝥ fulðe. Nu mine
leue sustre fram al uuel speche ꝥ is tus þreoˈfald. Idel.
ful. ⁊ attri. haues ai fe-or owre eares. Mon seis up on
ancres ꝥ euch an meast ha-ues an ald cheorl oðer cwene
to feden hare eares. A maðe-lere ꝥ maðeles ham alle þe
ta-les of þe lond. A rikelot ꝥ ka-keles al ꝥ ho seos. ⁊ heres.
Swa mon seis ibisahe. fram milne ⁊ fram cheping. fram
smiðie ⁊ ancres hus mon tiðindes bringes. Wat crist. (M. 90)
þis is a sari sahe. ꝥ ancres hus ꝥ schulde beon | anlukest f. 25vb
stude of alle. schal beo ifeiet to þa ilke þreo stu-den ꝥ
mast is in of chauele Ah ase cwite as ʒe beon of þulli-che
þinges.ʹ weren alle oðre vre lauerd hit uðe. Nu ich haue
sunder leapes speken of þase þreo limes. of ehe. of muð.
of eare. of eare is al þis laste to ancres biheoue. for
lefliche nis hit nawt ꝥ an-ker beore swuch muð. Ah
m-uche mon mai dreden to swu-che muðes sum char ꝥ
ho bu-he hire eare. of sihðe. of spe-che. of heringe. is isaid
sun-derlepes of ewuchan o rawe. Cume we nu eft aʒain ⁊
spe-ke of alle imeane. Zelatus sum syon zelo magno. In
zacharia. Vnderstond an-ker hwas spuse þu art. ⁊ hu he
is Gelus of alle þine lates Ego sum deus zelotes. In exodo. |
Ich am he seis bi him self. þe Geluse godd. zelatus sum f. 26ra

⁊ cetera. Ich am Gelus of þe. syon mi leofˈmon wið muche Gelusie. Þ-uhte him nawt inoh seið ꝥ he is gelus. Bute he seide þer to wið muche gelusie. Au-ris zeli audit omnia. Seis salo-mon þe wise. Vbi amor ibi oculus. Wite þu ful wel his eare ⟨is e⟩uere toward te. ⁊ he heres al. His ehe ai bi haldes te. ȝif þu makest semblaund oðer ani luue lates toward vn-þeawes. Zelatus sum syon. Sy-on. ꝥ is. Scheawere. He calles te his scheawere. Swa his:ʼ ꝥ nan oðres. For þi he seis. In canticis. Ostende michi faciem tuam Schew þi neb to me. he seis. ⁊ to nan oðer. Bihald me ȝif þu wult haue briht sihðe. wið þine
f. 26rb herte ehne. Bihald inward | þer icham. ⁊ ne sech þu me na-wt wið uteǹ þin herte. Ich am wohere schomeful. ne ine wile nowhwer bicluppen mi lef-mon:ʼ bute istude dearne O þulliche wise vre lauerd spekes to his spuse.
(M. 92) ne þunˈche hire na wunder. ȝif ha nis muchel ane. þah he hire schunie. ⁊ swa ane. ꝥ ha putte euch worldlich þring. ⁊ euch murhðe eorðlich vt of hire heorte. for ha is godes chaumbre. Noise ne cum-es in heorte bute of sum þing ꝥ mon haues owðer sehen oðer herd. Ismaht oðer ism-elled ⁊ utewið ifelet. And tat wite ȝe to soðe. ꝥ eauer se þise wittes arn mare isprengde vtward:ʼ se ho lasse wendeð inward. Eauer se re-cluse totes mare utward:ʼ
f. 26va swa ho haues lesse leome | of ure lauerd inward. ⁊ alswa of þe oðre. Qui exteriori oculo negligenter utitur:ʼ iusto dei iudicio interiori exceca-tur. Lo hwat sein gregorie seið. Hwa se ⟨un⟩ȝemlesliche wites hise uttre ehne. þurh godes rihtwise dom he blindes iþe inre. ꝥ he ne m-ai iseo godd wið gastliche sih-ðe. ne þurh swuch sihðe cnawen. ⁊ þurh þe cnawleaginge:ʼ ouer alle þinge luuien. For after as mon cnawes his muchele godnesse. ⁊ after ꝥ mon feles his muche swetnesse:ʼ After þat:ʼ mon luues him mare oðer lesse. Forþi mine leue childre. beos wið ute

5 ⟨is e⟩uere: is e *in margin before* uere *at beginning of line* 10 faciem: c *resembles* t *in MS.* 12 *A blot above line after* icham. 17 þing *expuncted and crossed out after* worldlich 27 ⟨un⟩ȝemlesliche: un *in margin marked for insertion before* ȝemlesliche

blinde. as was te ha-li ysaac ⁊ Tobie þe gode. And godd wile as he ȝef ham.ʼ ȝi-ue ow liht wiðinnen. him to seon ⁊ cnawen. ⁊ þurh þe cnawleˈchinge ouer alle þinge him lu-uien. þenne schule ȝe seon hu al þe world nis nawt wurð. hu | fals is hire froure. Þurh ꝥ sihðe ȝe schule seon f. 26vb alle þe de-oueles wiles. hu he biwrenches wrecches. ȝe schuln seo in ow self hwat is ȝet to beten. of ow-re ahne sunnes. ȝe schulen bihalde sum char toward te pine of helle. ꝥ ow vggi wið ham. ⁊ fleo þe swiðre framward ham. ȝe schulen gastliche seon þe blisses of heuene. to onten-de owre hertes to hihen ham þiderward. Ðe schulen as in scheawere seon ure lauedi wið hire maidnes. Al þe en-glene ferd. Alle halehenes hird. ⁊ him ouer ham alle (M. 94) ꝥ b-lisses ham alle. ⁊ is hare alre crune. Þis sihðe leoue chilˈdre schal frouren ow mare þen mihte ani eorðliche sihˈðe. Hali men hit witen wel ꝥ hauen hit ifondet ꝥ euch eorðlich gladinge is unwurð | þer to ȝaines. Manna f. 27ra ab-sconditum est ⁊ cetera. Nomen nouum quod nemo scit nisi qui accipit Hit is a dearne haliwei. ꝥ na mon ne cnawes ꝥ naues hit ismacchet. Þis smech ⁊ tis cnawinge cumes of gastli-che sihðe. of gastliche heringe of gastliche speche ꝥ ha schu-len habben ꝥ forgan for go-des luue worldliche heringes eorðliche speches. fleschliche sihðes. ⁊ after þe sihðe ꝥ is nu dosc her.ʼ ȝe schuln haue þruppe þe brihte sihðe of god-es neb ꝥ alle godnesse is of Iþe blisse of heuene.ʼ muche biforen oðre. Videmus nunc quasi per speculum in enigmate. For þe rihtwise godd haues swa ide-med. ꝥ euch anres mede þer onsweren aȝain þe swink ⁊ aȝain þe ennuj ꝥ ho her for his luue eadmodliche þo-|leden. Forþi hit is semlich ꝥ anˈcres f. 27rb þise twa marhenȝiues habben biforen oðre. Swiftnesse ⁊ leome of a briht sihðe. aȝa-ines tat ho nu her þeostren ham seluen. ne nulen nowðer seo wi-men. ne of men beon isehene Alle þa in heuene schulen beo ase swifte as is nu monnes þoht. As is te sunnegleam ꝥ smit fram east into west as te ehe op-nes. Ah ancres bisparred her.ʼ schulen

28 anres *sic*; *cf.* 86/34, 135/19, 160/3 onsweren *for* schal onsweren *or* onswere 36 bisparred *or* bisperred (*abbreviated in MS.*)

beo þer ʒif ani mai lihtere baðe ⁊ swiftere. and iþe wide schaccles as mon seis pleien in heuene large leswes. ꝥ te bo-di schal beon hwerse þe gast wi-le in an hondhwile. Gregorius. Quid est enim quod nesciunt vbi scientem omnia sciunt. Þis is nu ꝥ an mar-hen ʒiue ꝥ iseide ancres (M. 96) sch-ulden haue biforen oðre. ꝥ oðer is of sihðe. Alle þa in f. 27va heuene seon in godd alle þinge. ah an-|cres schulen brihtluker for hore blindfallinge her.' seon ⁊ vnderstonde þer Godes dearne runes. ⁊ his dearne domes. ꝥ ne kepes nu to witen of þinˈges wið uten. wið eare ne wið ehe. Forþi mine leue childre ʒif ani mon biddes to seo ow.' askes him hwat god þer of mihte lihten. for moni vuel iseo þrin. ⁊ nane biheo-ue. ʒif he is ful meðles.' leues him þe wurse. ʒif ani wurðes se wod ꝥ he warpe hond forð to ward te þurl clað.' swiftliche ananriht schut te windo-he to ⁊ letes hire iwurðe. Al-swa sone se eauer ani falles in to ani luðer speche. ꝥ fal-les toward ful luue.' sparres te windohe to anan riht wið uten euch onswere. Ah wen- f. 27vb des awai wið þis uers ꝥ ha hit muhe here. Declinate | a me maligni ⁊ scrutabor m-andata. dei mei. Narrauerunt michi iniqui fabulationes.' sed non ut lex tua domine. And Gas bifore owre awter wið þe Miserere. Ne chasti ʒe na swuch mon ne-auer on oðer wise. for inwið þe chastiment he muhte onswe-re swa ⁊ blawe se liðerliche. ꝥ sum sparke mihte acwikien. Na wohlac nis se culuert as is ⟨on⟩ pˈleinte wise. As hwa ꝥ tus seide Ich nalde for to þolie deað þen-che fulðe toward te. Ah þah ich hafde sworn hit. luuen imot te. hwa is wurse þen me. Moni slep hit reaues me. nu me is wa ꝥ tu hit wast. Ah forʒif me nu ꝥ i hit haue tald te. þah ischulde wurðe wod. ne schal tu neauer eft wite hẉ⟨u⟩ me stonde. Ho hit forʒiues him for he spekes se feire. Spekes tenne of oðerhwat. Ah f. 28ra eauer is tat ehe | to þe wide lehe. Eauer is te heorte in (M. 98) þe ḥearre speche. ʒet hwen he is forð.' þenne wenden in

11 wū *partially erased after* ani 15 schut *for* schuttes 17 sparres *or* sperres (*abbreviated in MS.*) 25 sparke *or* sperke (*abbreviated in MS.*) 26 ⟨on⟩ *interlined with two strokes* 31 hẉ⟨u⟩: u *interlined*

hire þoht ofte swuche wordes./ hwen ho sch-ulde oðer ȝeornliche ȝemen He eft seches his point for to breke foreward. Sweres he mot nede. And swa waxes tat wa se lengre se wurse. for na feonschiˡpe nis se uuel as is fals frend-schipe. feond ꝥ semes freond./ is swike ouer alle. forþi mine leue childre. ne ȝiue ȝe to na swuch mon nan ingang to spe-kene. for as hali writ seis. ha-re speche spreades ase cancre. Ah for alle ondsweres wendes ow framward him alswa as isei-de. Sauuen ow seluen ni maˡten him betere./ ne muhe ȝe o nane wise. Lokes nu hu pro-preliche þe lauedi in Canticis godes deore spuse leores ow bi hire sahe. hu ȝe schulen seg|gen. En dilectus f. 28rb meus loquitur michi Surge propera amica mea. ⁊ cetera. Low ho seis. hercne. Ich here mi leof spekin. He calles me Ich mot Gan. And Gan anan riht to owre deore lefmon. ⁊ meanes ow to his eare. ꝥ luue-liche clepes ow to him wið þase wordes. Surge propera amica mea Columba mea. formosa mea ⁊ veni. Ostende michi faciem tuam Sonet uox tua in auribus meis Þat is. Aris up. hihe þe þeðenˡward ⁊ cum to me mi lefmon Mi culure. mi faire. mi sche-ne spuse. Ostende michi faciem tuam. Sc-hew to me þi neb. ⁊ ti lufsume leor. went te fram oðre. Sonet vox tua in auribus meis Sei hwa haˡues idon þe. hwa haues ihurt mi deore. Sing i min eare. for þi ꝥ tu ne wilnes bute to seo mi wlite. ni speke bute to me. þi steuene is me swete | ⁊ ti wlite schene. Vnde ⁊ subditur. f. 28va Vox tua dulcis ⁊ facies tua dulcis Þise ar nu twa þinges ꝥ arn iluued swiðe. Swete speche. ⁊ schene wli-te. hwa se ham haues to gede-re./ suche luues iesu crist to lefmon ⁊ to spuse. ȝif þu wult swuch beon./ ne scheaw þu na mon þi wli-te. ne ne lete bliðeliche here þi speche. Ah tuin (M. 100) baðe to iesu crist. to þi deorewurðe spus. as he bides þruppe. as tu wult ꝥ ti speche þunche him swete. ⁊ ti wlite schene. ⁊ hauen him to lefˡmon ꝥ is þusend fald schenre þen þe sunne. Hercnes nu ȝe-rnliche al on oðer speche. ⁊ framˡward tis earre. hercnes nu hu iesu crist

1 ho: o *altered from* e   18 faciem: c *resembles* t *in MS.*
27 facies tua dulcis (*MS.* fa. t. dul.) *with* dulcis *for* decora

spekes as owraððe. ⁊ seis as o grim hoker ⁊ oscarn to
ancres. ꝥ schulde beon his lefmon. ⁊ seches þah utward
Gelinge ⁊ froure wið ehe oðer wið tunge. In canticis. Si
f. 28vb ig|noras te o pulcra inter mulieres. egredere ⁊ abi post
uestigia gre-gum tuorum ⁊ pasce edos iuxta tabernacula
pastorum. Þise arn þe wordes. ʒif þu ne cnawes nawt
teself þu fair bimong wimmen. wend ut ⁊ Ga after Ga-te
heordes. ⁊ leswe þine kides bi hirdemennes hules of ris ⁊
of leaues. Þis is a cruel w-ord. a grim word wiðalle ꝥ vre
lauerd seis o greme ⁊ oscar-ne to totinde ⁊ to hercninde
⁊ to spekele ancres. hit is bi-lappet ⁊ ihud. ah iwile hit
un-falden. nimes nu god ʒeme Ðif þu ne cnawes teself.
he seis ure lauerd. ꝥ is. ʒif þu nast nawt hwas spuse þu
art. ꝥ tu art cwen of heuene ʒif þu art me trewe ase spuse
ah to beon. ʒif þu þis haues for ʒeoten. ⁊ tellest her to
f. 29ra lu-tel.ʼ wend ut ⁊ Ga he seis. hwider ? | ut of his hehschipe.
of his m-uchele menske. ⁊ folhe heordes of Geat. he seis.
Hwat is heor-de of Geat. ꝥ arn flesches lustes ꝥ stinken
ase Geat don bifo-ren ure lauerd. Ðif þu haues forʒeten
nu þi wurðfule la'uedischipe.ʼ Ga ⁊ folh þas g⟨e⟩at folhe
flesches lustes. Nu cu-mes ter after. And leswe þi-ne
tich″nes. Þa tichnes arn þine fiue wittes. leswe þine
tichnes. ꝥ is. as he seide. fed tine ehne wið ut totinge. þi
tunge.ʼ wið chauelinge. þin eares wið hercninge. þi muð
wið spellinge. þi nase wið sm-ellinge. þi flesch wið softe
fe-linge. Þeose fif wittes he cal-les tichnes. for alswa as
of a tichen ꝥ haues swete flesch cumes a stinkinde Gat
(M. 102) oðer a ful Bucke. Riht alswa of a ʒung swete lokinge.
f. 29rb oðer | of a swete heringe. oðer of a sof-te felinge. waxes a
stinkende lust ⁊ a ful sunne. Hweðer ani to-tinde ancre
fondede eauer þis. ꝥ beakes eauer utward as unto-hen
brid icage. Hweðer þe cat of helle clahte eauer toward
hire. ⁊ lahte wið his clokes hire herte heaued. ʒea soðes.
⁊ droh ut al þe bodi after wið clokes of crokinde ⁊ kene

2 ancres *for* ancre 20 g⟨e⟩at: e *interlined with three strokes* 21–22 kides *in margin, in darker ink but possibly the same hand, before* ne tichʼnes; *perhaps intended as a gloss on* tichnes 25 spellinge *altered from* smellinge, *the first minim of* m *being expuncted and the next two changed to* p 34 crokinde: d *altered from* g

fondinges. ⁊ ma-kede hire to leosen baðe godd ⁊ mon wið brad schome ⁊ sinne. ⁊ Reafde hire at a clap þe eorðe ⁊ ec þe heuene. Inoh sari lure. to wraðerheale beaked eauer swa ut ancre. Egredere. he seis ogrome. Ga vt as dide dina Iacobes dohter. to wraðerheale ꝥ is to seie. leaf me. ⁊ mi con'fort. ꝥ is inwið þi breost. ⁊ Ga ⁊ sech wiðuten þe worldes frake-le froure. ꝥ schal eauer enden in sar ⁊ sorhe. Tac þerto ⁊ leaf | me. hwen þe swa is leouere. for ne schal f. 29va tu nanes weis. þis ilke twa conforz. min ⁊ te worldes. þe Ioie of þe hali gast. ⁊ flesches froure habben to Gederes Ches nu an of þase twa. for þe oðer þu most leoten. O pulcra inter mulieres. ȝef þu ne cnawest te self þu fair bimong wimmen. ah bimong engles. þu mi wurði sp-use seis ure lauerd. schal tu fol-he Geat ofeld. ꝥ arn flesches lustes. Feld is willes breade. S-chal tu o þis wise folhe Geat ouer feld. ꝥ schuldes iþin her'te bur. biseche me cosses. As mi lefman ꝥ seis to me i ꝥ lu-ueboc. Osculetur me osculo oris sui. ꝥ is cusse me mi lefmon wið cos of his muð. muðene sweteste. Þis cos wite ȝe wel. is a swetnesse. ⁊ a delit of heorte swa unimete swet ꝥ euch wo-rldes sauur is Bitter þer to | ȝaines. Ah ure lauerd wið þis cos ne f. 29vb cusses na sawle. ꝥ lu-ues ani þing bute him. ⁊ ta ilke þinges for him. ꝥ helpen him to habben. And tu þenne Godes spuse. ꝥ maht he'ren her bifore. hu sweteli þi spus spekes. ⁊ calles to him se lu'ueliche. þrafter. hu he wen- (M. 104) des te lof. ⁊ spekes swiðe grim-liche ȝif þu ut wendes. hald te iþi chaumbre. ne fed na-wt wið uten þine Geate tiche-nes. Ah hald wið þin hercnin-ge. þi speche. þi sihðe. ⁊ tuin faste hare ȝates. Muð ⁊ ea-re ⁊ ehe. for nawt ho arn lo-kene jnwið wah oðer wal ꝥ þes ȝates opneð bute aȝain Godes sonde ⁊ liueneð of saw'le. Omni igitur custo-dia custodi cor tuum. Ouer alle þinge þenne as salomon þe leares ⁊ iseide feor bifore iþe frumðe of | þis dale. wites f. 30ra wel owre heorte ȝif muð ⁊ ehe ⁊ eare wisli-che beon

10 to *expuncted after* froure 13 *A break in the sentence caused by an omission between* wimmen. *and* ah bimong engles.; *cf. Nero* 44/34–45/1 18 cos: c *altered from* s 23 ḥaḷden *partially erased after* to 28 wið *for* wið innen 34 Þe heorte is wel iloked *omitted after* heorte; *cf. Nero* 45/25

ilokene. for heo as iseide þer·/ arn þe herte war-dains. And ȝif þe war-dains wenden ut·/ þe hus b-eos uuele loked. Þise arn nu þe þre wittes ꝥ ich hab-be speken of. Speke we nu schortliche of þe twa oðre Þah nis nawt spellinge þe muðes wit ah smecchinge þah þa beon baðe in muðe.

SMel of nase is te feor-ðe of þe fif wittes. of þis wit seis seint Austin. De odoribus non satago nimis. Cum assunt non respuo. non absunt·/ non requiro. Of smelles ne fonde i nawt mucheles. he seis. ȝif ho beon neh·/ O Godes half. ȝif feor·/ me ne recche. Vre Lauerd þah þurh ysaie f. 30rb þreates ham wið | helle stink ꝥ hauen nu delit her of fleschliche smelles. Erit pro suauj odore fetor. Þer to ȝa-ines ȝe schulen haue heouen-liche smelles. ꝥ hauen irnes swat her. oðer of haires ꝥ ȝe weoren. Oðer of swati hattre oðer of wikke air. in hire hus ⁊ mulede þinges. Stink oðer hwile ⁊ strong breað in nase. Þer of beos warnede ꝥ oðer hwile þe feond makes sum þing to (M. 106) stinken ꝥ ȝe schulden notien forþi ꝥ he walde þat ł ȝe hit schul¦den schunien oðer hwile þe wi-liere. Of sum dearne þing ꝥ ȝe ne muhen nawt iseon. As dust of dearne sedes. makes a swote smel cumen as tah hit were of heouene. ꝥ ȝe sch-ulde wenen ꝥ godd for owre hali lif·/ sende ow his elne. ⁊ le-te wel of to ow self. ⁊ leapin into prude. Smel f. 30va ꝥ cumes o | godes half·/ froures te herte mare þen þe nese. Þeose. ⁊ o-ðre trufles ꝥ he bitrufles mo¦nie wið·/ schulen beo broht to nawt wið hali water. ⁊ wið þe ha-li rode taken. Hwa se þohte hu Godd self was iþis wit ideruet·/ he walde þe derf þrof þuldeli-che þolien. Þe munt of cal¦uarie þer vre lauerd hengede·/ was te cwalmstowe. þer leien ofte licomes irotede buuen eorðe. ⁊ stunken swiðe stronge He as he hengede mihte hab¦ben hare breað wið al his oðer wa·/ imiddes his leoue nase. Alswa he was ideruet in alle hise oðre wittes·/ in his sihðe. þen he seh his deorewurðe moder tea-res. ⁊ sein Iohanes euu⟨an⟩⸗geliste ⁊ te oðre maries. Þa he biheld his deore disciples

6 *Directing* S *in margin before two-line capital* 8 non absunt·/ *for* cum absunt·/ 15 hire *for* owre 23 to ow self *for* ow self 34–35 euu⟨an⟩geliste: ā *interlined*

ꝥ fluhen al-le fram him. ⁊ leafden him a-ne. he Remde
him self þries wið hise faire ehne. He þolede al þuldeliche
ꝥ mon blindfallede | him. hwen hise ehne weren þus f. 30ᵛᵇ
isch-endlac blindfalled for to ȝi-ue þe anker þe brihte
sihðe of heouene. Þah þu þin eh-ne for his luue ⁊ mune⸗
ginge blindfallen on eorðe. to beo-ren him felahereden.ʼ
nis na muche wunder. Amid te muð men smiten him
sum ch-ar inohraðe as mon to beot hise chekes. ⁊ spitte
on him oscharne. And an anker is for a word vt of hire
wit. Hwen he þolede þuldeliche ꝥ te gi-wes dutten as ho
buffeteden him his deorewurðe muð wið hare dreri fustes.
⁊ tu for þe luue of him ⁊ for þin ah-ne muchele biheoue.
þi tu-telinde muð dutte wið þine lippes. teken ꝥ he smahte
Galle oðe tunge for to learen anker ꝥ he ne grucche (M. 108)
nea-uer mare for na mete. ne for na drinc. ne beo hit swa
vnˈorne ȝif ho hit mai eoten.ʼ | eote. ⁊ þonke godd ȝeorne. f. 31ʳᵃ
ȝif he ne mai nawt. beo sari ꝥ he mot estfulre sechen. Ah
ear þen biddinge arearin ani schande.ʼ ear deie martyr in
hire meˈseise. Deað mon ah for to fleon ase forð as mon
mai wiðute sunne. Ah mon schal ear deien þen mon do
ani sunne. ⁊ nis hit m-uche sunne to makie ꝥ mon seie.
Estful is tis anker. Muchel is ꝥ ho biddes. Ȝette is
wurse ȝif mon seis ꝥ ho is grucchere. ⁊ ful itohen.
Daungeruse ⁊ tor for to paien. were ho amid te world. ho
moste beo sumcher ipaiet inohraðe wið lasse ⁊ wið wurse.
Muchel hofles is þat. Cumen in to ancres hus in to godes
prisun willes ⁊ wealdes to stude of mesaise for to se-che
eise þrin. ⁊ maisterie ⁊ lauedischipe mare þen he m-ihte
habben inohraðe haued iþe worlde. Þench anker hwat |
tu sohtest þa þu forsoc þe worlde iþi biclusinge. Biwepen f. 31ʳᵇ
þin ahˈne ⁊ oðer mennes sunnes. ⁊ for leosen alle þe
blisses of þis lif for to cluppen blisfulliche þi blisfulle
lauerd iþe eche lif of heoˈuene. In his eare he hafde þe
heouenliche lauerd al ꝥ edwit. ⁊ tat upbreid. al þe scharn
⁊ al þe schome. ꝥ earen muhten he-ren. And he seis bi
him self us for to learen. Et factus sum sicut homo non

6 blindfallen *for* blindfalle 18 arearin *for* areare 31 þiṣ *partially erased after* alle

audiens. ⁊ non habens in ore suo redargutiones Ich held me he seis stille as dumb ⁊ de-af dos ꝥ naues nan onswere þah mon him mis do oðer mis seie. Þis is ure lauerdes sahe. ⁊ tu seli anker ꝥ art his deore seruant.' leorne hit ʒerne of him ꝥ tu hit cunne ⁊ mu-he soðliche seggen. n Vich haue speken of owre fowr wittes. ⁊ of Godes fowere. hu he þurh hise froures ow. as ofte as ʒe in owres felin f. 31va anj | orne. Nu hercnes of þe fif-te ꝥ is mast ned elne. for (M. 110) þe pine is þrin. ꝥ is ifelinge. ⁊ te likinge alswa. ʒif hit swa tur-nes. Þe fifte wit is felinge. ꝥ ilke a wit. is in alle þe oðre ⁊ ouer al þe licome. ⁊ for þi hit is neod to haue best warde vre lauerd hit wiste wel. ⁊ for þi he walde mast i ꝥ wit þolien for to frouren us ʒif we þo-len wa þrin. ⁊ for to wenden us framward te likinge ꝥ flesches lust askes. nomelic-he In felinge. mare þen in o-ðre. Vre lauerd i þis wit. ne hafde nawt in an stude. Ah h-afde oueral pine. nawt ane on al his bodi.' ah hafde ʒet inwið in his seli sawle. In hire he hafde þe stiche of sari sor-he ⁊ sorhful ꝥ dude him siken sare. Þis stiche wes þrifald ꝥ alswa ase þreo speres smat him to þe herte. ꝥ an was his | f. 31vb moderes wop ⁊ te oðre mari-es ꝥ floweden o teares. Þe oðer ꝥ his ahne deore desciples ne lefden him na mare. ni ne helden him for godd for þi ꝥ he ne halp him self in his muchele pine. ⁊ flohen alle fram him ⁊ leafden ase fremde. Þe þridde was te muche sar ⁊ te forþinchinge ꝥ he hafde inwið him of hare forlorenesse ꝥ drohin him to deaðe. ꝥ he seh oneuent ham al his sare swinc forlorn ꝥ he swanc on eorðe. Þa-se ilke þreo stiches weren in his sawle. In his licome euch li-me as Austin seis þolede sun-dri pine. ⁊ deide ʒeond al his bodi as he ear ouer al his bodi deaðes swat swatte. And her seis sein Bernard ꝥ he wop nawt ane wið ehne.' Ah dude as wið alle hise limes. Quasi inquid membris omnibus fleuisse uidetur For ful of angoisse f. 32ra (M. 112) was tat ilke | ned swat ꝥ lihte of his licome aʒain ꝥ angoisuse deað ꝥ he schulde þolien ꝥ hit semde read blod. Factus est sudor eius quasi gutta sanguinis decur⸗

5–6 *A space sufficient for one or two letters between* n *and* Vich
36 gutta *for* gutte

rentis in terram On oðer half. se largeliche ⁊ se swiðe fleaw ꝥ ilke blodi swat of his blisfule bodi.ʼ ꝥ te streames vrnen dun to þe eorðe. Swuch grure hafde his monliche flesch aȝain þe derue pines ꝥ hit sch-ulde drehen. ꝥ nes na ferli wun-der. for eauer se flesch is cwickre swa þe repinge þrof ⁊ te hurt.ʼ is sarre. A lutel hurt iþe ehe derues mare þen dos a muchel iþe hele. for þe flesch is deadre. Euch monnes flesch is dead fle-sch as aȝain ꝥ wes godes fles-ch. as ꝥ was inumen of þe ten-dre meiden. ⁊ naþing neauer nes þrin ꝥ hit muhte adeade ah eauer was iliche cwik of ꝥ cw-ike godd hed ꝥ wunede þrinne. | Forþi in f. 32rb his flesch was te pine sarre þen eauer ȝet ani mon in his fl-esch þolede. Þat his flesch were cwic ouer alle flesches.ʼ loke hwuch asaumple. A mon for uuel ꝥ he haues he ne letis him nawt blod o ꝥ seke half. ah dos o þe ha-le to heale þe seke. Ah in al þe wo-rld ꝥ wes o þe foure. ne was bimong al moncun.ʼ an hal dale ifunden. ꝥ mihte beon ileote blod.ʼ bote godes bodi ane. ꝥ lette blod o rode. nawt o þe Arm ane. Ah dide o fif halue. for to healen moncun of þe secnesse ꝥ te fif wittes hafden iwacned. Þus lo þe hale half ⁊ te cwike ⟨dale⟩ droh ꝥ uue-le blod ut framward ꝥ unhale ⁊ healede swa þe seke. Þurh b-lod is bitacned sinne in hali writ þe reisuns hwi.ʼ arn after sutelliche ischeawed. Ah her of ni-mes ȝeme ꝥ owre deorewurðe spus. þe luuewurðe lauerd þe hea-|lende of heouene. f. 32va Iesu godd godes sune. þe wealdende of þe worlde. þa he was tus ileten blod vnderston-des tat dai hwuch was his d⟨i⟩eṭte i ꝥ ilke blod letinge. se bale ful ⁊ se bitter. Þa (M. 114) ilke ꝥ he bledde fo-re. ne brohten him na present. ne win. ne ale ne water. ȝette þen he seide. Sitio. And mende as he bledde ofþrust oþe rode.ʼ Ah duden bitter Galle. Hwer was ea-uer ȝete ȝiuen to ani blod leten mon se poure pitaunce. ⁊ tah ne grucchede he nawt. ah vndertoc hit eadmodliche for to learen hise And ȝet he dide mare us to forˡbisne. dide his deore muð þerto ⁊ smahte þrof þah he hit ne m-uhte notien. Hwa is tenne after þis ⁊

16 foure *sic* 21 dale *interlined with two strokes* 28 di⟨e⟩ṭte: e *interlined with a stroke*

anker hure ⁊ hure ꝥ grucches ȝif ho naues nawt owðer
mete oðer drink after hire eise:ʼ And siker hwase grucches.
he offres ȝet ure lauerd þis luðere pitaunce as duden þa
f. 32vb þe giws. ⁊ is giwes fere | to beden him in his þrust drinc of
sur galle. His þrust nis bo-te ȝerninge of ure sawle heale.
And grucchinge of bitter ⁊ of sur herte. is him surre ⁊
bittre nu:ʼ þen was ta þe Galle. And tu his deore seruante.
ne beo þu nawt giwes make for to bir-lin him swa. Ah
beor him felahˈreden. ⁊ drinc wið him bliðelˈiche al ꝥ
flesch þunches sur oðer bitter. ꝥ is pine ⁊ wone ⁊ alle
meseises. ⁊ hit wile ȝelˈde þe as his trewe fere wið ha-lihwei
in heuene. Þus was iesu crist þe al mihti godd in alle
hi-se fif· wittes derfliche ipinet ⁊ nomeliche iþis laste. ꝥ
is in felinge. for his flesch was al cw-ik as is þe tendre ehe.
And ȝe Geate þis wit. ꝥ is felinge ouer al-le þe oðre.
Godes honde weren inailet o rode Þurh þa ilke Ich hailse
(M. 116) ow ancres. haldes owre hondes inwið owre windohes. |
f. 33ra Hondlinge oðer ani felinge bitwe-ne mon ⁊ anker. Is
þing swa vnˈcundeliche. ⁊ dede se scheomelich ⁊ se naked
sunne to al þe world se laðliche ⁊ se muche scandle ꝥ nis
na neod to speken. ni wri-ten þer to ȝaines. for al wið ute
writinge. ꝥ fulðe is to eðscene. Godd hit wat as me were
muche dale leuere. ꝥ ich sehe ow alle hengen on a gibet
for to wið huhe sunne. þen ich sehe an of ow ȝiuen anlepi
cos to ani mon on eorðe. swa as ich meane. Ich am stille
of ꝥ mare. Nawt ane manglin honde. ah putte hond
utward bote hit beo for neode:ʼ is wohinge after godes
grome. ⁊ tollinge after his eorre. Hire self to bihalden
hire ahne hwite honden:ʼ dos harm to moni anker. ꝥ ham
hauen to faire. As þa ꝥ arn for idled. ha schulden scrapen
euch dai þe eorðe up hore put ꝥ ho schulden rotien inne.
f. 33rb Godd hit | wat ꝥ put dos muche godd to moni anker. For
as salomon seis. Memorare nouissima ⁊ in eter-num non
peccabis. Ho ꝥ haues eauer hire deað as biforen hire
ehne ꝥ te put munehes. ȝif he þenches wel oþe dom of
domes dai þer þe engles schulen cwakien. ⁊ te eche ⁊ te

18 Nota (*abbreviated in MS.*) *in margin before* Hondlinge, *in paler ink and uncertain hand*   31 of *omitted after* up

eaterliche pines of h-elle. ⁊ oueral ⁊ al o iesu cristes passi-un. hu he was ipinet as is sum deal iseid in alle hise fif wittes.ʹ lihtliche nule he nawt. folhe flesches likinge after wittes lust ne drahen in toward him. nan heaued sunne wið hise fif wittes. Þis is nu inoh iseid of þe fif wit-tes. ꝥ arn as wardains wiðuten of þe herte ꝥ sawle lif is inne as we seiden þruppe on earst. ꝥ Salomon seide. Omni custodi cor tuum quoniam ex Ipso uita procedit. Nu arn crist haue þonc þe twa dales ouercumen. Ga we nu wið Godes help up o þe þridde |

Mine leue sustre alswa as witen wel owre wittes f. 33va (M. 118) vtewið.ʹ Alswa ouer alle þin-ge lokes ꝥ ȝe beon inwið softe ⁊ milde. ⁊ eadmode ⁊ swote iher-ted ⁊ þolemode aȝain woh of word ꝥ mon seis ou. Of werc þat mon ḍ mis dos ow. leste ȝe al for leosen. Aȝaines bittre anˈcres dauid seis þis uers. Similis factus sum pellicano solitudinis ⁊ cetera. Ich am he seis as pellican ꝥ wunes bi him ane. Pellican is a fuhel se weamod ⁊ se wraðful ꝥ hit sles ofte o grome hise ahne briddes hwen ho don him tene. ⁊ tenne sone þrafter hit wurðes swiðe sari. ⁊ makes swiðe muche man ⁊ smites him self his bile. ꝥ he sloh ear hise briddes wið ⁊ dra-hes blod of his brest. ⁊ wið ꝥ blod acwicnes eft hise brid-des islaine. Þis fuhel pellican is te weamod anker. Hire brid-des.ʹ arn hire gode werkes ꝥ ho slas ofte wið bile of scharp wr-|aððe. f. 33vb Ah hwen he swa haues idon.ʹ do as dos te pellican for⸗þunche hit sone. ⁊ wið hire ahne bile. beake to breoste. ꝥ is wið schrifte of his muð ꝥ he sunehede wið ⁊ sloh hire gode werˈkes.ʹ drahe þe blod of sunne ut of his breoste. ꝥ is of þe herte ꝥ sawle lif is inne. ⁊ swa ˋschulen eft acwikien hire isleine briddes. ꝥ arn hire werkes. Blod bitac-nes sunne. for alswa as a mon ⟨bibled⟩ is grislich ⁊

8 a custodi *interlined with caret in a different hand after* custodi
10 þridde *ends the paragraph in the penultimate line of the column and* explicit (*abbreviated*) *is written in the margin. The last line is left blank with* incipit (*abbreviated*) *in the margin. Hand uncertain*
13 eadmode: *second* d *altered from* t 21 wið *omitted after* self
22 herte *expuncted after* his 26 *A letter erased after* do
32 bibled (*with* d *altered from* t) *added in margin after* mon *at line-end;* wið bile *crossed out at beginning of following line*

eaterlich in monnes ehe.ʼ alswa is te sunefu-le bifore godes
ehnen on oðer half. na mon ne mai iugi wel blod ear hit
beo icoled.ʼ al swa is of sunne. hwil þe herte walles inwið
of wraððe.ʼ nis ter na riht dom. Oðer hwil þe lust is hat
toward ani sunne.ʼ ne mahtu nawt te hwiles deme wel
hwat hit is. ne hwat ter wile cumen of. Ah let lust ouer
Gan ⁊ hit te wile liken. let te heate acolen as dos tat wile
f. 34ra Iugi blod. ⁊ tu | schalt demen þa riht þe sune-ful ⁊ laðlich
ꝥ te þuhte ear fair ⁊ vuel se muche cumen þer of ȝif þu
(M. 120) hauedes idon hit h-wil ꝥ hate laste. ꝥ tu schalt de-me
wod te self.ʼ þa þu þer tow-ard þohtes. Þis is of euch
sun-ne soð. hwi blod hit bitacnes ⁊ nomeliche of wraððe.
Impe-dit ira animum ne possit cernere uerum. Wr-aððe
hit seis. hwil hit last. a-blindes swa þe heorte ꝥ ha ne
mai soð icnawen. Maga que'dam est transformans natu⸗
ram humanam. Wraððe is a forsch-uppild as mon telles
ispelles for ho reaues mon his wit. ⁊ chaunges al his chere.
⁊ for-schuppes him fra mon.ʼ into bea-stes cunde. Wum⸗
mon wrað.ʼ is wuluene. Mon.ʼ wulf oðer li-un oðer vnicorne.
hwil ꝥ ea-uer wraððe is imones heorte.ʼ Versailȝe. Saie
hire hures Auez. pater nostres.ʼ ne dos ho bute þeotes.
f. 34rb Naues he bute | ase þeo ꝥ is iwent fra mon to w-ulf.ʼ
igodes brihte ehne. wulues steuene in his lihte eares. Ira
furor breuis est. Wraððe is a wod-schipe. wrað mon nis
he wod ? Hu lokes he. hu spekes he. hu faris his herte
innewið. Hwucche arn utewið alle hise lates ? He ne
cnawes na mon. hu is he mon þenne ? Est enim homo
animal m-ansuetum natura. Mon cunde-liche is milde.
Sone se he losis milde heortenesse.ʼ he loses mon'nes
cunde. ⁊ wraððe þe forschup-pild forschuppis him into
beast as i ear seide. And hwat ȝif ani anker iesu cristes
seruant is forschuppet to wulf.ʼ nis ꝥ muche sorhe ? Nis
ter bute sone forwarpe ꝥ ruhe fel abu-ten þe herte. ⁊ wið
softe sahtnes-se. makien hire smeðe ⁊ softe as is cundeliche
wumones hui-de. oðer wepmonnes. for wið ꝥ ruhe wulues
f. 34va fel naþing þat he dos nis godd licwurðe. Lo | her aȝaines
wraððe monie reme-dies. froures a muche floc ⁊ mis-liche
(M. 122) botes. Ȝif mon mis seis te. þ-ench ꝥ tu art eorðe. Ne

tredes mon eorðe. Ne bispittes mon eorðe. þah mon dide swa bi þe.ʼ mon dude þe eorðes rihte. Ʒif þu berkes aʒain þu art hunde cunnes. Ʒif þu sti-nges aʒain wið attri wordes.ʼ þu art neddre cundel ⁊ nawt cristes seruant. Þench dude he swac? Qui tanquam ouis ad occisionem duc-tus. ⁊ non aperuit os suum. After alle þe schendfule pines ꝥ he þolede o þe longe friniht. mon ladde him i þe marhen to hengen o waritreo ⁊ driuen þurh hise fowr limes irne⟨ne⟩ḍẹ neiles. Ah na mare þen a schep as hali writ seis. cwich ne cweð he neauere. Þench ʒet on oðer half. hwat is word bute wind. to wac ho is istrengðet. ꝥ a windes puf. a word mai afallen ⁊ warpen into sunne? And hwa nule þunche wunder of anker wind fallet. On oðer half ʒette | Ne scheawes ho ꝥ ho is dust. ⁊ vn-stable f. 34vb þing. ꝥ wið a lute wind of a word is anan toblawen? ꝥ ilke puf of his muð ʒif þu hit warˈpe vnder þe.ʼ hit schulde beore þe upward toward te blisse of heuene. Ah nu is muche wunˈder of ure muchele madschi-pe. Vnder⸗stondes tis word. Se-int Andrew mihte þolie ꝥ te harde rode heue him towart heˈuene. ⁊ luueliche biclupte hiˈre. Sain Laurenz alswa þoleˈde ꝥ te gridel heue him upward wið bearnende gledes. Saint Steuene ꝥ te stanes. ꝥ mon sta-nede him wið. ⁊ vnderfeng ham gladliche. ⁊ bed for ham þat ham senden him. wið hammes ifalden And we ne muhen nawt þoli-en ꝥ te wind of a word beore us toward heuene. Ah arn wode aʒaines ham ꝥ we schulˈden þonke ase þa ilke ꝥ serˈuen us of muche seruise. þah hit beo vnþonkes. Impius | uiuit pio uelit nolit. Al ꝥ te f. 35ra unwreaste ⁊ te uuele dos for uuel.ʼ al is te Gode to god al is his biheoue ⁊ timbrin-ge toward blisse. let him ⁊ tat (M. 124) gladliche breide þi crune. Þench hu þe hali mon In vi-tas patrum. custe ⁊ blescede his hond ꝥ hefde him iharmed ⁊ seide se inwardliche cussinde hire ʒeorne. Iblesced beo eauer þis hond. for ho haues itimbred me þe blisses in heˈuene. ⁊ tu seie alswa bi hond þat mis dos

5 swac, *or perhaps* swat, *followed by a badly formed question mark; for* swa? 6 est *omitted after* ductus 9 irne⟨ne⟩ḍẹ: ne *interlined above* ne

te. ⁊ bi þe muð alswa ꝥ ewt mis seis te. Iblescet beo þi muð sei. for þu ma-kes me lome þrof.ʾ to tim-bri mi crune. Wel me is for mi god. ⁊ wa þah for þin uuel for þu dos me god. ⁊ harmes te seluen. ȝif ani mon oðer wum-mon mis seide oðer mis di-de ow.ʾ swa ȝe schulden seie. Ah nu is muche wunder ȝif we wel bihalden hu godes
f. 35rb hal|hes þoleden wundes on hare bodi ⁊ we arn wode ȝif a wind blawe a-lutel toward us. ⁊ te wind ne wundes nawt bute þe eares ane. for now-ðer ne mai þe wind. ꝥ is. ꝥ word ꝥ mon seis. ne wunde þe i þe fleschs. ne fu-ile þi sawle. þah hit puffe on þe bu'te þe self hit makie. Ber-nardus. Quid irritaris quid inflaris ad uerbi flatum qui nec carnem uulnerat nec inquinat mentem. Wel þu maht vnder ȝeten ꝥ ter was lutel fuir of charite ꝥ laites al of ure lauerdes luue. lute fur wes ter þrof. ꝥ a puf acwencte. for þer as muche fur is. hit wile waxe wið wind. Aȝain mis dede oðer sahe. lo her on ende þe beste reme-die. ⁊ cunnis tis esaumple. Amon ꝥ leie in prisun ⁊ ahte muche raun-cun. ne o nane wise schulde vt bute hit were to hengen. for he h-afde his rauncun fulliche ipaiet Nalde he cunne God þanc a mon ꝥ duste upon him of peninges a bi-gurdel for to raimen him wið. ⁊ les-in him of pine. þah
f. 35va he wurpe hit | ful harde aȝaines his heorte al þe hurt
(M. 126) were forȝeoten for þe gladnesse. O þis ilke wise we arn alle iprisun her. And ahen godd greate dettes of sunne. for þi we ȝeien to him i þe pater noster. Et dimitte nobis debita nostra. Lauerd we seien forȝiue us ure dettes alswa as we forȝeouen to vre det-turs. woh ꝥ mon dos us. oðer of word oðer of werc. ꝥ is. vre raun-cun ꝥ we schulen raimen us wið ⁊ cwiten ure dettes toward ure lauerd. ꝥ arn ure sunnes. for wið uten cwitaunce up of his prisun nis nan inumen. ꝥ nis onan henget oðer in purgatorie oðer i þe pine of helle. And ure lauerd self seis. Dimittite et dimittetur uobis. forȝif.ʾ ⁊ ich forȝiue þe. As þah he seide. Þu art endet-tet toward me swiðe wið sunnes Ah

3 r *or perhaps the first minim of* n *or* m *expuncted after* for
12 inflaris *for* inflammaris
31 his: h *perhaps altered from some other letter*

wiltu God foreward. Al ꝥ eauer ani mon mis seis te oðer mis dos te.' I wile nimen onward þe | dette ꝥ tu ahest me. f. 35vb Nu þen-ne þah a word culle þe ful har'de upo þe breoste. ⁊ as te þun'ches on earst. hurtes tin her-te. þench as te prisun walde. ꝥ te oðer hurte sare. wið þe bigur-del. ⁊ vnderfeng hit gladliche for to cwite þe wið. ⁊ he ꝥ sende hit te. þah Godd ne cunne him neauer þonc of his sonde He harmes him ⁊ frames te ȝif þu hit conest þolien. for as dauid seis swiðe wel wið alle. G-odd dos in his tresor þe vnwre-aste. ⁊ te uuele. for to huire wið ham. as mon dos wið Ger-sum.' þa ꝥ wel fehten. Ponens in thesauris abyssos. Glosa. Crudeles quibus donat milites suos. eft upon oðer h-alf. Pellican is a fuhel ꝥ ha-ues an oðer cunde. ꝥ hit is ea-uer leane. for þi as iseide dauid e'uenes him þer to in ancres per-sone. in ancrene steuene. Similis | factus sum pellicano. Ich am pellican ilich ꝥ wunes bi f. 36ra him ane. And anker ah þus to seie. ⁊ beo ilich to pelli'can onont tat hit is leane. Iudith clausa in cubiculo ieiunabat omnibus diebus uite sue. ⁊ cetera. Iudith bituind inne as hit tel-les in hire boc. ladde swiðe hard lif. festede ⁊ werede heire. Iud-ith bitund bitacnes bitund ancre. ꝥ ah to leade hard lif as dide lafdi Iudith after ha-re efne. | nawt as swin ipund istih. to fatten ⁊ to greaten aȝain þe (M. 128) cul of þe axe. Twa cunnes ancres arn ꝥ ure lauerd spekes of. ⁊ seis i þe god-spel of false ⁊ of treowe. Vul-pes foueas habent ⁊ uolu-cres celi nidos. ꝥ is. Foxes ha-uen hare holes. ⁊ briddes of heuene hauen hare nestes. Þe foxes arn þe false ancr-es. as fox is beast falsist. Þeose hauen he seis holen. | ꝥ holen inward eorðe wið eorðe-liche vn⸗ f. 36rb þeawes. ⁊ drahen al into hare holes. ꝥ ha muhen owhw'er repen ⁊ rinen. Þus arn Gederinde ancres of godd i þe Godspel to foxes ieuenet. Fox is a frech be-ast. ⁊ freate⸗wile wið alle. ⁊ te fa'lse ancre drahes into hire hole. ⁊ fretes ase fox dos Baðe Geas ⁊ hennes. Haues after þe fox asim-ple semblaunt sum chere. ⁊ is þah ful of Gile. Makes him oðer þen he is. as fox ꝥ is ypocri'te. wenes for to Gile

6 ⁊ he ꝥ *for* ⁊ þonke him ꝥ *two, erased between* e *and* f   12 eft: *one letter, or perhaps* 22 ha-re *for* hi-re

godd ase he dos simple men. ⁊ Giles me-ast him seluen. Galstres as fox dos. ⁊ ȝelpes of his ahne god hwer se dar oðer mai. Chaue-les of idel. ⁊ se swiðe worldliche iwurðes ꝥ on ende⸵ his nome stinkes as fox þer he Gas forð for ȝif he dos uuele⸵ mon seis bi him wurse. Þase eoden in to ancres hus as dide saul into hole. nawt as dauid þe Gode | f. 36va Baðe ho wenden into hole Saul ⁊ dauid as hit telles i regum. Ah sa-ul wende þider in for to do his ful-ðe þrin. as dos bimong monie sum vnseli anker. wendes into ho-le of ancres hus for to bifuile ꝥ stude. ⁊ do dearneluker þrin fleschliche fulðes. þen ho mihte ȝif ho were imiddes þe worlde. for hwa haues mare eise to do hire cweadschipes (M. 130) þen þe false anker? Þus wende Saul into hole for to bifuile ꝥ stude. Ah dauid wen-de þider in ane for to huden him fram Saul ꝥ him hatede. ⁊ sohte to slenne. Swa dos þe Gode Anker Saul ꝥ is te feond hates. ⁊ hun-tes after hire. Ho dos hire in to huiden hire fram hise kene clokes. Ho huides hire in hire hole Baðe fram worldliche men ⁊ worldliche sunnes. And for þi ho is gastliche dauid. ꝥ is strong to ȝain þe feond. ⁊ his leor lufsum to ure f. 36vb lauerdes ehne. for swa mi-|che seis tis word dauid on ebreische leodene. Þe false anker is saul after ꝥ his nome seis. Saul. abu-tens siue abusio. For saul on ebre-isch⸵ is misnotinge on englisch And te false anker mis notes ankres nome. ⁊ al ꝥ ho wurches Þe gode anker is Iudith as we ear seiden. ꝥ is bitund as ho wes. Alswa as ho dide. fastes. wakies swinkes. ⁊ weres harde. Ho is of þe fọ briddes ꝥ ure lauerd spekes of after þe foxes. ꝥ wið hare lu-stes ne holien nawt duneward as te foxes don. ꝥ arn false an-cres. Ah hauen on heh as briddes hauen of heuene iset hare ne-stes. Treowe ancres arn brid-des iclepede. for ho leauen þe eorðe ꝥ is. þe luue of eorðliche þinges ⁊ þurh ȝeorninge of heorte to heuenliche þinges. fleon up toward heuene. ⁊ tah ha fleon hehe wið heh lif ⁊ f. 37ra hali⸵ halden þah ꝥ heaued leahe þurh mil-|de eadmod⸗ nesse. as brid flihen-de buhesịð̣ te heaued. leten al no-ht

5 *A down-stroke of some letter erased after* eoden   20 his *or* hire   35 leahe *for* lahe

wurð ꝥ ha wel wurchen. ⁊ se-ien as ure lauerd learede alle hi-se. Cum omnia bene feceritis Dicite. serˈui inutiles sumus. Hwen ȝe hauen wel idon he seis ure lauerd. seis ꝥ ȝe beon vnneite þrelles. flih-es hehe. ⁊ haldes þah ꝥ heaued eauer lahe. Þe wenges ꝥ upward beoren ham. ꝥ arn gode þeawes ꝥ ho moten sturien into gode werkes. as brid hwen hit fliheṣ schal.' stures his wenges. Þe treowe ancre ȝette ꝥ we to br-iddes euenen. nawt we þah.' (M. 132) ah dos godd. ho spreaden hore wenˈges. ⁊ maken croiz of ham self as brid dos hwen hit flihes. ꝥ is In þohte of herte. ⁊ ibitternesse of flesch.' beren Godes rode. Þase briddes fleon wel ꝥ hauen lutel flesch. as te pellican ha-ues ⁊ monie feðeres. Þe ostrice for his muchele flesch ⁊ oðer swuche fuheles maken sembl-|aunt to fleon. ⁊ beatin þe f. 37rb wenges ah þe fet.' eauere drahen up o þe eorðe. Alswa fleschliche ank-er ꝥ liues iflesches lustes. ⁊ folhes hire eise. þe heuinesse of hire flesch ⁊ flesches unþe-awes.' Binimes hire of hire fli-ht. ⁊ tah ho makie semblant ⁊ muche dune wið wenges. ꝥ is. lete of as þah ho fluhe ⁊ were an hali anker. hwa se ȝeorne bihalt lahhes hire to bismere. for hire fet eauer ase don þe ostrices ꝥ arn hire lustes.' Drahen to þe eorðe. Þise narn nawt ilich to þe leane pellican. ni ne fleon nawt on heh. ah arn eorðe⸗ brid-des and nesten on eorðe. Ah godd calles te godeṣ briddes of heouene. as ich ear seide. Vulpes foueas habent ⁊ uolucres celi nidos Foxes hauen hare holes. ⁊ briddes of heo-uene hauen hare nestes. Trewe ancres arn riht briddes of heueˈne. ꝥ fleon on heh ⁊ sitten singinde mirie oðe grene bohes. ꝥ is. þenchen | vpward to þe blisse of f. 37va heuene ꝥ neauer ne falewes. Ah is ai grˈene. ⁊ sitten oþis grene singen-de murie. ꝥ is. Resten ham iþulli þoht. ⁊ as ta ꝥ singen habben murhðe of herte. Brid tah oðerhwiles for to se-chen his mete for þe flesches neode.' lihtes to þe eorðe. Ah hwil hit sittes ter on.' nis hit neauer careles. Ah turnes him of-te. ⁊ bilokes him ai.' ȝeornli-che abuten. Alswa þe Gode ank-er. ne fleo he neauer se hehe.' he mot lihte oðerhwile dun to þe eorðe of

8 ancre *for* ancres 24 and: a *altered from some other letter*

his bodi. Ete. Drin-ke. slepe. wurche. Speke. Here Nime
ꝥ him nedes to of eorð-liche þinges. Ah þenne as te
brid dos mot he wel bi-seon him. Biloken him on euch
(M. 134) half. ꝥ he nower ne mis nime. leste he beo icaht þurh
sum of þe deoueles grunes. oðer ihurt summes weis hwil
f. 37vb he sit se lahe. Þase briddes hauen | nestes he seis ure
lauerd. Volucres celi nidos. Nest is hard ute-wið ⁊
prikiende þornes. Inwið.' nesche ⁊ softe. Swa schal an-ker
utewið þolien hard in his flesch ⁊ prikiende pines. Swa
williche þah he schal pine ꝥ flesch.' ꝥ he muhe seie wið þe
salmwrihte. Fortitudinem me-am ad te custodiam. ꝥ is.
Ich wile wite mi strengðe lauerd to þine biheoue. forþi bi
flesches pi-ne.' efter euchanes euene þe nest beo hard
wið uten. ⁊ sof-te ⁊ swete þe heorte wið innen þa ꝥ arn
of bitter ⁊ of hard herte. ⁊ nesche to hare flesch.' ho maken
framward hore ne-st. softe wiðuten.' ⁊ þorni wið innen.
Þise arn þe weamode. ⁊ te estefule ancres. Bittre wið-innen
as te swete schulde beon ⁊ estful wið uten.' as schulde beo
þe harde. Þase in þullich nest muhen haue uuel rest hwen
f. 38ra ho ham wel biþenchen. for to | late ho schuln bringe forð
brid-des of swuch nest. ꝥ beoð gode werˈkes. to flihen
toward heuene. Iob clepes nest þe Ancres hus. ⁊ seis as
he were ancre. In nidulo meo moriar. ꝥ is. I wile deien
imi nest beo as dead þrinne. for ꝥ is an-cres rihte ⁊
wunien aðet dead þrin.' ꝥ inule neauer slakien hwil þe
sawle is iþe buc.' to drehen hard wiðuten. alswa as nest
is. ⁊ softe beo wiðinnen. Of dumbe beastes leornes wise⸗
dom ⁊ lare. Þe earn dos in his nest a deorewurðe ȝimstan
Achate hatte. for nan attri þing ne mai þe stan neohin.
he hwil hit is iþe nest. harmen hise Brid-des. ꝥ deore⸗
wurðe stan. ꝥ is. iesu crist. ase stan trewe. ⁊ ful of alle
mihtes ouer alle ȝimstanes he is te Achate. ꝥ te atter of
sunne neohede neauer. Do him iþi nest. ꝥ is iþi heorte.
(M. 136) Þench hwuch pine he þolede on his flesch wiðuten. Hu
f. 38rb swete he wes iheorted. Hu softe wiðinnen | And swa þu
schalt driuen ut euch atter ut of þin heorte. ⁊ bitterˈnesse

2 þenche *crossed out after* þenne   10 williche *for* wisliche
12 bi *for* beo

of þi bodi. for iþulli þoht ne beo hit neauer se bitter pine to þolien for þe luue of him ꝥ droh mare for þe. schal þunche þe swe'te. Þis stan as iseide aflaies attri þinges. Haue þu þis stan inne wið þi breoste. þer godes nest is:' ne þarf þe nawt dreden:' þe attri neddre of helle. Þine briddes ꝥ arn þine Gode werkes arn scher of his atter. Hwase ne mai þis ȝimstan habben ai ne halden i þe nest of his herte. ha-ue þenne iþe nest of his ancres hus. his ilicnesse. ꝥ is. te crucifix Bihalden ofte þron. ⁊ cusse þe wun-de studes. jswete munehinge of þe soðe wundes ꝥ he o soðe rode þuldeliche þolede. se forð se ho mai beo Iudith. ꝥ is. libbe har'de. beo cnawe ofte to godd his muchele godlaic toward hire ⁊ hire fautes toward him. ꝥ ho hit him ȝeld uuele. Crie him ȝeorne þrof merci ⁊ are. ⁊ schri-|ue hire ȝeorne þrof. Þenne is he Iudith ꝥ f. 38va sloh oloferne. for Iud-ith on ebreisch:' is schrift on englis-ch ꝥ sleas gastliche þe deouel of helle. Iudith inter-pretatur confessio. for þi seis anker to euch preost. Confiteor. On alre earst. And schri-ues hire ofte. for to beo Iudith ⁊ slen oloferne. ꝥ is te deueles streng-ðe. for ase muche seis tis nome oloferne:' as stinkende in helle. Secundu-m nominis ethimologiam. olofernus olens in inferno. Secundum interpretationem Infirmans uitulum saginatum. on Ebreische leodene. Oloferne is te feond. ꝥ makes feble ⁊ vnstrong þe fatte calf. ⁊ te wilde. Fat calf ⁊ wilde is ꝥ flesch ꝥ wildes. sone se hit fattes þurh este ⁊ þurh eise Incrassatus est uitulus meus ⁊ recalcitra-uit. Mi leof ifatted he seis vre lauerd. ⁊ smit me wið his hele. Sone se flesch haues his wil:' hit regibes onan. as fat (M. 138) mare ⁊ idel Þis calf haues te feond vn-strengðet ⁊ buhet toward sunne for swa muche seis tis nome olo-|ferne. f. 38vb Ah anker schal beo Iudith þurh hard lif. ⁊ soð schrift. ⁊ slen as dide Iudith þe uuele oloferne Temie ful wel his flesch sone se he feles ꝥ hit wildes to swiðe. wið fasting. wið waking. wið heire. wið heui swinc. wið

9 Bihalden (*MS.* Bihaldē) *for* Bihalde 12 *For omission of* of *after* godd *cf.* 64/8–9, 108/4–5, 115/5, 159/32–33 27 uitulus *for* dilectus 28 ifatted *for* is ifatted

harde discipli-nes. wisliche þah ⁊ warli. Habete inquid sal in uobis. Item. In omni sacrificio offeretis sal. ꝥ is. In euch sacre-fise he seis. vre lauerd.ʼ offres me salt eauere. Fasten. wacche. ⁊ oðre swuche as inempnede ear. arn nu sacrefises. Salt bita⟨c⟩nes wisedom for salt ȝiues mete smech. ⁊ wisedom ȝiues sauur. Al ꝥ we wur-chen wiðute salt of wisedom.ʼ þunches godd smechles alle ure dedes. On oðer half wiðute salt. flesch Gederes wurmes. stinkes swiðe fule. ⁊ for rotes sone. Alswa wiðuten wisedom. flesch as wurm for fretes him ⁊ wastes him̀ seluen for fares as þing for rotid. ⁊ sleas him on ende. Ah þulli sacrifise stinkes to ure lauerd. Þah þe fl-esch be vre fa.ʼ hit is us ihaten | f. 39ra ꝥ we halden hit up. wa we moten do hit. as hit is wel wurðe. ah noht fordon wið alle. for hwuch se hit eauer beo.ʼ þenne is hit swa icuplet ⁊ swa faste ifeiet to u-re deorewurðe Gast Godes ah-ne furme. ꝥ we muhten sone slan ꝥ an wið ꝥ oðer.ʼ Augustinus. Na-tura mentis humane que ad yma-ginem dei creata est ⁊ sine peccato est.ʼ Solus deus maior est. And tis is an of þe maste wundres on eor-ðe. ꝥ te heheste þing after godd self ꝥ is. monnes sawle. As Saint Au-stin witnes.ʼ schal beo se faste ifeiet to flesch ꝥ nis nawt bute fen. ⁊ a ful eorðe. ⁊ þurh ꝥ ilke liminge luuien hit se swiðe. ꝥ ho for to cwemen hit in his fu-le cunde.ʼ Gas ut of hire he-he heuenliche cunde. ⁊ for to paien hire.ʼ wraððes hire sch-uppere ꝥ schop hire (M. 140) after him self ꝥ is king ⁊ keiser of heuene ⁊ of eorðe. wunder ouer wundres ⁊ ho-kerliche wunder. ꝥ se vnimete | f. 39rb lah þing. Fere nichil. for neh noht seis Seint Austin.ʼ schal drahen into sunne swa vnimete heh þing as sawle is. ꝥ seint Austin clepes fere summum. ꝥ is. forneh hehest þing wið uten godd ane. Ah Godd nalde nawt ꝥ ho lupe iprude. ni wilnede to climpen ⁊ falle as dide lucifer. for he was wið ute charge. ⁊ teide for þi a clot of heui eorðe to hire. as mon dos þe custel to þe ku oðer to þe beast ꝥ is to raikinde. Þis is ꝥ Iob seide. Qui fecisti uentis id est spiriti-bus pondus. lauerd he seis þu ha-uest imaked foðer to foðere

5 bita⟨c⟩nes: c *interlined* 32 climpen *sic* 36 foðere *for* feðere

wið þe sawles. ꝥ is. ꝥ heuie flesch ꝥ drahes hire dune-ward. Ah þ-urh þe hehschipe of hire:ʼ hit schal wurðe ful liht. lihtre þen þe wind is. ⁊ brihtre þen þe sunne ʒif hit folhes hire her. ne ne drahes hire to swiðe into hire lahe cunde. Leoue sustre for his luue ꝥ ho is ilich to:ʼ beres hire menske. lete⟨ʒe⟩ nawt þat lahe | flesch f. 39va maistren hire to swiðe Ha is her in uncudðe. iput in a prisun. Bitund in a cwalm hus ꝥ nis nawt eðsene of hwuch dignete ho is. Hu heh is hire cunde. Ne hwuch ho schal i-wurðe ʒet in hire ahne riche Þe flesch is her at hame. as eor-ðe ꝥ is in eorðe. ⁊ for þi is ho coi-nte and couer. As mon seis. ꝥ cok is kene on his ahne mixne. ha haues to muche maistrie weila'wei o monie. Ah anker as iseide ah to beon al Gastlich ʒif ho wi-le fleon as brid ꝥ haues lutel flesch ⁊ monie feðeres. Nawt ane ʒette þis:ʼ ah teken ꝥ he te-me wel his ahne vntohene flesch. ⁊ strengðe ⁊ menske þe wurðfule sawle. Teken þis he mot ʒet þurh his forbisne. ⁊ þurh hise heli beodes. ʒiue streng-ðe to oðre. ⁊ uphalden ham ꝥ ho ne fallen i þe fulðe of (M. 142) sunne. ⁊ for þi dauid anan after ꝥ he haues euenet anker to pellican:ʼ he | euenis him to niht fuhel ꝥ is vnder f. 39vb euesinges. Similis factus sum pellicano·solitudinis. factus sum sicut nictọ⟨i⟩-corax in domicilio. Þe niht fuhel iþe euesinges bitacnes recluses. ꝥ wunien for þi vn-der chirche euesinges ꝥ ho vn-derstonden ꝥ ho ahen to beo of se hali lif. ꝥ al hali chirche ꝥ is cristene folc leonie ⁊ heal-den on ham. ⁊ ha halden hire up. wið halṛe lif halinesse. ⁊ hare eadi bones. Forþi is anker. anker iclepet. ⁊ vn-der chirche iancret as an-ker under schipes bord. for to halde ꝥ schip ꝥ vnðes ⁊ stor'mes hit ne ouer warpe. Alswa al hali chirche ꝥ is schip icleo-pet. schal ″ancret″ beo o þe an-ker. ꝥ ho hit swa ṣẉ halde. ꝥ te deoueles puffes ꝥ arn tempta-tiuns. hit ne ouerwarpe. Euch anker haues tis foreward. ba-ðe þurh nome of anker. ⁊ alse þurh ꝥ he wunes under |

6 ʒe *interlined with two strokes* 23 nictọ⟨i⟩-corax: i *interlined* 26 heal-den *for* heal-de 30 vnðes *for* vðes 31 ″ancret″ beo *marked for transposition* 34 *A folio has been lost after* under

f. 40ra o sum wise ȝelpes hit ⁊ scheawið. V⟨t⟩ quid auertis manum tuam ⁊ dexteram tuam de medio sinu tuo in finem. ꝥ is. Hwi dra|hes tu ut tin hond. ⁊ ȝette þi riht hond ofmidde þi bosum. In fi-nem. On ende. ꝥ is. Riht hond is god werc. Bosum is priuete. ꝥ is. þa as he seide. Þi riht hond ꝥ tu held an-cre iþi bosum. ꝥ is ti wode werc ꝥ tu hauedes idon priueliche. as þing is dearne i bosum. hwi drahes tu hit ut.' In finem. On ende. ꝥ is. ꝥ ti mede endi se sone. þi mede ꝥ were endeles ȝif þi goddede iholen we-re. hwi opnestu hit ⁊ nimes se schort mede. huire ꝥ is igan iswa schort hwile. Amen dico uobis. receperunt mercedem suam. Þu haues iuppet ti God he seis ure lauerd. witerliche þu haues vnderfon þi mede. Sain Gregorie iwundreð him ⁊ seis ꝥ men beon wode ꝥ mangen swa uuele. Magna uecordia. Grandia agere ⁊ laudibus (M. 148) inhiare. Vnde celum mere-ri potuit.' nimium transitorij f. 40rb fa|uoris querit. Muche madschipe | hit is he seis to do wel ⁊ wilni word þrof. Do hwer þurh he buieð þe kinedom of heuene. ⁊ sullen for a windes puf of worldes hereword. of monnes heringe. For þi mine leoue sustre haldes owre riht hond inwið owre bosum.' leste mede ende-les. nime schort ende. We reden in hali writ. ꝥ moysese hond godes prophete. Sone se he hafde idrahen hire ut of his Bósum.' Bismede oþe spitel uuel. ⁊ þuhte leprose. þurh hwat is bitacnet ꝥ goddede idrahen forþ nis nawt ane forloren þurh ꝥ uppin-ge. ah þuncheð ȝet laðliche bifore godes ehe. as spitel uuel is eatiliche bifore monnes sihðe. Lo a ful godd word ꝥ te hali Iob seide. Reposita est hec spes mea in sinu meo. Imi bosum he seis. is al mi hope ihalden. As tah he seide. hwat god se ido were hit ut of bosum uppet ⁊ drahen forð.' al mi hope were atslopen. Ah forþi ꝥ ich hit heole. ⁊ huide. as ibosum.' Ich hopie to mede. forþi ȝif anj dos anj god.' ne drahe hit nawt utward. | f. 40va ne ȝelpe nawt þrof. for wið alu-tel puf. awordes wind hit mai al to weauen. Vre Lauerd i Iohel me-aneð him swiðe

1 V⟨t⟩: t *interlined at line-end* 6 wode *for* gode 16 nimium *for* nummum 24 Bismede *for* Bisemede *or perhaps* Bisemde

of þeo ꝥ forlosen ⁊ spillen al hore God þurh wiln-ing of hereword ⁊ seið þeose worˈdes. Decoriauit ficum meam. nudans spoliauit eam ⁊ proiecit. Albi facti sunt rami eius. Allas seið ure lauerd þeo ꝥ scheaweð his god:ˀ he haues bi pilet mi figer. Irent al þe rinde of. Despoilet al hire naket ⁊ warˈpen awai. ⁊ te Grene bohes beoð fordru⸗hede ⁊ forwurðen to drie hwite rondes. Þis word is dosk. Ah nimeð god ȝeme hu ich hit wile brihten. Figer is a (M. 150) cunnes tre ꝥ bereð swete frut ꝥ men clepeð figes. Þenne is te figer bipilet. ⁊ te rinde irent of:ˀ hwen goddede is i-uppet. Þenne is te lif ut. Þenne adeadeð þe treo hwen þe rinde is awei. ne now-ðer hit ne beoreð fruit. ne ne gre-neð þrafter ilufsume leaues. Ah druen þe bohes ⁊ wurðen hwite | rondes. to na þing betere þenne:ˀ þen to (f. 40vb) fuires fode. Þe boh hwen hit adeadeð:ˀ hwiteð utewið. ⁊ adruheð inwið ⁊ warpeð his rinˈde. Alswa goddede ꝥ wile adeaden forwarpeð his rinde. ꝥ is. vnh-ules te rinde ꝥ hules hit:ˀ is te treos warde. ⁊ wites hit in strengˈðe. ⁊ in cwiknesse. Alswa þe huli-inge is te goddedes lif. ⁊ haldes hit istrengðe. Ah hwen þis rinde is offe. þenne as te boh dos hwi-tes hit utewið þurh worldliche hereword. ⁊ adruhes inwið. ⁊ loses te hwitnesse of godes grace ꝥ makede hit grene ⁊ licwurðe Godd to bihalden. For grene ouer alle heowes froures mast ehne. Hwen hit Is swa idruhet. þenne nis hit to nawt se god as to þe fuir of helle. for þis earst bipilinge hwer of al þis uuel is:ˀ nis buten of prude. ⁊ nis tis muche reow-ðe ꝥ te figer ꝥ schulde wið hi-re swete fruit. ꝥ is goddede | fede godd (f. 41ra) gastliche þe lauerd of heuene:ˀ schal adruhen rin-deles þurh ꝥ hit is unhulet ⁊ wurðen buten ende helle fu-res fode. And ⟨nis⟩ ho to vnseli ꝥ wið þe wurð of heuene buies hire helle? Vre lauerd self in þe godspel euenes heueneri-che to gold hord. ꝥ hwase hit ifindes:ˀ as he seis. huides. Quem qui inuenit homo ịnụẹ abscondit Gold hord is goddede ꝥ is to heuene ieuenet for mon hit buies ter wið. ⁊ tis gold hort bute hit beo þe betere ihu-let. hit

22 hwitnesse *for* wetnesse *or* swetnesse 31 nis *interlined with two strokes*

bes forloren sone. for as gregorie seis. Depredari desiderat qui thesaurum publice in uia portat. ꝥ beores tresor openliche i Gate ꝥ is al ful of reaueres ⁊ of þeoues:ʼ him luste losen hit ⁊ beo irob-bet. Þis world nis buten aw-eie to heuene oðer to helle ⁊ is al biset of hellene f. 41rb mu-|cheres. ꝥ robben all þe gold hordes ꝥ ho muhen (M. 152) vnderʒe-ten. ꝥ mon oðer wummon iþis weie openes. for ase muche wurð is:ʼ as hwase seide. ⁊ ʒeide as he eode. Ich bere gold hord Ich bere gold hord. lowr hit her gold hord read. hwit siluer inoh ⁊ deorewurðe stanes. A sapere ꝥ ne beres bute sape ⁊ neldes. ʒeies hehe ꝥ he beores. A riche mercer Gas forð al stille. Fraines hwat bitidde of ezechie þe gode king forþi ꝥ he schea-wede þe celles of hise aromaz. his muche tresor. His deore-wurðe þinges. nis hit nawt for noht iwriten Iþe Godspel of þe þreo kinges ꝥ comen to of-fren iesu crist þe deorewurðe þre lakes. procidentes adorauerunt eum. Et apertis thesauris optulerunt ⁊ cetera. ꝥ tat ha walden offren him. ho hel-den eauere hulet. aðat ha co-men biforen him. Þa f. 41va on earst:ʼ | ho vnduden þe presenz ꝥ ho beren. For þi mine leue sustre bi niht as te niht fuhel ꝥ anker is to ieuenet beos ʒeorne sturiende. Niht ich calle priuete. Þis niht ʒe muhen habben euch time of þe dai. ꝥ al þe god ꝥ ʒe don beo idon as iniht ⁊ in þeosternesse ut of monnes ehe. Þus iniht bes fleoinde. ⁊ sechin-de owre sawle heuenliche fode. þenne ne beo ʒe nawt ane. pellicanus solitudinis. Ah beon ek nicticorax in domicilio. Vigilaui et factus sum sicut passer solitarius in tecto. Ʒet is anker her ieuenet to spa'rewe ꝥ is ane under rof. as anker. Sparewe is a chiterinde brid. chiteres ai ⁊ chirmes. Ah forþi ꝥ moni anker haues ꝥ ilke vnþeaw. dauid ne euenes him nawt to sparewe ꝥ haues fere. Ah dos to sparewe ane Icham he seis bi anker as spare'we ꝥ is ane. for swa ah anker as ho is in anlich stude hire ane chir'men ⁊

9–10 gold hord read *for* gold read 24 ehe *expuncted and crossed out after* of 27 *A space sufficient for two or three letters before* Vigilaui, *which has a large black capital* 34 ho: o *altered from* e

chiteren eauer hi⟨r⟩s̩e bonen. And understondes ȝeorn⸗liche mi-ne leue childre. ꝥ ich write of an-|liche lif. for f. 41vb to frouren ancres. ⁊ ow ouer alle. Hu god is to beon (M. 154) ane is baðe i þe ḥalde lahe ⁊ iþe newe isutelet. for iba-ðe mon findes ꝥ godd his derne runes ⁊ heuenliche priue⸗tez schea-wede to hise leueste frend. nawt imonnes floc.ʼ ah dide þer ho we-ren ane bi ham self. ⁊ ho ham seluen alswa. ase ofte as ho walden þenche schirliche o godd. ⁊ ma-ke cleane bones. ⁊ beon in herte gastliche hehet toward heuene.ʼ mon findes ꝥ ho fluhen monnes sturbinge. ⁊ wenden bi ham ane. ⁊ ter godd visited ham. ⁊ scheawede him self. to ham. ⁊ ȝef ham hare bo-nes. Forþi ꝥ ich seide ꝥ mon findes tis baðe iþe alde testament ⁊ ec iþe newe.ʼ Ich wile of baðe twa scheawe forbisnes. Egressus est ⟨ysaac⟩ in agrum ad meditan-dum. quod ei fuisse creditur consuetudi-narium. Ysaac þe patriarche for to þenche deopliche sohte anluche stude. ⁊ wende bi him ane as Genesis hit telles. ⁊ swa | ꝥ he mette wið þe eadi f. 42ra Rebecca ꝥ is wið godes grace. Rebecca enim interpre⸗tatur. Multum dedit. Et quicquid habet meriti preuen⸗trix gratia donat. Alswa þe eadi Iacob þa ure lauerd scheawede him his deorewurðe neb schaft. ⁊ ȝef him his bliscing ⁊ wende his nom betere. he was iflohen men. ⁊ was him al ane. neauer ȝette imonnes floc ne cah-te he swuch biȝeate. Bi Moyses ⁊ bi helye Godes deorewurðe frend is sutel ⁊ eðscene. hwuch baret ⁊ hu dredful lif is eauer imong þrunge. ⁊ hu godd hise priuetez scheawes to ham ꝥ beon priueliche ham ane. Mon schal mine le-ue sustre þise estor⟨i⟩es tellen ow for ho weren to longe to writen nu here. ⁊ tenne schule ȝe al þis brihtliche vnder⸗stonden. Set ⁊ Ieremias solus sedet. Þe eadi Ieremie seis (M. 156) ꝥ he sittes a-ne. ⁊ seis te reisun forþhwi. Vre lauerd hafde fullet him of þrea-tinge. Quid comminatione tua replesti me? Godes þreatinge is | wondreðe ⁊ weone ilicome ⁊ in f. 42rb

1 hi⟨r⟩s̩e: r *interlined* 4 is baðe *crossed out between* ane *and* is baðe 15 ysaac *in margin to replace* iacob, *crossed out after* est 17 anluche *for* anliche 18 swa ꝥ *for* swa 29 estor⟨i⟩es: i *interlined with a stroke*

sawle world buten ende. Hwase we-re of his þreatinge as he was wel ifulled.ʼ nere þer nan empti stu-de iþe herte to vnderfo fleschli-che lahtre. for þi he bed welle of teares to hise ehne. Quis dabit michi fontem lacrimarum ? ꝥ he ne druhe-den neauere na mare þen þe welle for to biwepen slein folc. V⟨t⟩ lugeam interfectos populi mei. ꝥ is mest al þe world ꝥ is Gastliche slein wið deað-liche sunnes. And to þis wope lo-kes nu he biddes anlich stude þe hali prophete. Quis dabit michi diuerso-rium uiatorum in solitudine. ut ⁊ cetera. For to scheawe witerliche ꝥ hwase wile biwepen hise ahne ⁊ oðre sun-nes as anker ah to don. And hwa se wile ifinden atte narewe domes mon merci ⁊ are.ʼ þing ꝥ lettes hit mest.ʼ is beust bimong men And tat swiðest furðres hit.ʼ ꝥ is anliche stude. mon oðer wummon eiðer beo him ane. Ȝet spekes Ieremie of anliche [f. 42va] lif mare. Sede-bit solitarius et tacebit. Mon schal | sitten he seis him ane. ⁊ beo stille Of þis stillenesse he spekes terbi-fore lutel. Bonum est prestolari cum silentio salu⸗tare dei. God hit is isilence ikepen godes grace. And tat mon beore godes ȝoc anan fram his ȝuheðe. Bea-tus qui portauerit iugum domini ab abholescentia sua. And tenne cumes ter after. Sedebit soli-tarius ⁊ tacebit quia leuabit se supra se. Hwase swa wile don he schal sitten ane. ⁊ halden him stille. ⁊ swa heuen up him self ouer him seluen. ꝥ is. wið heh lif hehen toward heuene ouer his ahne cunde. Teken þis. hwat oðer god cumes of þis anlich sittinge ꝥ Ieremie spekes of. ⁊ of þis seli stilðe.ʼ cumes anan þerafter. Dabit percutienti se maxillam. et saturabitur oprobriis. He wile he seis ꝥ swa dos. aȝaines te smitere beode forð þe cheke. ⁊ beo þurhfullet wið [(M. 158)] schend-fule wordes. Her arn iþis word twa eadi þeawes [f. 42vb] to noati swiðe | ȝeorne ꝥ limpes riht to ank-er. Þolemod⸗nesse iþe earre half. I þe latere eadmodnesse of milde. ⁊ of meke her-te. for þolemod is ꝥ þuldeliche beres woh ꝥ mon dos him. Eadm-od is ꝥ þolie mai ꝥ mon him mis-seie. Þa ꝥ ihaue inempnet here.ʼ weren of þe alde

4 he *for* ho *or* ha   6 V⟨t⟩: t *interlined*   21 abhole-scentia *for* adholescentia   34 milde *expuncted before* meke

testament Cume we nu to þe newe. Sein Iohan Baptiste bi hwam ure lauerd seide. Inter natos mulierum non surrexit maior Iohane baptista ꝥ bimong ʒiues sunes ne a-ros neauer betere. He kende us openliche bi his ahne dede ꝥ anli stude is baðe siker. ⁊ biheoue. for þah þe engel Ga-briel hafde ịhis burðe iboc-ket. Al were he ifulled of þe ha-li gast anan inwið his moder wambe. Al were he þurh mira-cle iborn of barain ʒe. ⁊ in his iborenesse vnspende his fader tunge in to prophecie. for al þis ʒette ne durste he nawt wunien bimong men se dredful | lif he f. 43ra seh þrin. þah hit nere of na þing elles. bute of speche ane. And forþi hwat dide he? Ʒung of ʒeres fleah awei into wildernesse. leste he wið speche schulde his cleane lif fuilen. swa is in his hymne. Antra deserti teneris sub annis ciuium tur'mas fugiens petisti ne leui sal-tem maculare uitam famine posses. He hafde as hit þunch-es iherd ysaie ꝥ meanede him ⁊ seide. Ve michi quia homo pol-lutis labiis ego sum. Wumme wa-is me he seis þe hali prophete. for icham amon wið sulede lip-pes. ⁊ seis þa cheisun hwerfo-re. Quia in medio populi pollu-ta labia habentis ego habito. And tat is forþi he seis ꝥ iwu-nie bimong ṃọṇg men ꝥ fuilen hore lippes. wið misliche spe-ches. Lo hu godes prophete seis he was ifulet þurh bewiste bimong men. swa hit is witerliche. Beo neauer (M. 160) se briht or. metal. gold. Siluer Irin. stel. ꝥ hit | ne schal f. 43rb drahe rust. of an ꝥ is irustet forhwi ꝥ ho long lien to Gedere. Forþi fleah sein Iohan þe felahschipe of fule men. le-ste he were ifuilet. Ah ʒet for to scheawen us ꝥ mon ne mai þe uuele fleon bute mon fleo þe. gode. he fleah his hali cun ico-ren of ure lauerd. ⁊ wende into anlich stude ⁊ wunede iꝥ wilder'nesse. And hwat biʒeat he þere? he biʒeat ꝥ he was godes Bap-tiste. þe muchele hehnesse. ꝥ he held ifulloht under hise honde þe lauerd of heuene ꝥ haldes up al þe world wið his anres mihte. Þer þe hali þrumnesse sche'awede hire al to him. þe fader in his steuene. þe hali gast icul-urene heow. þe sune in hise honde. In anlich stude he bi-ʒeat þreo preminences.

3 ʒiues *for* wiues

priuile'gie of preachur. Merite of mar'tyrdom. meidenes
mede. Þa-se þreo manere of men hauen in heuene ouer
f. 43va ful mede. crune up o crune:ʼ And te eadi Iohan | in anli
stude as he was:ʼ alle þre þa estaz of earnede him ane.
Vre lafdi seinte Marie ne ladde ho anlich lif? Ne fond te
engel hi-re in anli stude al ane? Nes ho nowhwer vte.
ah was biloken fa-ste. for swa we finden. Ingressus an-
gelus ad eam dixit. Aue maria ⁊ cetera. ꝥ is. þe engel
wende in to hire. þen-ne was ho inne. in anli stude hire
ane. Engel to mon in þrung ne scheawede him neauer
ofte. On oðer half þurh ꝥ nowhwer in ha-li writ. is iwriten
of hire speche bute fowir siðe. as is iseid þruppe sutel
preouinge is ꝥ ho was mu-chel ane. ꝥ heold swa silence.
Hwat seche ich oðere? O Godd ane were inoh forbisne
to alle ꝥ wende himself to anli stude. ⁊ fastede þer as he
was ane iwil-dernesse. for to scheawe þer bi ꝥ bimong
(M. 162) monnes þrong. ne mei nan makien riht penitence. Þer
in ⟨anli⟩ stude him hungrede hit seis anker to froure ꝥ is
f. 43vb in mes'eise. Þer he þolede ꝥ te feond fon-|dede him
felaheles. ⁊ he ouercom him. Alswa for to scheawen ꝥ te
fend fondes muche þa ꝥ leaden anli-che lif. for onde ꝥ he
haues to ham ah he is ter ouercumen. for ure la-uerd self
þer stondes bi him iþe feht ⁊ beades ham hu ho schulen
ston-de strongliche aʒain. And ʒiues ham of his strengðe.
He as ha-li writ seis ꝥ na noise ne þrong of folc mihte
letten of hise bones ni desturben his god:ʼ he þah na þe
latere hwen he walde beon ibo-nes. he fleah nawt ane
oðre men Ah dude ʒette hise hali deore-wurðe apostles.
⁊ wende ane up on hulles. us to forbisne. ꝥ we schulden
turne bi us self. ⁊ climben wið him on hulles. ꝥ is þen⸗
chen he-he. ⁊ leaue lahe vnder us:ʼ alle eorðliche þohtes.
hwil we beon i bones. Pawl. ⁊ Antonie. hyla'run ⁊ bene⸗
dict. Sincletice ⁊ Sa-re. And oðre swuche monie. men ⁊
wummen baðe. fondeden witer-liche. ⁊ vnderʒeten soð⸗
f. 44ra liche þe biʒeate of anliche lif. As ta | ꝥ diden wið godd
al ꝥ ha walden Sein Ierome nu late seis bi him seluen.

18 anli *in margin marked to replace* hali, *expuncted after* in
23 him *for* ham beades *for* bealdes 32 hyla'run *for* hyla'riun

Quociens inter homines fui minus homo recessi. As ofte as ich eauer was he seis bimong men:ʼ Ich wende fram ham lasse mon þen ich ear were. forþi seis te wise. Eccle⸗siasticus. Ne oblecte-ris in turbis. Assidua est enim com⸗missio. ꝥ is. ne þunche þe neauer godd imong monnes floc. for þer is eauer sunne. Ne seide þe steuene to heuene to Arsenie. Arseni fuge homines ⁊ saluaberis. Arseni fleo men ⁊ tu schalt beo iborhen. And eft hit com ⁊ seide. Arseni. fuge. tace. qui-esce. ꝥ is Arseni fleo. beo stille. ⁊ wune studefastliche isum stude ut of monnes floc. Nu ȝe hab-ben iherd mine leue childre for-bisnes of þe alde lahe ⁊ of þe newe hwi ȝe ahen anlich lif swiðe to luuie. After þe forbisnes. heres nu resuns hwi mon ah to (M. 164) fleo þe world Ahte atte leaste. Ich ham seie schor-tliche. nimes te betere ȝeme. Þe forme is sikernesse. Ȝif a wod liun urne ȝont te strete. nalde | þe wise bituinen hire f. 44rb inne? And sen-te peter seis. ꝥ helle liun ⁊̣ renges ⁊ recches eauer mare abuten for to sechen ingong. sawle for to swolhen And bides us beo waker ⁊ bisie in halie bones. leste he us lecche. So-brij estote ⁊ uigilate in orationibus quia aduersarius uester diabolus tanquam leo ru-giens circuit querens quem deuoret þis is sente peteres sahe ꝥ ich ear seide. for þi arn ancres wise ꝥ ha-uen wel bitund ham aȝain helle liun for to be þe sikerer. Þe oðer is. ꝥ beres a deorewurðe wet as bame is in a fetles. Haliwei ibru-chel glas. nalde he gan ut of þr-ung. bute he fol were? Apostolus. Habeˈmus thesaurum in vasis fictilibus þis bruchele fetles is monnes flesch þah noðelatere. þe bame þe haliwei is imaihod ꝥ is þrin. oðer after meiden⸗lure chaste clennesse. Þis bruchele fetles bruchel as ani glas. for beo hit eanes tobroken ibet ne bes hit neauere. ni hal as hit ear wes. na mare þene glas Ah ȝet hit brekes wið lasse þen | dos bruchel glas. for glas ne brek-es f. 44va nawt but sum þing hit rui-ne. ⁊ hit onefent meidenlure mei losen his halnesse wið a stinkenˈde wil. Se forð hit

5 godd *for* god: *a common mistake in the text; cf.* godḍ 53/13
6 to *for* of 29 imaihod *sic* 32 ear *expuncted after* ear

mei Gan ⁊ la-ste se longe. Ah þis maner of bruche mei beo bet eft ase hal allunge as hit eauer ear was ha-lest þurh medicine of soð schr-ifte ⁊ þurh bireosunge. Nu preo|ue her of. Sain Iohan euuange-liste nefde he burde ibroht ham? Nefde he iþoht ta ȝif god nef-de lettet (M. 166) him. meidenhad to for leosen. Siðen þah he wes meiden neauer þe vnhalre. Ah wes meiden bitaht meiden to witene. Virgi-nem uirgini commendauit. Nu as isegge. þis deorewurðe haliwei iþis bruchele fetles.ʼ is meiden|had ⁊ clennesse in owre bruchele fl-eschs. bruchelere þen ani glas. ꝥ ȝif ȝe weren iworldes þring wiþ alutel hurtlinge ȝe mihten al forleosen as te wrecches iþe world ꝥ hurtlen to gederes. ⁊ breken hore fetles. ⁊ cleannesse f. 44vb scheades | for ure lauerd cleopes tus. In m-undo pres⸗suram in me autem pacem habe-bitis. leaues te world ⁊ cumes to me. for þer ȝe schulen beon iþrong ah reste ⁊ pes is in me. Þe þridde reisun of þe worldes fluht is te bi-ȝeate of heuene. Þe heuene is swi-ðe heh. hwase wile biȝete hit ⁊ area-che þer to.ʼ him is lutel inoh for to warpen al þe world dun under hise fet. for þi alle þe halhes ma-keden of al þe world as a schamel to hore fet to areachen þe heue-ne. Apḷ'ocalipsis. Vidi mulierem amictam sole ⁊ luna sub pedibus eius Þis is sein Iohanes word eu⟨a⟩ugeliste iþe apocalipse. Ich iseh a wummon ischrud wið þe sune. ⁊ un-der hire fet te mone. Þe mone wones ⁊ waxes. ne nis neauere stude-fast. ⁊ bitacnes forþi worldliche þinges. ꝥ beon as te mone eauer ich-aunge. Þis mone mot te wummon halden under hire fet. ꝥ is. world-liche þinges to treden ⁊ to forhoh-en. ꝥ wule heo⸗ f. 45ra uene areachen ⁊ beo þer ischrud mid te sunne. | Þe feorðe reisun is premie of no-blesce ⁊ of largesce. Noble men ⁊ gentile ne beoreð na⟨ne⟩ bagges. ne ne fareð itrusset (M. 168) wið trusses ne wið purses. Hit is beggilde riht to beore bagge obac. Burgeise to bere purs. nawt godes spuses ꝥ is

3 bireosunge *for* bireowsunge 24 eu⟨a⟩ugeliste *for* eu⟨a⟩n⸗geliste: a *interlined* 25 sune *probably for* sūne (= sunne) 29 to *incorrectly repeated before* forhoh-en 32 na⟨ne⟩: ne *interlined with two strokes*

lafdi of heuene. Trusses. ⁊ purses. bagges. ⁊ packes beoð worldliche þinges. Alle eorðliche weolen. ⁊ worl-dliche rentes. Þe fifte reisun is. Noblemen ⁊ wummen maken large relef. Ah hwa mai make largere þen he oðer heo ꝥ seis wið sente peter. Ecce nos reliquimus ṛẹḷị-omnia ⁊ secuti sumus te. Lauerd for to folhi þe we habbeð al for leaued. Nis tis large relef ꝥ ʒe ileaued habbeð. Lauerd for to folhi þe sei-de sente peter. we habbeð al forle-aued. As tah he seide. we wulleð folhi þe iþe muchele genterise of þi largesce þu leuedest to oðer men alle richesces. ⁊ makedest of al relef ⁊ leaue se large. we wulleð folhi þe. we wulleð don al | swa leauen ⟨al⟩ as tu dudest. folhi f. 45rb þe on eorðe. Iþat ⁊ in oðerhwat for to folhi þe ec ito þe blisse of heuene And ter ʒet ouer al folhi þe hwiderward se þu eauer wendest. As nane ne mahen bute meidnes ane. Hii sequuntur agnum quocumque ie-rit. Vtroque pede id est integritate cordis ⁊ corporis. Þe sexte reisun is hwi ʒe habben þe world iflohen. Famili-arite. Muche cuðredne. for to be priue wið ure lauerd. for þus he seið bi Osee. Ducam te in solitudinem. ⁊ ibi loquar ad cor tuum. I wile leade þe he seis to his lefmon into anli stude ⁊ ich wule speke luueliche to þin herte. for me is lað presse. Ego dominus et ciuitatem non ingredior. Þe (M. 170) seueðe reisun is for to beo þe brihtre ⁊ brihluker seon in heuene godes brihte nebschaft. for ʒe beon iflo-hen þe world ⁊ huideð ow for hire here. ʒet ter teken þat ʒe beon swifte as te sunnegleam. for ʒe beoð wið iesu crist bitund as isepucre bibarred as he was o þe deore rode. as is iseid þer uppe | Þe ahteðe reisun is to habbe cwike bones. And f. 45va lokes ʒerne hwerfore. Þe eadmode cwen h-ester ꝥ bitacnes anker. for hire nome seið ihud on englische leo-dene as mon redes in hire boc. ha was te king Assuer ouer alle icwe- And þurh hire bone arudde of deað al hire folc ꝥ

6–7 As þah he seide. we wullen folhi þe *crossed out after* for leaued 12 al *interlined* 13 ito *probably for* ī to (= into) *as in l.* 21 14 ouer al *incorrectly repeated and crossed out after* þe 24 brih-luker *for* brihtluker (?) 28 isepucre *for* isepulcre. *Three* (?) *short words erased after* was 33 icwe- *at line-end;* me *interlined in darker ink and probably a different hand* was to deað idemet. Þis nome Assuer is ispe-lid eadi. As is iseid ear:' ⁊ bitacnes godd eadi ouer alle. He ȝetteð he-ster þe cwen. ꝥ is te treowe anker ꝥ is riht hester. ꝥ is riht ihud. he he-reð ⁊ ȝetteð hire alle hire bo-nen. ⁊ sauueð þurh ham muche folc Moni schulde beo forloren ꝥ beon þurh anker bonen iburhen. As weren þurh hesteres. forhwi ꝥ ho beo hester ⁊ halde hire as heo dude M-ardochees dohter. Mardoche is ispeled Amare con⸗terens inpuden-tem. ꝥ is. Bitterliche to treodinde þene schomelese. Schomeles is te mon ꝥ seið ani untuhðe oðer deð biforen anker. Ȝif ani þah swa do:' and ha (f. 45vb) breoke bitterliche his untohe word oðer his fol dede | to treoden ham anan riht. wið vnwurð tellinge. þenne is ha he'ster. Mardoches dohter bitterliche to brekinde þene scheomelese Bitterluker ne betere ne mai ho him neauer breken. þen is itaht þruppe wið. Narrauerunt michi. Oðer wið þis uers. Declinate a me maligni ⁊ scrutabor mandata dei mej. ⁊ wend inward anan toward hire weued. ⁊ halde hire at hame as hester þe ihudde. Semei In Re-gum hafde deað ofseruet. Ah he criede merci ⁊ salomon (M. 172) forȝef hit him þah þurh swuch a foreward ꝥ he at hame helde him in ierusalem as he wune-ne ⁊ dude him in his huse. ȝef he owðer wende ut:' swuch was te foreward. ꝥ he were eft al ful·⁊ to deað idemet He þah brek foreward þurh his un-selhðe. hise þrelles fluhen him ⁊ at breken him ut. ⁊ he folhede ham. wende ut after ham. hwat wiltu mare. was sone forwreied to þe king salomon ⁊ for þe forewarde ibroken was to deaðe fordemt. Vnder⸗stondes ȝeor-ne þis mine leue sustre. Semei b-itacnes þe (f. 46ra) vtwarde anker. Nawt hester | þe ihudde. For Semei seið Audiens. ꝥ is. herinde on vre leodene. ꝥ is te recluse ꝥ haueð Asse earen. lon'ge to here feor. ꝥ is herinde tinðen'des wið uten. Semeis stude was in Ie-rusalem ꝥ he schulde in huiden him ȝif he walde libben. Þis word Ierusalem speleð stude of pes. ⁊ Bitacned An-ker hus. for

10 untuhðe: h *altered from* b *or* d   22 wune-ne *for* wune-de
23 owðer *possibly for* ohwiðer   33 tinðen'des *for* tiðen'des
35 stude *for* sihðe   Bitacned *for* Bitacneð

þrinne ne þarf hire seon bote þes ane. ne beo neauer semei. ꝥ is þe recluse swa swiðe forgult toward te soðe Salomon. ꝥ is ure lauerd. Halde hire at hame in ierusalem ꝥ ha nawt ne wite of þe worldes ba-ret. Salomon ȝettes hire bliðeli¦che his are. Ah ȝif ha entermeteð hire of þinges wiðuten mare þen hire þurte. ⁊ hire herte beo ute-wið. þah a clot of eorðe ꝥ is. hire li-come be inwið þe fowr wahes.ʾ ho is iwent wið semei ut of Ierusalem Al-swa as he dude. After hire þrelles ꝥ beon þe eðel fif wittes. ꝥ schulden beo at hame. ⁊ seruen hare lauedi þenne ha serueð wel þe anker ha-re lafdi. hwen ho noteð ham alle in hire sawle nede. Hwen þe ehe is o þe Boc. Or o sum oðer þing ꝥ is godḍ þe eare to Godes word. þe muð | in hali bonen. Ȝif ho wit ham uue-le. ⁊ let ham f. 46rb
þurh ȝemles atfleon hire seruise. ⁊ folhi ham utward wið hire heorte. as hit bi⟨ti⟩með eauer meast. ꝥ Gan þe wittes ut ꝥ herte Geað ut after. Ha brekeð Salomon foreward. (M. 174)
wið þe vnse-li semei ⁊ is to deað idemet. Forþi mine leue sustre. ne be ȝe nawt semei. Ah beos hester þe ihudde. ⁊ ȝe schule beon ihe-het i þe blisse of heouene. for þe nome of hester. ne seið nawt ane abscondita. ꝥ is. nawt ane. ihud. ah deð þer teken ele-uata in populis. ꝥ is. in folc ihehed ⁊ swa was hester as hire nome cwiðð ihehed to cwen of poure meiden. I þis word hester beoð hui-dinge ⁊ hehnesse ifeied to Gedere. ⁊ nawt ane hehnesse.ʾ ah heh¦nesse ouer folc. for te scheawe witer-liche. ꝥ teo ꝥ huideð ham ariht in hare anker hus.ʾ ha schulen beon in heuene ouer oðer cunne folc wurðliche ihehet. Baðe hesteres nome. ⁊ hire hehinge preouen ꝥ iseie. On oðer half vnderstondes ȝeḍịṇẹ arn In Ierusalem. ȝe arn iflohen | to chirchegrið. for nis owre n-an ꝥ nere sum chere f. 46va
godes þeof. Mon waites ow ꝥ wite ful ȝeor-ne wið uten as mon dos þeoues ꝥ arn ibroken to chirche. Hal-des ow faste inne. nawt ibodi ane for ꝥ is ꝥ unwurðest. Ah owre fif wittes. ⁊ te herte oueral. ⁊ al þer þe saule lif is inne. for

7 clot: t *resembles* c *in MS.* 16 bi⟨ti⟩með: ti *interlined with two strokes* 21 Ah deð *crossed out after* abscondita. 30 ȝeḍịṇẹ: d *altered from some other letter*

be ho bitrapˈpet utewið.ʼ nis ter bute leade forð toward te galheforke. þe wari treo of helle. Beos feard for euch mon as te þeof is. leste he drahe ow utward. ꝥ is. Biswike osum wise ⁊ weiten for to warpen up on ow hore clokes. Biseches ȝeornliche godd ase þeof ibroken to chirche ꝥ he wite ⁊ warde ow wið alle ꝥ ow waiten. Chiteres owre bones ai. As sparewe ꝥ is ane. For þis ane is iseid of anli lif of anli stude. þer mon mei beon hester ihud ut of worlde. ⁊ do betere þen iþringe. euch Gastlich biȝeate. For þi euenes dauid an-ker to pellican ꝥ leades anlich (M. 176) f. 46vb lif. as to sparewe ane. Sparewe | haues ȝet a cunde. ꝥ is biheoue to anker þah mon hit hate. ꝥ is te fallinde uuel. For muche ned is tat anker. of hali lif ⁊ of heh hab-be fallinde uuel. ꝥ uuel ne seie i nawt ꝥ mon swa nempnes. Ah fallenˈde uuel iclepie licomes secnesse oðer temptatiun of flesches fonˈdinges. hwer þurh hire þunche ꝥ ha falle duneward of hali hehˈnesse. Ho walde wilgen elles oðer to wel leten of. And swa to nawt iwurðen. Þe flesch walde awilgen ⁊ bicume to ful itohen toward hire lauerd ȝif hit nere beaten ⁊ makie sek þe sawle ȝif secnesse hit ne temede. þe licome wið u-uel. ni þe gast wið sunne. ȝif ha-re nowðer nere sek as hit times selden.ʼ orhel walde awakien ꝥ is te maste dredful secnesse of alle. ȝif godd fondes anker wið ani uuel utwið oðer þe feond inwið wið gastliche vnþeawes as prude. wraððe. Onde. oðer wið f. 47ra flesches lu-stes ha haues tat fallinde vuel | ꝥ mon seis is sparewe uuel. Godd hit wile forþi.ʼ ꝥ ho beo eauer ead-mod ⁊ wið lah haldinge of hiˈre seluen falle dun to þe eor-ðe le-ste ho prude. Nu we hurten leue childre to þe feorðe dale. ꝥ iseide schulde beon of feole fonˈdinges. for þer beon uttre ⁊ inre. ⁊ eiðer monifalde. Salue ibihet to teachen to ȝeines ham ⁊ bo-te. And hu hwase haues ham mei Gederen of þis dale con-fort ⁊ froure to ȝaines ham alle. Þat ich þurh þe lare of þe hali gast mote halde forew-ard.ʼ he hit ȝeati me þurh ow-re bones.

4 ut *expuncted after* warpen 11 as *for* and 18 hire seluen *omitted after* leten of 26 ha: h *altered from* þ 29 ho: o *altered from* e 32 hwase: h *largely obscured by a stain* 35 iiijta pars *in margin before* re bones *in paler ink and uncertain hand*

Ne wene nan of heh lif ꝥ ho ne beo itempted. Mare (M. 178) beon þe gode ꝥ arn iclumben hehe itemptet þen þe wake. And tat is reisun. for se þe hul is herre of hali lif ⁊ of heh.ʼ swa þe feondes puffes. þe wind of fond⸗inges arn strengre þron. ⁊ mare. ȝif ani anker is ꝥ ne feles nane fon|dinges.ʼ swiðe drede iꝥ point. ꝥ ho beo ouer mu⸗ f. 47rb chel ⁊ ouer swiðe ifon-det. for swa sein Gregorie seis. Tunc maxime impugnaris cum te impug-nari non sentis. Sek mon haues twa estaz swiðe dredfule. ꝥ an is hwen he ne feles nawt his ahen sec-nesse. ⁊ forþi ne seches nawt ne leache. ne leachecraft. ne ne as-kes na mon read. ⁊ asteor⸗ues fer-liche ear mon least wene. Þis is te anker ꝥ nat nowt hwat is fon-dinge. To þeose spekes te engel iþe apocalipse. Dicis quia diues sum et nullius egeo. et nescis quia miser es ⁊ pauper ⁊ cecus. Þu seis te nis ned na medecine. Ah þu art blind iherted. ni ne sest nawt hu þu art poure. ⁊ naked of halinesse. ⁊ Gastliche wrecche. Þat oðer dred-ful estat ꝥ te seke haues.ʼ is al fram-ward tis. ꝥ is hwen he feles se much-el angoisse. ꝥ he ne mai þolien ꝥ mon hondlen his sar. ni ꝥ mon him hea'le. Þis is sum anker ꝥ feles se | f. 47va swiðe hire fondinges ⁊ is sa sare of dred ꝥ na gastliche confort ne mei hire ne gladien. ne maken hire to vnder⸗stonden ꝥ ho muhe þurh ham þe betere ben iburhen. Ne tel-les hit iþe godspel ꝥ te haligast lad-de ure lauerd self into anluche stude to leaden anlich lif. for to beo itemp-ted of þe vnwine of helle. Ductus est iesu in desertum a spiritu ut temptaretur a diabolo Ah þis temptatiun ꝥ ne muhte ruine him.ʼ was ane wiðuteN Vnderstondes tenne (M. 180) on alre earst leue childre ꝥ twa cunnes temptaci-uns. twa cunnes fondinges arn. Vttre ⁊ inre. ⁊ baðe arn feole⸗falde. Vttre fondinge is hwer of cumes likinge oðer mis⸗likinge wið uten oðer wið innen. Mislikinge wið uten.ʼ as secnesse. meseise. schome. vnh-ap ⁊ euch licomes derf ꝥ te flesch eiles. Wið innen.ʼ heorte sar. grome wraððe. Alswa onont ꝥ he is ipinet likinge wið uten.ʼ licomes heale. Mete. Drink ⁊ clað inoh. ⁊ euch | flesches eise. Oneuent swiche f. 47vb

6 beo *expuncted between* ho *and* beo 19 hondlen *for* hondle
21 sa *for* se 25 anluche *sic* 28 ruine; *cf.* 151/27, 30

þinges. likinge wið innen.ʼ as sum fals gladschipe. oðer of monnes hereword. Oðer ȝif mon is iluued mare þen an oðer. Mare ileuet. Mare idon god oðer menske. Þis dale of þis temptatiun ꝥ is uttere icle-opet.ʼ is swikelere þen ꝥ oðer half. Baðe arn an temptatiun. ⁊ eiðer wið innen ⁊ wið uten baðe of þise twa dales. Ah ho is uttre iclepet for ho is eauere oðer iþing wið uten oðer oþing wið innen. And te uttre is te fondinge. Þis fondinge cu-mes oðer hwile of godd.ʼ oðer hwi-le of mon. Of godd.ʼ as of frendes deað. Secnesse oðer oþine frend oðer oþe self. Pouerte. Mishap-ninge ⁊ oðre swiche. Heale alswa ⁊ eise. Of mon.ʼ asḷịc̣ḥ ⟨mislich⟩ woh ow'ðer of word oðer of werc o þe oðer o þine. Alswa of hereword oðer goddede. Þise cumen alswa of godd Ah nawt as don þe oðre wið u-ten f. 48ra euch middel. Ah wið al he | fondes mon hu he him drede ⁊ lu-uie. Inre fondinges beon. mislich vnþeawes oðer lust toward ham oðer þohtes swikele. ꝥ semen þah gode. ꝥ inre fondinge cumes of þe feond. of þe world. of ure flesch oðerhwile. To þe vttre temptatiun is ned patience. ꝥ is. þolemodnesse. To þe inre.ʼ is ned wisdom ⁊ gastliche strengðe. We schulen nu speken of þe uttre ⁊ teachen þa ꝥ habben hire hu ho muhen wið godes grace ifinden remedie. (M. 182) ꝥ is elne aȝai-nes hire. to frouren ham seluen. Beatus uir qui suffert temptatio-nem quoniam cum probatus fuerit accipiet co-ronam quam repromisit deus diligentibus se. Eadi is ⁊ seli ꝥ haues i temptati-un þolemodnesse. for hwen he is ipreouet hit seið. he schal beon icrunet wið þe crune of lif ꝥ godd haues bihaten hise leo-ue icorene. Hwen he is ipreouet hit seið. for wel is hit f. 48rb iseid. for alswa ipreoues godd hise leoue | icorene.ʼ as te gold smið fondes þe gold iþe fure. Þe false gold forwurðes terin. þe gode cumes ut brihtere. Secnesse is a brune hat for to þolien. Ah na þing ne g⟨c⟩lenses gold.ʼ at hit dos te saule. Secnesse ꝥ godd sent. na-wt ꝥ sum ekes þurh hire ahne dusischipe.ʼ dos þeose sex þinges Wasches te sunnes

12 mislich *in margin marked to replace* lich, *expuncted after* as 25 vite *omitted after* coronam 32 Secnesse: S *perhaps altered from some other letter* 33 g̣⟨c⟩lenses: c *interlined* at *for* as

ꝥ weren ear iw-rahte. Wardes te aʒain þa ꝥ weren towardes. Preoues patien-ce. Haldes in eadmodnesse. Muc-cles te mede. Euenes to mar-tyr þene þolemode. Þus is sec-nesse sawlene leche. Salue of hire wundes. Scheld ꝥ ho ne cac-che ma as godd seis tat ho sch-ulde ʒif secnesse hit ne lette. Secnesse makes mon to vnderstonden hwat he is. to cna-wen him seluen. And ase god maister beates for to leorne wel hu mih-ti is ure lauerd. Hu frakel is worl-des blisse. Secnesse is ti gold-smið ꝥ i þe blisse of heuene | ouerguldes ti crune. Se þe secnesse f. 48va is mare:ʼ se þe goldsmið is bisiere ⁊ swa hit lengre least. se he briht⟨re⟩es hire swiðre. Beo martyrs euen-ing þurh a hwilende wa:ʼ to þa ꝥ hafden ofserued þe pines of hel-le world buten ende? Hwat is mare grace? Nalde mon tellen alre monne dusiest ꝥ forsoc a buffet for asperes wunde? A nelde prikinge for a bi-heuedinge? A lute beat- (M. 184) inge for a þenginge on helle waritreo ai wiðuten ende? Godd hit wat leo-ue sustre. al þe wa of þis world euened to helle alre leaste pine:ʼ al nis bute balplahe. Al nis na-wt swa muchel as is a lutel dea-wes drope to ʒeaines þe brade sea. ⁊ alle worldes wattres. ꝥ mai þenne atstarten ꝥ ilke grislich wa:ʼ ꝥ aterliche pine þurh a secnesse ꝥ ouergas. þurh ani uuel ꝥ is her:ʼ selili mai he seggen. On oðer half. leornes her moni falde fro-ure. aʒain þe uttre fondinge. ꝥ cu-mes of monnes uuel. for þase | ꝥ f. 48vb ihaue seid:ʼ arn of Godes sonde Hwase eauer misseis te. oðer mis dos te. nim ʒeme. ⁊ vnderstond ꝥ he is ti file. ꝥ lorimeres habben ⁊ files al þi rust awai. ⁊ ti ruhe of sunne. he fretes himseluen wei-la wei. as te file dos. Ah he ma-kes smeðe ⁊ brihtes ti sawle. An oðer. þench. Hwase eauer harmes te. ⁊ ani wa dos te. Schome. Grome. tene:ʼ he is godes ʒerde. Godd beates te wið him. ⁊ chasties as fader dos his leue child wið ʒerde. for swa he seið ꝥ he dos þurh sein Io-hanes muð i þe Apocalipse Ego quos amo arguo ⁊ castigo. Ne beates he nan bote hwam he luues.

6 nere *expuncted between* secnesse *and* hit 12 briht⟨re⟩es (*abbreviation for* re *interlined*) *for* brihtes 14 ende? : ? *in error* 25 fondinge (*MS.* fōdīge): ī *perhaps altered from* ā

⁊ haldes for his child na mare þen þu waldes beaten a fremde child þah hit al gulte. Ah nawt ne lete wel of ꝥ is go-des ȝerde. for as te fader hwen he haues inoh beaten his child ⁊ haues hit ituht wel. warpes te ȝerde iþe f. 49ra fuir. for ho nis | nawt na mare. Alswa þe fader of he-uene hwen he haues ibeaten. wið an vnwreaste mon oðer wummon his leue child for his Gulte. ⁊ for his godd.ʼ he warpes te ȝerde iþe fur ꝥ is. þe vnwraste mon into þe fur of helle. ysaias. Virga furoris mei assur. Forþi he seis elles hwer. Michi uindictam ⁊ ego retribuam. ꝥ is. Min (M. 186) is te wrake. ⁊ ich wile ȝelden. As tah he seide. ne wreke ȝe nawt ow sel-uen. ne grucchen ne warien hwen mon Gultes toward ow. Ah þenches anan ꝥ he is owre faderes ȝerde. ⁊ tat he wile ȝelden him ȝerdeser'uise. And nis tat child ful itohen ꝥ scrattes aȝain ⁊ bites o þe ȝer'de. Þe deboneire child hwen hit is ibeaten.ʼ ȝif þe fader bides hit hit cusses te ȝerde. And ȝe don alswa mine leue childre. for swa bides owre fader. ꝥ ȝe cussen. nawt wið muð ah wið luue of herte.ʼ þa ꝥ he ow wið beates. Diligite inimicos uestros. benefacite hiis qui oderunt uos. Et orate f. 49rb pro persequen-|tibus ⁊ calumpniantibus uos. Þis is godes heast. ꝥ him is muche-le leuere þen ꝥ tu ete gruttene bread oðer werie harde heire. Luues owre famen he seis. ⁊ dos God ȝif ȝe muhen to þa ꝥ ow weorren. ȝif ȝe elles ne mu-hen.ʼ biddes ȝeorne for ham ꝥ ow ani eil don oðer mis seggen. And as te apostle leares. ne ȝel-de neauer vuel for vuel. ah god eauer aȝain uuel. as dide vre lauerd self. ⁊ alle hise hali halhes ȝif ȝe þus halden godes heast þen-ne are ȝe hise hende childre ꝥ cussen þe ȝerde. ꝥ he haues ow wið iþrosschen. Nu seis oðerhwile sum. his sawle oðer hires he wi-le wel luuen. Ah þe bodi onane wise. Ah ꝥ nis nawt to seien. Þe sawle ⁊ te licome nis buten a mon ⁊ baðe ham tides a dom Wiltu to dealen o twa ꝥ godd ha-ues to ane Isomnet? He for bedes hit ⁊ seis. Quod deus coniunxit homo non separet. Ne wurðe nan f. 49va swa | wod ꝥ he to deale þe þing ꝥ godd haues ifeiet. Þenches ȝet tis wise. ꝥ child ȝif hit spur'nes o sum þing oðer hurtes.ʼ mon beates ꝥ hit hurte on. ⁊ tat child is paiet.

forȝetes al his hurte. ⁊ stilles hise teares. for þi froures
ow self. Letabitur iustus cum uiderit uindictam. Godd
schal odomes dei don as tah he seide. Sune hurte þis te ? (M. 188)
Dude he þe spurne iwraððe oðer in her-te sar. ischome.
In ani teone ? Loke sune hu he hit schal a-buggen. ⁊ ter
ȝe schulen seo be-rien ham wið þeose deoueles bet-les. ꝥ
wa beon þeos liues. ⁊ ȝe sch-ulen wel beo ipaiet ter of. for
owre wil ⁊ Godes wil schuln swa beo ifeiet. ꝥ ȝe schulen
wille al ꝥ he eauer wile. ⁊ he al ꝥ ȝe willen. Ouer alle
oðre þohtes in alle owre pas-siuns þenches eauer inward-
liche up o godes pines. ꝥ te worldes wealdent walde for
hise þrelles þolien swuche schendlake. Ho-|keres. Buffez. f. 49vb
Spittinge. blindfal-linge. þornene cruninge. ꝥ set him iꝥ
heauet swa.ʹ ꝥ blodi strundes streamden. ⁊ leafden his
swete bodi bunden naket to þe piler. ⁊ ibeaten þer swa.
ꝥ ⟨of⟩ þat deorewurðe bodi þe blod Run on euch half.
Þe attri drinc ꝥ mon him ȝef.ʹ þen him þruste o rode.
Hore heaued sch-akinge up on him þa ho on hoke-ringe
gredden se lude. lo her ꝥ hea-lede oðre. lo hu he heales
him nu ⁊ helpes him seluen. Turnes þrup-pe þer ispek of.
hu he was ipinet in alle hise fif wittes. ⁊ euenes al owre
wa secnesse ⁊ oðer hwat. woh of word oðer of werc. ⁊ al
ꝥ mon mai þolien.ʹ to ꝥ he þolede. ⁊ ȝe schuln lihtliche
iseon.ʹ hu lutel hit reaches. Nomeliche ȝif ȝe þenchen ꝥ
he was al laðles. ⁊ tat he droh al þis nawt for himseluen
for he ne gulte neauer. Ðe ȝif ȝe þolien wa.ʹ ȝe hauen
deser-uet wurse. ⁊ al ꝥ ȝe þolien al is for ow seluen.
Gas nu þenne | gladluker bi strong wei ⁊ swincful toward f. 50ra
te muccle feste of heue-ne. þear as owre glade frend ow-
re come kepen. Þe dusie men of þe world Gan bi grene (M. 190)
wei toward te waritreo ⁊ te deað of helle. Be|tere is ga sec
to heuene.ʹ þen hal to helle. To murhðe wið mesaise.ʹ þen
to wa wið eise. Nawt forþi witer-liche wrecche worldes
men buien derre helle. þen ȝe don heuene. Salomon.
Vita impiorum complan-tata est lapidibus. id est duris
afflic|tionibus. A þing to soðe wite ȝe Amis word ꝥ ȝe

7 schal *probably omitted after* wa 16 of *interlined with a stroke* 35 vita *for* via

þolen. A daies lon-ginge. A secnesse of a stunde. ʒif mon
cheapede at ow an of þase o domes dai. ꝥ is. þe mede ꝥ
rises ter of.’ ʒe hit nalden sellen for al þe world of gold.
for ꝥ schal beon owre song biuoren ure lauerd. Le-tati
sumus pro diebus quibus nos huˈmiliasti. annis quibus
uidimus maˈla. ꝥ is. Wel is us for þa dahes ꝥ tu lahedes
us wið oðer monnes woh-es. ⁊ wel is us nu lauerd for þa
f. 50rb ilke ʒeres ꝥ we weren seke in. ⁊ sehen | sar ⁊ sorhe. Euch
worldliche wa hit is goddes sonde. Heh monnes messager
mon schal hehliche vnder fon. ⁊ maken him glad chere.
no-meliche ʒif he is wel wið his lauerd And hwa was
mare priue wið þe king of heuene hwil he her wunede
þen was tis sonde. ꝥ is worldes weane ? he ne com neauer
fram him. til his li-ues ende. Þis messager hwat telles
he ow ? He froures ow o þis wise. Godd as he luuede me.
he sendes me to hise leue frend. Mi come ⁊ mi wu-ninge.
þah hit semes attri.’ hit is halewende. Nere þing grislich
hwas schadewe ʒe ne mihten naht for grislich bihalden ?
Ʒif ꝥ ilke scha-dewe ʒet were se kene oðer se hat ꝥ ʒe ne
mihten hit nawt wið uten hurt felin.’ hwat walde ʒe seien
bi ꝥ ahefule þing ꝥ hit of come ? Wite ʒe to soðe ꝥ al þe
wa of þis world nis boten a schadewe of þe wa of helle.
Ich am þe schadewe seis tis mes-sager. ꝥ is. worldes
weane. Nedin-ge ʒe moten owðer vnderfo me.’ oðer ꝥ
f. 50va grislich wa ꝥ ich am of schadewe | hwase underfos me
(M. 192) gladliche. ⁊ makes me fair chere. mi lauerd sendes him
word ꝥ he is cwit of ꝥ þing ꝥ ich am of schadewe. Þus
spekes godes messager. For þi seis sein Iame. Omne
gaudium exˈistimate fratres cum in temptationes ua-rias
incideritis. Alle blisse haldes hit to fallen imisliche of
þeose fondinges ꝥ uttre arn iclepede. Seint pawel seis.
Omnis disciplina in presenti uidetur esse non gaudij sed
me-roris. post modum uero fructum ⁊ cetera. Alle þe
ilke fondinges ꝥ we arn nu ibeaten wið.’ semen wop ⁊
nawt winne. Ah ho wenden afterword to weole. ⁊ eche

2 *A letter* (*probably* s) *erased before* cheapede   10 s *partially erased before* chere   22 þis *expuncted after* helle.   35 after-word *for* afterward (*?*)

blisse. Mine leue childre þe nesche dale is to drede swiðe as is te harde of þeo-se fondinges ꝥ arn uttre ihaten As is plente of mete oðer of clað ⁊ of swiche þinges. Olhtninge oðer hereword mihte sone ma-ke sum of ow fulitohen ȝif ȝe neren þe hendere. Muche word ꝥ is of ow. hu gentille ȝe beon. | ȝunge of ȝeres ȝulden ow. ⁊ bi comen ancres. f. 50vb forsoken worldes blisses. Al þis is strong temptati-un ⁊ (M. 194) mihte sone reauen ow mu-chel of owre mede. populus meus qui te beatificant.ʼ illi te decipiunt Þis is godes word þurh ysaie. Hwase seis biforen ow. wel is te moder ꝥ ow ber. ⁊ Goderheale were ȝe eauer iborene.ʼ ho ow bi swiken. ⁊ arn owre treitres. þrup-pe is iseid inoh of fikelinge. þe w-orldes fikelinge is plente of hi-re þinges. hwen ow ne wontes nawiht. þenne fanehes ho ow. þenne bedes ho ow cos. Ah wa wur-ðe hire cos. for hit is Iudase cos ꝥ ho wið cusses. Aȝain þise fon-dinges beos warre leoue childre. Hwatse cume utewið to fonden ow wið likinge oðer wið mislikinge.ʼ haldes eauer inwið in an owre herte. leste þe vttre fondinge cundle þe inre. Þe Inre fondinge is twafald alswa as is te vttre. for þe uttre is in | aduersite ⁊ in prosperite. ⁊ teose cundlen þe inre. f. 51ra Aduersite.ʼ mislikinge. pros-perite.ʼ likinge ꝥ limpes to sunne. Þis iseie for þi. ꝥ sum likinge is ⁊ sum mislikinge ꝥ ofearnes mu-che mede. As likinge igodes lu-ue. ⁊ mislikinge for sunne. Nu as iseide. þe inre fondinge is twafald fleschliche ⁊ Gastliche. fleschli-che.ʼ as of leccherie. of glutunie of slawðe. Gastliche.ʼ as of prude of onde of wradðe. wradðe is inre fondinge. Ah ꝥ is te uttre fondinge Ah ꝥ is uttre fondinge ꝥ cundles te wradðe. Alswa of ȝiscinge. Þus arn þe inre fondinˈges. þe seuen heaued sunnes. ⁊ hore fule cundles. flesches fon-dinge mei beo euenet to fot wunde. Gastliche fondinge ꝥ is mare dred of. mei beo for þe peril iclepet breost wunde. Ah us þ-unches grattere fleschliche fon-dinges. for ho arn eðfele.

2 ihaten: a *perhaps changed from some other letter* 8 populus (*abbreviated in MS.*) *for* popule 16 leoue *expuncted between* warre *and* leoue 28–29 ꝥ *expuncted after* te uttre fondinge*;* Ah ꝥ is uttre fondinge *left undeleted*

þe oðre þah we habben ham ofte ne wite we hit nawt. ⁊ f. 51rb arn þah greate | ⁊ grislich igodes brihte ehe. ⁊ arn muche forþi to drede þe mare. for þe oðre ꝥ mon feles wel:ʼ mon seches leache ⁊ salue. Þe gastliche hurtes ꝥ semen nawt (M. 196) sare. mon ne salues ham wið sch-rifte. ne wið penitence. ⁊ drahen swa to eche deað ear mon least we-ne. Hali men ⁊ wummen arn of al-le fondinges swiðest ofte itemptet ⁊ hām to goderheale. for iþe feht to ʒeines ham ho biʒeten þe blis-fule kempene crune. Lo þah hu ha meanen I Ieremie. Persecuto'res nostri uelociores aquilis celi. super montes persecuti sunt nos. In deser'to insidiati sunt nobis. ꝥ is. Vre wiðerwines arn swiftre þen ear-nes. Vp o þe hulles ho climben after us. ⁊ ter fehten wið us. ⁊ ʒet iþe wildernesse spieden ho us to slen-ne. Vre wiðerwines arn þreo þe fend. te world. ure ahne flesch As ich ear seide. lihtliche ne mei mon nawt oðer⸗ f. 51va hwile icnawen hwuch of þeose þreo him weorren | for euch an helpes oðer. Þah þe feond propreliche egges to atternes-se. As ⟨to⟩ prude. to ouerhohe. to on-de. ⁊ to wradðe. ⁊ to hore attri cundles ꝥ herafter arn inempnet Þe flesch puttes propreliche towart swetnesse. eise. ⁊ softenesse. Þe world biddes mon ʒiscen worldes weole ⁊ wunne. ⁊ oðre swuche gi⟨ue⟩ga-ues. ꝥ bidweolen fol men to lu-uien aschadewe. Þise wiðerwin-es hit seis folhen us on hulles. ⁊ waiten us iwildernesse hu ho us mu-hen harmen. Hul:ʼ ꝥ is heh lif þer þe deueles asauz ofte beon strengest. Wildernesse is anlich lif of ancres wuniinge. for alswa as iwildernesse beon alle wilde beastes ⁊ nulen nawt þolien monnes neh-hinge ah fleon hwen ho ham heren:ʼ Alswa schulen ancres ouer alle oðre men beo wilde oþise wise. ⁊ tenne beon ho ouer oðre leue to ure lauerd. ⁊ swetist him þunches ham. for of alle flesches:ʼ is wilde deores fles-ch leouest ⁊ swetest. Iþis wilder-nesse wende f. 51vb ure lauerdes folc as | Exode telles. towart te eadi lond of (M. 198) ierusalem ꝥ he hom hafde bihaten. And ʒe mine leue

19 to *interlined with two strokes to replace* of, *expuncted after* As
23 gi⟨ue⟩ga-ues: ue *interlined with a stroke and initial* g *perhaps altered from* ʒ
28 wilde: w (*wyn*) *altered from some other letter*

childre. wen-des bi ꝥ ilke wei. toward te hehe Ierusalem þe kinedom of heuene. ꝥ he haues bihaten hise leue icorene. Gas þah ful warliche. for iþis wil-dernesse beon unfeale beastes mo-nie. Liun of prude. Neddre of attri onde. Vnicorn of wradðe Beore of dead slawðe. Fox.ʼ of ȝiscinge. Suhe of ȝiuernesse. Scorpiun wið tail of stinkinde leccherie. her arn nu o rawe itald þe seuene heaued sunnes. Þe liun of prude haues swiðe feole hwelpes. ⁊ iwile nempne summe. Vana gloria. ꝥ is. hwase letes wel of ꝥ he haues þing don. ⁊ walde ha-ue word trof. ⁊ is wel ipaiet ȝif he is ipreiset. Mispaiet ȝif he nis itald swuch as he walde. In-gratitudo is tat oðer. ꝥ is. hwen þe þunches hokerlich of ani þing ꝥ tu sest bi oðer. oðer herest ow-ðer. ⁊ forhohes chastiment oðer ani lahedres lare. Ypocrisis. is | te þridde hwelp ꝥ makes him betere þen he is. f. 52ra
Presumptio is te feorðe. ꝥ takes mare on honde þen he mei ouer-cume. oðer entermetes him of þing ꝥ to him ne falles. Inobedience is te fifte. þe child ꝥ ne buhes his aldre vnderling is prelat. paroschien his preost. lahere euch.ʼ his herre. Loquacite þe sixte. þe fedes tis hw-elp.ʼ þat is of muche speche. ȝelpes. Demes oðre. lihes oðer⸗hwile Gabbes. vpbreides. chides. fikeles Stures lahtre. Blasphemie is te seoueðe. Þis hwelpes nurice is ꝥ sweres greate aðes. oðer bitterli-che curses. Oðer mis seis bi godd oðer bi hise halhes. for ani þing ꝥ he þoles. seos. oðer heres. Im-patience is te ahteðe. þis hwelp fedes ꝥ nis þolemod aȝein alle wohes ⁊ in alle vueles. Contuma-ce. is te niheðe. And tis fedes hwa se is anewile iþing ꝥ he haues vn-derfon to don. beo hit godd beo hit uuel. ꝥ na wisere read ne mej bringen him of his fol riote. Mon-ie oðre þer arn ꝥ cumen of weole | of winne. of heh ⟨cun⟩ of f. 52rb (M. 200)
feir clað of wit. of wlite. of strengðe. of heh lif waxen prude. ⁊ of hali þeawes. Monie ma hwelpes þen ich haue nempnet haues te liun of pruide Ah a bute þase studies wel swiðe for i Ga lihtliche forð. ne do bute nempne ham.

12 In-gratitudo *for* In-dignatio 31 cun *interlined to replace* lif, *expuncted after* heh 32 waxen *for* waxes 35 lihtliche: *first* h *altered from* b

Ah ȝe eauer eihwer hwer se i Ga swiðe forð.' leaues ter lengest. for þer ifeðere on an word tene oðer tweolue. Hwase eauer haues ani vnþeaw of þa ꝥ i ear nempˈnede. oðer ham iliche.' he haues prude witerliche hu se eauer his curtel beo ischapet oðer iheowet. he is tis li-unes make ꝥ ihaue speken of. ⁊ fe-des hise wode hwelpes inwið his bre-ste. Þe neddre of attri onde ha-ues seouen cundles. Ingratitudo. Þis cundel bredes hwase. nis icna-we goddede. Ah telles lutel þrof oðer for ȝetes wið alle. Goddede i-seie nawt ane ꝥ mon dos him. Ah ꝥ godd dos him oðer haues idon him mare þen he vnderstond ȝif he him wel biþohte. Of þis vnþeaw mon nimes to lutel ȝeme. f. 52va ⁊ is þah an | of alle laðeste godd ⁊ mest aȝein his grace. Rancor siue odium is tat oðer.' ꝥ is. hatinge oðer great herte. þat bredes hit i breoste.' al is attri to godd ꝥ he eauer wurches. Þe þridde cundel is ofþunchinge of oðres godd. Þe feorðe.' Gladschipe of his u-uel. Lahhen oðer Gabben ȝif him mis times. Þe fifte.' wreiinge Þe sexte bacbitinge. Þe seueðe.' upbrud oðer scarninge. Hwer as ani of þeose wes.' þer was te cundel oðer þe alde moder of þe attri neddre of onde.

Þe vnicorn of wraððe he be-res on his nase þe horn ꝥ he asneaseð wið al ꝥ he areaches. He haueð six hwelpes. Þe firste is chast oðer strif. Þe oðer is wod-schipe. Þe þridde is schendful upˈbrud. Þe feorðe (M. 202) is wearinge. Þe fifte is dunt. Þe sixte.' wil ꝥ him uuel tidde. oðer on him self oðer on hise frend. oðer on his ahte

Þe beore of heui slawðe haueð þeose hwelpes. torpor f. 52vb is te for-me. ꝥ is wleach herte. þat schulde | leaten al o leohe i luue of ure la-uerd. Þe oðer is pusillanimitas. ꝥ is to poure herte. ⁊ to hard wið alle ani heh þing to fo ⁊ to vnderne-men in hope of godes help. ⁊ i trust of is grace. nawt of his strengðe Þe þridde is cordis grauitas. þis haueð hwa se wurches god. ⁊ deð hit tah wið a dead ⁊ wið a heui herte. Þe feorðe is idelnesse. hwa se stunt mid alle. Þe fifte is her-te grucchinge. Þe sixte is a dead

30 leaten *for* leiten *or* laiten   31 leohe *for* lohe

sorhe for lure of ani worldlich þing. oðer frend. oðer for ani vnþonc bute for sunne ane. Þe seueðe is ȝemlesschipe oðer to seggen oðer to don. oðer to biseon biforen oðer to þenchen after. oðer miswiten ani þing ꝥ he haueð to ȝemen. Þe ahteˈðe is unhope. Þis laste beore hwelp is grimmest of alle. for hit to cheoweð ⁊ to fretes godes milde milce. ⁊ his muchele merci. ⁊ his vnimete grace. Þe fox of ȝiscinge haueð þeose hwelpes Triccherie ⁊ Gile. þeofðe. Reaf-lac. wite. ⁊ herrure strengðe | Falswitnesse oðer að. f. 53ra Symonie Gauel. Oker. fastschipe. prinschiˈpe of ȝeoue oðer of lane. Monˈslaht oðerhwile. Þis unþeaw is to fox for monie reisuns ieue-ned. twa ich wile seggen. Much Gile is ifox. ⁊ swa is iȝiscinge of worldliche biȝeate. An oðer. Þe fox awurieð al a floc. þah he ne muhe buten an frechliche swolh-en. Alswa ȝisceð a ȝiscere ꝥ mo-ni þusend mahten bi flutten Ah þah his herte breste. ne mai he bruken on him self bute an monnes dale. Al ꝥ mon wilneð ma-re oðer wummon þen ha mai gnede-liche leade þe lif bi. euch after ꝥ he is:ˊ al is ȝiscinge ⁊ rote of de-adliche (M. 204) sunne. ꝥ is riht religiun ꝥ euch after his estat borhi at tis frakele world se lute se he eauer mai. of mete. of clað. of ahte of alle hire þinges. Noa-teð ꝥ isegge. euch after his estat for ꝥ word is ifeðered. ȝe moten make ꝥ wite ȝe imonj word | muche strengðe. þenchen longe þerabuten. f. 53rb ⁊ bi ꝥ ilke an word vnderstonde monie ꝥ limpeð þer to. for ȝif ich al schulde writen hwenne com i to þende? Þe su-he of ȝiuernesse haues Grises þus inempnet. to earliche hatte ꝥ an. ꝥ oðer:ˊ to estliche. þe þrid-de to frechliche. þe feorðe hat-te to muchel. þe fifte:ˊ to ofte idrinch mare þen imete beoð þeos grises iferhet. Ich speke scheortliche of ham. for nam i nawt for dred mine leue sustre leste ȝe ham feden. Þe schorpiun of leccherie ꝥ is. galnesse ha-ueð swuche cundles. ꝥ in na wel itohen muð hare summes no-me ne sit Nawt for to nempne. for þe nome ane mihte hurte alle wel itohe earen. ⁊ fulen cleane heorten. Þeo mon mai nempnen

11 unþeaw: a *perhaps altered from some other letter, but somewhat obscured by a blot*

wel: hwas nome men cnaweð wel. ⁊ beoð marharm is to
monie to cuðe. Horedom Spusebruche. Meidenlure. |
f. 53va Incest. ꝥ is. bituxe sibbe flesch-liche oðer Gastliche. ꝥ is. o
feole idealet. ful wil to ꝥ fulðe wið skiles ʒeatinge. ꝥ is.
hwen þe skil ⁊ te herte ne wiðseið nawt. bote likeð wel ⁊
ʒerneð ꝥ flesch hire to prokieð. Helpen oðer þiderw-ard.
Beo weote ⁊ witnesse þer of Hunti þer after wið wohinge.
wið togginge oðer wið ani tollinge wið Gigge lahtre. hore
ehe. wið anie lihte lates. wið ʒeoue. wið tollinde word.
(M. 206) oðer wið luuespe-che. Cos. Vnhende grapinge ꝥ is heauet
sunne. luue tide oþer stunde for to cumen iswuch caft
⁊ oðer foreridles ꝥ men mot forhohen þe ꝥ iþe muchele
ful-ðe nule fenuiliche fallen. As Saint Austin seið.
Omissis occa-sionibus que solent aditum aperire pec-catis:
potest conscientia esse incolu-mis. ꝥ is. Hwase wile his
inwit witen hal ⁊ feare. He mot fleo þe foreridles þe
f. 53vb beoð ofte iwu-net to opni þe ingong. ⁊ le-|ten in sunne.
Ine dar nawt nempne þe vncundeliche cundles of þis
deueles scorpium attri itailet. Ah sari mej ho beo ꝥ bute
fere oðer wið ha-ueð swa ifed cundel of hire gal-nesse ꝥ
ine mai speken þer of for schome. ne ne dar for dreade.
leste sum leorne mare uuel þen ho con ⁊ þrof beo itemptet.
Ah þench euch of hire ahne awariede fundles in hire
Galnesse. for hu se hit eauer beo icwench-ed wakinde ⁊
willes wið flesches likin-ge. bute ane iwedlac: hit is dead⸗
liche sunne. Iʒuheðe men deð wundres. Culche hit ut
ischrift al as ho hit dide. ꝥ ifeleð hire schuldi oðer ho is
idemet þurh þe fule brun cwench to þe eche fur of helle
Þe scorpiu-nes cundel ꝥ ho bred in hire bosum schake hit
ut wið schrift. ⁊ swa wið deaðbote. Inoh is eðscene hwi
ich haue ieuenet prude to liun. Onde: to neddre. ⁊ of
alle þe oðre wið ute þis laste. ꝥ is. hwi galnes-se beo to
scorpiun ieuenet. Ah lo her þe skile þrof sutel ⁊ eðscene. |
f. 54ra Scorpiun is a cunnes beast a wurm. ꝥ haueð neb as men
seið sumdel ilich wummon ⁊ neddre is bihinden. Makeð
feir semblaund. ⁊ fikeð mid te hea-ued. ⁊ stingeð mid te

13 fenuiliche *for* fenniliche 30 swa *for* sla deaðbote *for* deadbote

taile. Salomon Qui apprehendit mulierem quasi qui apprehen-ditscorpionem. Þis is. leccherie. þis is te deueles beast ꝥ he lead to schea-ping ⁊ to euch Gederinge. ⁊ schea-peð hit to sullen ⁊ biswikeð mo-nie. þurh ꝥ ha ne bihaldeð nawt bute þe feire heaued. ꝥ heaued is te biginninge of galnesse sunne ⁊ te likinge hwil hit last ꝥ (M. 208) þuncheð swiðe swete. Þe tail ꝥ is te ende þrof is sar ofþunchinge.⁊ stingeð her wið atter of bitter bihrewsinge ⁊ of dead bote. And seliliche mai ho seggen ꝥ te tail swuch ifinde for ꝥ atter ageað. Ah ȝif hit ne suheðe her. þe tail ⁊ attri ende is te eche pine of helle. And nis he fol chapmon ꝥ hwen he wile biggen hors oðer oxe ȝif he nule bih-alden buten þe heaued ane. for þi hwen þe deuel beodeð forð his beast. beot hit to sullen ⁊ bid ti sawle | þer fore. he hut eauer þe tail ⁊ schaweð forð ꝥ heaued. f. 54rb Ah þu Ga al abuten ⁊ schaw þen ende forð mid al hu þe tail stingeð. ⁊ swiðe flih þer fram-ward er þu beo iattred. Þus mine leue sustre. I þe wildernesse þer ȝe gað in wið godes folc. toward Ierusalemes lond ꝥ is te riche of heuene.' beoð þulliche beastes þulliche wurmes. Ne nat ich na sunne ꝥ ne mai beon ilad oðer to an of ham seluen. oðer to hore streones. Vnstaðelfast bileaue aȝain hali lare. nis hit of prude. Inobedience. Her to falleð sigaldres. false teolinges. leuin'ge on ore. o swefne ⁊ alle wicche-creftes. Neominge of husel in ani heaued sunne. oðer ani oðer sacra-ment. nis hit te spece of prude? ꝥ ich clepede presumpcion. ȝif men hwat hwuch sunne hit is. ȝif men nawt nat.' þenne is hit ȝem-les under accidie ꝥ i clepede slaw-ðe. ꝥ ne warneð oðer of his uuel oðer of his lure. nis hit slaw ȝem-les oðer attri onde. tiheðe mis. | athalde f. 54va cwide. findles oðer la-ne. Nis tis ȝiscinge? þeofðe. athalden oðres huire ouer his rihte terme. nis hit strong reaf-lac. ꝥ is under ȝiscinge. ȝif men ȝemeð wurse ani þing ilea-ned oðer bitaht to witen. þen he wene ꝥ ah hit. nis hit oðer triccherie oðer ȝemles of slaw'ðe. Alswa is dusi heast oðer fol-liche ipliht treowðe. longe beon

4 ꝥ *expuncted after* mo-nie. 10 suheðe *for* suheð 27 hwat *for* wat

vnbisschopet. falsliche Ga to schrift oðer to longe abide.
(M. 210) Ne teache pater noster Godd child ne. Credo. þise ⁊ alle
swuche beon ilad to slawðe. ꝥ is te feorðe moder of þe
se-uene sunnen. ꝥ drunke drink oðer ani þing dide hwer
þurh na child ne schulde beon istre-net on hire. oðer ꝥ
te istreo-nede schulde forwurðe. nis tis strong monslaht of
Gal-nesse awakenet? Alle sunnen sunderliche bi hare
nomeli-che nomen.ʹ ne mihte na mon rikenen. Ah iþeo
f. 54vb ꝥ ich habbe iseid. alle þe oðre beon | ilokene. And nis ich
wene mon ꝥ ne mai vnderstonden him of his sunne
nomeliche under sum of þa ilke ꝥ beoð her iwritene Of
þase seuene beastes ⁊ of ha-re strenes iwildernesse of
anlich lif is iseid hider to. þẹ alle þe forð farinde fondeð to
fordon-ne. Þe liun of prude slað alle þe prude. Alle ꝥ
beoð hehe ⁊ ouer-heheihertet. Þe attri neddre.ʹ þe ondfule
⁊ te luðere iþohtet. ꝥ beon malicius ⁊ liðere aȝain oðere.
wraðfule.ʹ þe vnicorn. Alswa of þe oðre orawe. to godd
ha beon isleine. ah ha libben to þe feond. ⁊ beon alle in
his hird ⁊ seruið him in his curt euch of þe mester ꝥ him
to falleð. Þe prude beoð hise bemeres. Drahen wind
inward of worldliche hereword ⁊ eft wið idel ȝelp puffin
hit utward as te bemere deð. Maken noise ⁊ lud dream
to scheawen hore orhel. Ah ȝif ha wel þoh-ten of Godes
bemeres. of þe englene bemen ꝥ schulen o fowir half þe
f. 55ra world bifore þe | grureful dom. Grisliche blawen ariseð
deade. ariseð. Cumeð to drihtines dom. for to beon
idemet þer na prude bemere ne schal beon iburhen. ȝif
ho ꝥohte þis wel ha walden inohraðe iþe deueles seruise
dimluker bemen. of þ-eos bemeres seið sein Ieremie.
Onager solitarius in deserto anime sue at-traxit uentum
amoris. Of þe prud drahinge in for luue of hereword
seið as ich seide. Summe Iugelurs beoð. þe ne cune seruin
of nan oðer gleo bute make cheres. wr-enche þe muð mis.
(M. 212) schuldi wið þe ehnen. Of þis mester serueð þe vnseli
ondfule iþe deueles curt to bringen o lahtre hare ondfu-le
lauerd. ȝif ani seið wel oðer deð wel.ʹ ne mahe ha nanes

22 deð: d *altered from* b   30 deserto *for* desiderio
34 schuldi *for* schuli

weis lo-ki þider. wið ehe of god herte. ah winkeð o ꝥ half. ⁊ bihaldeð oluf ʒif þer is ewt to edwiten. oðer lo-ken laðliche þiderward. sculeð mid eiðer hwen ha iheren þe god sclattes þenne þe eare dun. Ah þe luf aʒein ꝥ uuel is eauer wið ope-|ne earen. Þenne he wrenches te muð f. 55rb hwen he turnes god to uuel. And ʒif hit is sumdeal uuel þurh mare lea-singe wrenches hit to wurse. Þa-se arn fore cwidderes. hare ahne prophetes. þase boden biforen hu þe at-terluche deueles schulen ʒet glop-nen ham wið hare grenninge. ⁊ hu ho schulen ham self grennen ⁊ niue-len ⁊ make sur semblaunt for þe muccle angoisse iþe pine of hel-le. Ah for þi ho arn þe lasse to me-ane. ꝥ ho biforen han leornen hore mester. to make grim chere. Þe wraðfule biforen þe feond skir-mes wið cniues. ⁊ is his cnif castere. ⁊ pleis wið swordes. Beores ham bi þe scharpe ord up on his tunge. Sw-ord ⁊ cnif eiðer beoð scharpe ⁊ keruende word ꝥ ho warpes fram hire. ⁊ skirmes toward oðre. ⁊ ho bodes hu þe deoueles schwlen pleie wið hire. ⁊ wið hore scharpe eawles skirmen wið hire abuten ⁊ dusten as a pilcheclut ewchan toward oðer. ⁊ wið helle swordes sneasin hire þurhut. ꝥ arn kene | ⁊ atterliche keruende pines. Þe f. 55va slawe lis ⁊ slepes o ðe deueles barm as his dere derling. ⁊ te deuel leis his tutel dun to his eare. ⁊ tute-les him al ꝥ he wile. For swa hit is siker-liche. to hwam se is idel of god:ʼ ma-ðeles te feond ʒerne. ⁊ te idele vndertakes luue⸗liche his lare. Idel ⁊ ʒemles is tis deueles barm slep. Ah he schal o domes dai grim-liche abreien wið þe dredfule (M. 214) dream of þe englene bemes. ⁊ in helle wandra-ðe echeliche wakien. Surgite mor-tui qui Iacetis in sepulcris. surgite ⁊ uenite ad iudicium saluato-ris. Þe ʒiscere is his aske⸗baðe. fares abuten askes. ⁊ bisiliche stu-res him to rukele to Gederes muche-le ⁊ monie rukes. Blawes ter in ⁊ blindes himself. puðeres ⁊ makes þrin figures of augrim as te recneres don ꝥ hauen muche to recnen. þis is al þe askebaðes blisse. ⁊ te deuel bi halt tis go-men ⁊ lahhes ꝥ

1 riht *omitted after* wið 2 oluf = oluft edwiten: d *altered from* þ *or* h 4 luf *for* lust 9 at-terluche *for* at-terliche 26 barm *probably for* barn (*here g. s.*) 27 abreien *sic*

he brestes. wel vnderstond ewch wis mon ⁊ wum-mon ꝥ gold baðe ⁊ siluer ⁊ euch wor-ldlich ahte. nis bute eorðe f. 55vb ⁊ as-|kes. ꝥ blinden eauer euch mon ꝥ ham in blawes. ꝥ is. ꝥ bolhes him þurh ham in herte prude. And al ꝥ he rukeles ⁊ Gederes to Gedere. ⁊ athald of ani þing ꝥ nis buten askes. ma-re þen hire nedes.ʼ schal in hel-le wurðen hire tades ⁊ neddres ⁊ Baðe as ysaie seis schulen beo of wurmes hire cuuertur. ⁊ hire hwitel. ꝥ nalde herwið nedfu'le fede ne schruden. Subter te sternetur tinea ⁊ operimentum tuum uermis. Þe ȝiuere glutun is te fendes manciple. He stikes eauer iceler oðer icuchin. his herte is iþe disches. his þoht iþe nappes. his lif.ʼ iþe tunne. his sawle iþe crohhe. Cumes bi-fore his lauerd bismuddet ⁊ bi-smurlet. adisch in his an hond askale in his oðer. maðeles mis wordes. wigeles as drunken mon ꝥ haues imunt to fallen. Bi-halt his greate wombe. ⁊ te deuel lahhes Þase godd þre-ates tus þurh ysaie. Seruj mej f. 56ra comedent. ⁊ uos esurie-|tis. ⁊ cetera. Mine frend ⟨schulen⟩ (M. 216) eten ⁊ ow schal ea-uer hungren. ⁊ ȝe schulen beo feon-des fode world a buten ende. Quantum glorificauit se. ⁊ in deliciis fuit.ʼ tantum date illi tormentum ⁊ luctum. In apo-calipsi. Contra unum poculum quod mis-cuit.ʼ miscete ei duo. Ȝif þe kel-che cuppe wallinde bras to drin-ken. ȝet in his wide þrote. ꝥ he sw-elte inewið. Aȝain an.ʼ ȝif him twa. Þullich is godes dom aȝein glutuns ⁊ drunkensume I þe apo-calipse. Þe lecchurs iþe deueles curt hauen riht hore nome. for iþise muchele curz þa mon cal-les lecchurs ꝥ hauen swa forloren schome. ꝥ ham nis nawt of scho-me ah sechen hu ho muhen meast uilainie wurchen. De continenti-bus dicitur. Hii sunt qui cum mulieribus non sunt coin'quinati. Þe lecchur iþe deoue-les curt bifules himself fulliche ⁊ hise felahes alle. Stinkes of ꝥ fulðe ⁊ paies wel his lauerd wið ꝥ stinkende breað betere þen he schul'de wið ani swete recles. Hu he stinkes to godd In uitas patrum þe engel f. 56rb hit scheawde ꝥ held his na-|se þa þer com þe prvde lecchur

4 in ham *expuncted and crossed out after* bolhes 18 schulen *interlined with two strokes*

ridende ⁊ nawt for þe rotede lich ꝥ he halp þe hali Ermite to burien. Of alle þe oðre þenne hauen þise þe fuleste mester iþe feondes curt. ꝥ swa bi don ham seluen. And he schal bi don ham ⁊ pinen ham wið stech iþe put of helle. Nu ȝe hauen ane dale ih-erd mine leue sustre of þa ꝥ mon calles te seuene moder sunnes. ⁊ of hare tea-mes ⁊ of hwuche mesters þa ilke men seruen iþe fendes curt þus to maken ba-ret. ⁊ hwi ha arn swiðe to hatien ⁊ to schunien. ȝe arn ful fer fram ham ure lauerd beo iþonked. Ah ꝥ fule breað of þis laste vnþeaw. ꝥ is of leccherie stinkes se swiðe. for þe fend hit sawes ⁊ toblawes ouer al./ ꝥ i am sum del ofdred leste hit sum-cher leape into owre herte nase. Stench stinkes upward. ⁊ ȝe arn hehe iclum-ben þer þe wind is mu-chel of stronge temptatiuns. vre (M. 218) lauerd ȝiue ow strengðe wel to wið stonde. Sum wenes ꝥ ha schale strong-lukest beo ifondet iþe forme twelf moneð ꝥ ho bigon ancres lif. ⁊ iþe oðer þrafter. And hwen ho after | feole ȝer feolen ham se stronge. for-wundres (f. 56va) hire swiðe ⁊ is ofdred leste godd haue al forȝeten hire ⁊ forwarpen. Nai nawt nis hit swa. I þe forme ȝeres nis bute bal plahe. Ah nimes ȝeme hu hit fares. bi a forbisne. Hwen þe mon newliche haueð wif ilad ham./ he nimeð ȝeme al softeli'che of hire maneres. Þah he seð bi hire ꝥ him mispaie./ he let ȝet wurðen. makeð hire feir chere ⁊ is umben euch weis ꝥ ho him lu-uie inwardliche in hire herte. Hwen he vnderstond wel ꝥ te lu'ue is trewliche toward him ifest-net. þenne mai he sikerliche chastien hire openliche of hire vn þeawes ꝥ he ear forbear as he ham nawt nuste. Makeð him swiðe sturne. ⁊ went te grimme toð to. for to fondi ȝette ȝif ha mah-te hire luue toward him unfest-nen. Atte last hwen he understond ꝥ ha is al ituht wel. ne for þing ꝥ he deð hire ne luueð him þe las-se. ah mare ⁊ mare ȝif ha mai fram daie to daie. þenne scheaweð he hire ꝥ he hire luues sweteliche | ⁊ deð (f. 56vb) al ꝥ ha wule. as þeo ꝥ he cna'weð. þenne is al wa iwurðen to win-ne. ȝef iesu crist owre spus deð al swa bi ow mine

4 stech *probably for* stēch (= stench) 13 stinkes *for* stihes
16 schale *probably for* schule 18 feolen *for* feles

leue sustre. ne þun-che ow neauer wunder. Iþe frumðe nis ter buten olhninge. for to drahen in luue. ah sone se he eauer understond ꝥ he beo wel acoin-tet.' he wile forbeoren ow lasse After þe preoue on ende. þenne is te muchele Ioie. Al o þis ilke wi-se þen he walde his folc leaden ut of pharaones hond ut of egypte he dide for (M. 220) ham al ꝥ ha walden Miracles fele ⁊ faire. Druhede þe reade sea.' ⁊ makede ham freo wai þurh hire. ⁊ ter ho eoden druiefot.' adrencte pharaon ⁊ hare fan alle. Iþe desert forðre þa he hafde iled ham feor iþe wil-dernesse. he lette ham þolie wa inoh. hunger. þrust. ⁊ muche swinc. ⁊ weorren muchele ⁊ mo-nie. On ende he ȝef ham reste ⁊ alle wele ⁊ wunne. Al hare her-te wil. ⁊ hare flesches eise ⁊ este Þus ure lauerd spareð on earst þe ȝunge ⁊ te feble. f. 57ra ⁊ draheð ham vt of þis world swoteliche | ⁊ wið liste eise. Sone se he seð ham hardi.' he let weorre awacnen ⁊ techið ham to fihten ⁊ weane to þo-lien. On ende after long swinc.' he ȝiueð ham swete reste. her isegge iþis world. ear ha cumen to heo-uene. ⁊ þuncheð þenne swa swete þe reste after þe swinc. þe muchele eise after þe muchele meseise þuncheð swa swete. Nu beoð i þe sawter vnder þe twa temptati-uns ꝥ ich earst seide ꝥ beoð þe uttre ⁊ inre. þe ṭẹmp̣ temið alle þe oðere.' fowr dale þus to dalet. fondinge liht ⁊ dearne. fondinge liht ⁊ openliche. fondinge strong ⁊ dearne. fondinge strong ⁊ open|lich. as is her vnderstonden. Non timebis a timore nocturno A sagitta uolante in die. A negotio perambu-lante in tenebris. Ab incursu ⁊ demonio meridiano. Of fondinge liht ⁊ dearne seið Iob þise wordes. lapides exca-uant aque. ⁊ aluuione pau-latim in terra consumitur. lutel dro-pen þurlen þe stan ꝥ ofte fal-len þer on. ⁊ litle f. 57rb dearne fon|dinges ꝥ men nis war of falseð | þe treowe herte. of þe lihte open-liche. bi hwam he seið Alswa. luce-bit post eum semita. nis nawt swa muche dute. Ysaias. Veniet malum super te. ⁊ nescies ortum eius. Of strong temptatiun ꝥ is þah de-arne. is ec ꝥ Iob meaneð.

15 wið liste eise *probably for* wið liste *or* delet   24 dalet *for* dealet   30 in terra *for* terra

Insi-diati sunt michi ⁊ preuauerunt ⁊ non erat qui ferret auxilium. ꝥ is. mine fan waiteden me wið triccherie ⁊ wið treisun. ⁊ strengeden up o me. ⁊ nes hwa me hulpe. Of þe feorˈðe fondinge. ꝥ is strong ⁊ openli-ch.ʼ he makeð his man of his fan ⁊ seið. Quasi rupto muro ⁊ aperta Ia⸗nua irruerunt super me. ꝥ is. Ha wrastin in upo me as tah (M. 222) þe wal were tobroken ⁊ te ȝetes opene. Þe forme ⁊ te þridde fondinge of þeose fowre beoð al meast under þe inre. þe oðer ⁊ te feorðe fondinge vnˈder þe vttre. ⁊ beð al mest flesch-liche. ⁊ eð forþi to felen. þe oðre twa beoð Gastliche. of Gastli-che vnþeawes. ⁊ beoð ihud ofte ⁊ dearne hwen ha derueð mest ⁊ beoð forþi þe mare to dreden | ⟨Moni⟩ ꝥ ne weneð nawt bret in hire brest sum (f. 57va) liunes hwelp. Sum ned-dres cundel. ꝥ fret te sawle. Of sw-uche seið Salomon. Traxerunt me ⁊ ego non dolui. Vulnerauerunt me ⁊ ego non sensi. Osee. Alieni comederunt robur eius. ⁊ ipse nesciuit. ꝥ is. Vnholde for freten þe strengðe of his sawle. ⁊ he hit nawt nuste. ȝet is mest dred of hwen þe swike of hel-le eggeð to a þing ꝥ þuncheð swiðe god mid alle. ⁊ is tah sawle bane ⁊ wei to deadliche sunne. Swa he deð ase ofte as he ne mai wið open uuel cuðen his strengðe. Na he seið. ne mai i nawt ma-kie þeos to sunegin þurh ȝiuer-nesse. Ah i wile as te wrestlere wrenchen hire þiderward as ha mest draheð. ⁊ warpen hire o ꝥ half. ⁊ breide frechliche adun er ho least wene. And eggeð hire toward se muchel abstinence ꝥ ho is te vnstrengere igodes ser-uise. ⁊ lead se hard lif ⁊ pineð swa þe licome ꝥ te sawle asterueð. He bihalt an oðer. þat he ne mai nanes weis makie hire luðere iþonket se luueful ⁊ se rewful is hire herte. Ich wile he seið | maken hire to (f. 57vb) rewful wið alle. I schal don hire se muchel ꝥ ho schal luuen ahte. þenche lasse of godd ⁊ losen hire fame. And put tenne a þulli þonc in hire softe herte. Seinte Marie. naueð ꝥ mon oðer wumon mesai-se. ⁊ na mon nulen dom

1 preuauerunt *for* preualuerunt 13 Moni *interlined to replace* mon, *expuncted after* dreden, *an attempt having been made to alter* mon *to* moni *by crushing in* i *before the following* ꝥ 20 god: o *altered from* d mid: d *altered from* t 34 nulen dom *for* nule don

ham nawt Man walde me ȝif ich bede. ⁊ swa i mihte helpen ⁊ don almesse. Bringes hire on to Gederen. ȝeo-uen al earst to poure. forðre to oðre frend. At te laste ma-kie faste ⁊ wurðen al worldlich Godd wat swuch feste makieð monie hore. forschuppeð of anker to husewif of helle. we-neð ꝥ ha wel do as dusie men ⁊ dotede deð hire to vnderston-de. faltreð hire of freleic. he-rieð ⁊ (M. 224) heueð up þe almesse ꝥ ha deð. Hu wide ha is icnawen ⁊ heo let wel of. ⁊ leapeð in orhel Sum seið inohraðe ꝥ ho Gederes hord. swa ꝥ hire hus mai beo ⁊ heo ibroken baðe. Þus lo þe treitre of helle makeð him tre-we readesmon. ne leue ȝe him neauer. Dauid clepeð him f. 58ra demo-nium meridianum. Briht schi-|nende deuel. And sente Pawel. Ange-lum lucis. ꝥ is. Angel of liht. for swuch ofte he makes him. ⁊ schea-weð him to monie. Na sihðe ꝥ ȝe seon. ne iswefne. ne wakinde ne telle ȝe bote dweole. for nis hit bote his Gile. He haueð wise men of hali lif. ⁊ of heh ofte swa bicherred. As þe ꝥ he com to iwum-mone liche iþe wildernesse. Seide ha was iGan o dweole. ⁊ wep as mesai-se þing after herberhe. And te oðer hali mon ꝥ he makede to leuen ꝥ he was engel. Bi his fader.ʼ ꝥ he was te deouel. ⁊ makede him to slen his fader. swa ofte þer biforen he hefde seid him eauer soð. for to biswi-ken him sariliche on ende. Alswa of þe hali mon ꝥ he makede cu-men ham to dealin his fader feh to nedfule ⁊ to poure. se longe ꝥ he deadliche sunehide o wummon ⁊ al swa feol into vnhope. ⁊ deide in heaued sunne. Ȝif mon spekeð to-ward ow þulliche talen. hereð hu ȝe schwlen witen ow wið þis deo-ueles wiles ꝥ he ow ne bi⸗wrenche. Summe of ow sum chere he makede to wenen f. 58rb ꝥ hit were fikelinge ȝif | ha speke feire. ⁊ ȝif ha eadmod⸗li-che meanede hire nede. ȝif ho þonkede mon of his goddede. ⁊ was mare ouerhohe for to acwenche charite.ʼ þen rihtwisnesse. Sum he is vmben to make se swiðe fle monne froure. ꝥ ha falles i deadliche sar ꝥ is accidie.

4 to *expuncted after* laste   faste *for* feste   6 ⁊ *expuncted between* do *and* as   deð *for* doð   7 faltreð *probably for* flatreð   26 sunehide: i *probably altered from* r

oðer in to deope þoht swa ꝥ ha dotie. Sum hateð swa
sun-ne ꝥ ho haueð ouerhohe onont hireseluen. ⁊ seggen
as te hali mon ꝥ set ⁊ wep ⁊ seide þa mon talde him þe
fal of an of hise breðre. Ille ho-die. ego cras. Wailawai (M. 226)
strongliche was he itemptet ear he swa feolle As he fel to
dai. Ich mai quod he al-swa fallen to marhen. Nu mi-ne
leoue sustre monie temptati-uns ich haue ow inempnet
vnder þe seouene sunnen. Nawt tah þe þusend fald ꝥ
⟨mon⟩ is wið itemptet ne muhte ich wene muð nome-liche
nempni ham. Ah iþeo ꝥ beoð iseid:׳ alle beoð ilokene. lut
beoð iþis word. oðer nan mid alle. ꝥ ne beo wið hare sum
oðerhwile itemptet. He haueð se monie boistes ful of
þise letewaries. þe luðere leache of helle. þe ꝥ for-|sakeð f. 58va
an:׳ he beot an oðer forð anan. þe þridde. þe feorðe. And
swa eauer forð aðet he cume o swuch ꝥ mon on ende
vnderfo. ⁊ he þenne wið ꝥ birleð him ofte. Þen-cheð her
of þe tale of hise ampoi-les. Hereð nu as ich bihet aȝe-in
alle fondinges moni cunne froure. ⁊ wið godes grace
þerafter þe salue.

Siker be of fondinge hwa se eauer stont in heh lif. ⁊ tis
is te earste froure. for eauer se herˈre tur. se haueð
mare windes. Ȝe beoð tur owseluen mine leue sustre.
Ah ne drede ȝe nawt hw-il ȝe beon se treweliche. ⁊ se
faste ilimet wið lime of anrad luue euchan of ow to (M. 228)
oðer. for na de-ueles puf ne þarf ȝe dreden bu-te þe lime
falsi. ꝥ is to seggen bute luue bitwenen ow þurh þe feond
wursi. Sone se ani vnli-með hire. ha beoð sone iswipt
forð bute ȝif þe oðre halden hire. ha beoð icast sone adun
as te lowse stan is fram þe tures cop into þe deope dich
of sum | suti sunne. Nv an oðer elne ꝥ muchel ah to f. 58vb
frouren ow hwen ȝe beon itemptet. ꝥ tur nis nawt isailȝet.
ne castel ne cite. hwen ha beoð iwunnen. Al-swa þe helle

1 ꝥ *expuncted after* þoht 2 *A break in the sentence caused by an omission between* ouerhohe *and* onont; *cf. Nero* 100/35–37 . . . ouerhowe:׳ of oþre ðet falleð. þet schulde weopen uor hire. ⁊ sore dreden of alswuch anont hire suluen. 9 mon *in margin marked to replace* he, *expuncted after* ꝥ 19 salue. *is followed by a decoration of intersecting curves in red ending the paragraph* 24 faste: a *altered from some other letter*

werreur.' ne asail-ȝeð nan wið fondinge ꝥ he ha-ueð in his hond. ah deð þeo ꝥ he ne haueð. forþi leue sustre hwase nis nawt asailȝed ha mai sare beon ofdred leste ha beo biwunnen. Þe þridde confort is ꝥ ure lauerd self iþe pater noster teaches us to bidden. Et ne nos inducas in tempta- tionem. ꝥ is. la-uerd fader. ne suffri þu nawt te feond ꝥ he leade us allunge into fondinge. Lo nimeð ȝe-me. He nule nawt ꝥ we bid-den ꝥ we ne beon nawt ifondet for þat is ure purgatorie vre clensinge fuir. Ah ꝥ we ne beon nawt allunge ibroht þrin wið consence of herte wið skiles ȝeatinge. Þe feor-ðe froure is sikernesse of godes f. 59ra help iþe fehtinge aȝa-in as sente pawel witneð | Fidelis est deus qui non permittit nos tem|ptari ultra quam possumus ⁊ cetera. Godd he seið is trewe. nule he neauer suffren ꝥ te deouel tempti us ouer ꝥ he seð wel ꝥ we mahen þolien. Ah iþe temptatiun he haueð iset to þe feond a marke. As tah he seide. tempti hire swa feor. Ah ne schal tu Ga na forðre. ⁊ swa feor he ȝiueð strengðe to wiðston-den. ne þe feond ne mai nawt for-ðre Ga (M. 230) apricche. Gregorius. Diabolus licet afflictionem iusto- rum semper appe|tat tamen si a deo potestatem non acci-piat ad temptacionis articulum non conualescit. formidari igitur non de-bet qui nichil nisi permissus agere ua-let. And tis is te fifte froure. ꝥ he ne mai naþing don us bote bi godes leaue. ꝥ was wel ischea-wet as te godspel tellið þa þe deouelen ꝥ ure lauerd warp ut of amon. bisohten ⁊ seiden. Si eicis nos hinc. mitte nos in por|cos. Ȝef þu heonne driues us. do us iþase swin her. f. 59rb And he ȝette-de ham. lo hu ha ne mahten nawt | wið uten his leaue fule swin swen-chen. ⁊ te swin ananriht. urnen anurn to þe sea to adrenchen ham seluen. Seinte mari. seinte mari swa he stanc to þe swin. ꝥ ham was leuere to adrenchen ham seluen. þen for to beren him. And an vnseli suneful godes ilicnesse bereð him in his Breoste. ⁊ nimeð neauer ȝeme? Al ꝥ he dide Iob eauer he nom leaue þer of ear at ure lauerd. Þe tale idialoge likeð ꝥ ȝe cunnen. Hu þe hali mon was iwunet to seggen.

31 anurn *or* an urn 37 likeð *for* lokeð

to þe deo-ueles neddre. Si licentiam accep-isti ego non prohibebo. ʒif þu hau-es leue. do sting þu maht. ⁊ bead forð his cheke. ah he nef-de þa nan. bote ane for to feaˈren him. ʒif bileaue him trukede ⁊ hwen godd ʒef him leaue on his leue children. hwi is hit bote for hare muchele biheue þah hit ham greui sare. Þe sexte confort is. ꝥ ure lauerd hwen he þoleð ꝥ we beon itempted.ʼ he pleieð us as te moder wið hire ʒunge | derling. flið fram f. 59va him ⁊ hud hire ⁊ let him sitten ane. ⁊ loki ʒeorne abuten. cleope dame. dame. ⁊ weˈpen ane hwile. ⁊ tenne wið spread-de armes. leapeð lahinde forð ⁊ cluppeð ⁊ cusseð ⁊ wipeð his ehˈnen. Swa ure lauerd let us ane iw-urðen oðerhwile. ⁊ wið drahes his grace his confort ⁊ his elne. ꝥ we ne findeð swetnesse in aþing ꝥ we wel don. ne sauur (M. 232) of heorte. ⁊ tah i ꝥ ilke point ne luueð us ure lauerd neauer þe lasse. Ah deð hit for mu-che luue. ⁊ tat vnderstod wel dauid þa he seide. Non me derelinquas us-quequaque. Allunge quod he lauerd ne leaf þu me nawt. lo hwen he walde he leafde him ⁊ nawt allunge. And sex acheisuns noatið hwi godd for ure gode wiðdraweð him oðerˈhwiles. An is ꝥ we ne pruden. Ano-ðer ꝥ we cnawen vre ahne feb-lesce. vre muchele unstrengðe ⁊ ure waknesse. ⁊ tis is a mu-che uertu as sein Gregorie seið. Magˈna perfectio est sue imperfectionis agˈnitio. ꝥ is muche godnesse hit is to cnawe wel his wrecchehed | ⁊ his wacnesse. Eccle- f. 59vb siasticus. Intemptatus qualia scit? Hwat wat he seïð Sa-lomon ꝥ is vnfondet. And Seint Austin bereð Seint Gregorie wit-nesse wið þeose wordes. Melior est animus cui propria est infirmitas nota quam qui scrutatur celorum fastigi-a. ⁊ terrarum fundamenta. ꝥ is. Be-tere is þeo ꝥ truddeð wel. ⁊ ofscheð wel ut hire ane feblesce. þen ꝥ metið hu heh is te heuene. ⁊ hu deop þe eorðe. Hwen twa be-ren a burðen ⁊ te oðer leaue hit.ʼ þenne mai ꝥ uphaldeð hit felen hu hit weheð. Alswa le-ue sustre. hwil ꝥ godd wið þe beo-reð þi temptatiun.ʼ nastu ne-auer

8 wið *omitted after* pleieð   16 vnderstod: *final* d *altered from* t   25 wrecchehed: *first* h *partly obscured by a blot*   27 vnfondet: *MS.* f̣ọṇvnfondet *with* v *altered from* d   31 ofscheð *for* ofsecheð

hu heui hit is. ⁊ for þi at sum chere he leaueð þe ane. ꝥ tu vnderstonde þin ahne feb-lesce. ⁊ his help clepie. ⁊ ȝeie lude after him ȝif he is to longe Hald hit wel þe hwile up ne der-ue hit te se sare. Hwa se is siker of sucurs ꝥ him schal cume so-ne. ⁊ ȝeldes tah up his castel to hise f. 60ra wiðerwines:' swiðe ha is to witen. Þencheð her of þe | tale hu þe hali mon in his fondinge seh biwest to ȝeaines him se mu-che ferd of deouelen. ⁊ forleas for muche dred þe strengðe of bilea-ue. Aðet oðer seide him. Bihald quod (M. 234) he bi easten. Plures nobiscum sunt quam cum illis. We habben ma þen þeo beoð to helpen on ure half. For þe þridde þing is ꝥ tu ne beo neauer al siker. for siker⸗nesse streoneð ȝemles ⁊ ouerhohe. ⁊ baðe þise streoneð Inobedience. Super epistolam ad Romanos. Contemptum nutrit reso-luta securitas. Þe ferðe achaisun is hwi ure lauerd hud him. ꝥ tu se-che him ȝernluker. ⁊ clepe ⁊ wepe after him. as deð þe lite barn after his moder. Þer after is te fifte ꝥ tu his ȝeincome vnderfo þe gladluker Þe sexte. ꝥ tu þer after þe wislu-ker wite him. hwen þu haues icaht him. ⁊ te fastluker halde. ⁊ segge wið his lefmon. Tenui nec dimittam Þeos sexe reisuns beoð vnder þe sexte froure ꝥ ȝe muhen h-abben mine leue sustre aȝaines f. 60rb fondinges. Þe seoueðe confort | is ꝥ alle þe hali halhen weren wodliche itemptet. Nim of þe hehste on alre earst. ⟨tọ⟩ ″Sente Peter″ seide ure lauerd. Ecce sathan expetiuit uos ut cribraret sicut triticum. Lo quod he. Sathan is ȝeor-ne abute þe. for to ridli þe ut of mine icorene. Ah i haue for þe bisoht ꝥ ti bileaue allunge ne truke. Sante Pawel hafde as he telleð himself flesches pricchinge Datus est michi stimulus carnis mee. And bed ure lauerd ȝerne ꝥ he dide hit fram him ⁊ he nalde. ah seide. Sufficit tibi gratia mea. Virtus in infirmi-tate perficitur. ꝥ is. Mi grace schal wi-te þe. ꝥ tu ne beo ouercumen Beo strong in vnstrengðe:' ꝥ is mu-che mihte. Alle þe oðre beoð icuruned þurh feht of fondinge Sente sare. nes ha fulle þritte-ne ȝer ifondet of hire flesch. ah forþi ꝥ ha wiste

25 to *in margin marked for insertion before* ″Sente Peter″, *itself marked for transposition*

ꝥ iþe muchele an-goisse aras þe muchele mede:ʼ nalde ha neauer eanes bisechen ure lauerd ꝥ he allunge deliurede him⟨re⟩ þrof. Ah þis was hire bone | Da michi uirtutem f. 60va resistendi. Lauerd ȝif me strengðe for to wið stonde. Efter þrittene ȝer com þe cursede Gast ꝥ hafde hire itemptet blak as a bla mon. ⁊ bi-gon to greaden. Sare (M. 236) þu haues me ouercumen. And ho him onsweˈrede. Þu lihes quod ho ful þing. nawt ich ah haueð iesu crist mi lauerd. Lo þe swike hu he wal-de maken hire atte laste to lea-pen into prude. Ah ha wes wel war þrof. ⁊ turnede al þe maistrie to Godes strengðe. Sein beneit. ⁊ seint antoine ⁊ te oðre wel ȝe witen hu ha weren itempted ⁊ þurh þe temp-taciuns ipreouet to treowe ch-aumpiuns. ⁊ swa wið rihte of serueden kempene crune. And tis is te ahteðe elne. as te gold-smið clenseð þe gold iþe fuir:ʼ al-swa deð godd te saule iþe fur of fon-dinge. Þe niheðe confort is ꝥ ȝif þe feond wið fondinge greueð þe sa-re:ʼ þu greues him hwen þu atston-dest vndred siðe sarre. for þreo raisuns nomeliche. ꝥ an is. ꝥ he | for leoseð as f. 60vb origene seið his strengðe for to tempten eauer maˈre. þer oneuent of swuch maner of sunne. Þe oðer is ꝥ he forðˈluker echeð his pine. Þe þrid-de ꝥ he fret his herte of sar gro-me ⁊ of tene ꝥ he vnþonc hi-se teð i þe tempta-tiun ꝥ tu ston-dest aȝain:ʼ mucheleð þi meˈde. ⁊ for pine ꝥ he wende drahe þe toward:ʼ breideð þe crune of blisse. Ah nawt ane an ne twa:ʼ ah ase fele siðe as tu ouercumes him:ʼ ase fele crunen. ꝥ is to seg-gen. As fele mensken of mis-liche murhðen. For swa Seint Ber-nard seið. Quo-tiens uincis:ʼ toti-ens coronaberis. Þe tale In vitas patrum. witneð þis ilke of þe dis-ciple ꝥ set biforen his meister. ⁊ his maister warð o slep wið ꝥ he learede him ⁊ slepte aðat mid-niht. Þa he awakede. hwer arˈtu quod he Ga slep swiðe Þe hali mon his maister. warð eft o slep so-ne as þeo ꝥ hafde þerbifore ibeon mucche iwecche. ⁊ seh a swiðe | feir stude. ⁊ iset forð a trone. ⁊ þron seuen f. 61ra crunen. ⁊ com asteuene. ⁊ se-ide. Þis sege ⁊ teose crunen (M. 238) haueð þi disciple þis ilke niht ofearned And te hali mon

3 him⟨re⟩: re *interlined*

abreid ⁊ clepe him to him. Sei quod he. hu stod te hwil þu as ich slepte set bifore me. I-þohte quod he ofte ꝥ iwalde awacni þe. And for þu sleptes faste:ʼ ne mihte ich for reowðe. ⁊ tenne þoh-te ich Gan awai to slepen for me luste. ⁊ nalde bute leaue. Hu ofte quod his mais⸗ter ouercume þu þi þoht tus. Seuen siðe quod he. Þa vnderstod his maister wel hwat weren þe seuen crunen. seouen cunne blissen. ꝥ his disciple hefde on euch chere iser-ued ꝥ he wið seide þe fend ⁊ ouercom himseluen. Al þus leoue sustre iwr-estlinge of temptaciuns ariseð þe biȝeate. Nemo coronabitur nisi qui legittime certauerit. Ne sch-al nan beon icrunet seið sente pa-wel bote hwase strongliche. ⁊ tre-weliche fihte aȝain þe world aȝain him⸗self. aȝain þe vnwiht of helle. He fehteð treweliche ꝥ hu f. 61rb se eauer he beoð iweorret | wið þise þreo wiðerwines. nome-liche of þe flesch. hwuchseeauer þe lust beo. se hit is meaðluker:ʼ wiðereð aȝain fastluker. ⁊ wið seggeð þe graunt trof wið anwille of herte. ne prokie hit se swiðe. Þeo ꝥ tus doð:ʼ beoð iesu cristes felahes. for ha doð as he dude honged orode. Cum gustasset acetum noluit bibere. ꝥ is. He smahte ꝥ bittre drinc. ⁊ wið droh him anan ⁊ nalde hit nawt drinke. þah he ofþrust were. He is wið godd ꝥ swa doð:ʼ on his rode. þah him þru-ste iþe lust. ⁊ te deouel beot him his haliwei to drinken:ʼ Vnderston-de. ⁊ þenche þah ꝥ ter is Galle vnder. ⁊ tah hit beo apine. betere is to þole þrust þen to beon iattret Let lust ouer⸗Gan:ʼ ⁊ hit te wile liken Hwil þe ⟨ȝicch⟩ last:ʼ mon þun-che god to gnudden. Ah þrafter mon feles hit bitterliche smer-ten. Weilawei. ⁊ moni an is for muchel heate se (M. 240) swiðe of þrust wið alle. ꝥ hwil he drinkes ted drinch. ne beo hit ne se bitter. ne feles he hit neauer. Ah glucches | f. 61va in grediliche. ne nimes neauer ȝeme. Hwen hit is al swipt ouer:ʼ He schakes ta ꝥ heaued. bi-ginnes to niuelen ⁊ makie gr-im chere. ah to late þenne. Spe-we hit anan ut

1 clepe *at line-end for* clepede 18 helle *crossed out and expuncted between* of *and* herte; of *incorrectly left undeleted*
27 ȝicch *in margin to replace* ȝiscinge, *crossed out after* þe
30 ted *at line-end probably for* te *or* tet

wið schrift to þe preost. for leaue hit innewið hit wile deað breden. forþi mi-ne leue sustre. beos bifore warre ⁊ after þe froures ꝥ arn her iwri-ten aȝain alle fondinges seches þise salues. Aȝain alle temp-tatiuns ⁊ nomeliche aȝain fleschliche:' salues arn ⁊ bote vnder godes grace. Hali meditati-uns. Inwarde ⁊ meaðlease ⁊ an-guissuse bones. Hardi bilea-ue. Redinge. fastinge. waking'e. ⁊ licome̋ swinkes. Oðres fro-ure for to speke toward i ꝥ ilke stunde ꝥ hire stond stronge. Ead-modnesse. Þole⸗modnesse. freo herte ⁊ alle Gode þeawes arn armes iþis fiht. ⁊ anradnes'se of luue ouer alle oðre. ꝥ warpes hire wepnes awai:' hire liste beo iwundet. Hali meditatiuns | arn bicluppet iþise uers. ꝥ were ȝare itaht ow mine leue f. 61vb childre Mors tua. mors domini. Nota culpe Gaudia celi. Iuditij terror. fig-antur mente fideli. ꝥ is. Þench ofte wið sar of þine. Þench of helle wa. Of heuenriche winnes. Þench o þin ahne deað. o godes deað orode. Þe grimme dom of dom-es dai:' nim ofte imoðe. Þench hu fals is te world. ⁊ hwuch beo hire mede. Þench hwat tu ahes godd for his goddede. Euchan of þise wordes walde a long (M. 242) hwile for to beo wel iopenet. Ah ȝif ihihe forðward:' demeore ȝe þe lengre. An word iseie after owre sunnes. hwen se ȝe þenchen on ⟨h⟩elle wa. ⁊ of heuenliche win-nes. Vnderstondes ꝥ godd walde o sum wise. scheawen hom to men of þis world bi worldliche pi-nes. ⁊ bi worldliche wunnes. ⁊ scheawde ham forð as schadewe for na lickere neren ho. Ȝe arn ouer þis worldes sea up oþe brinke of heuene. Lokes ꝥ ȝe | ne beo nawt þe skerre hors ili-che f. 62ra ꝥ schuntes for a schadewe. ⁊ falles dun into þe water of þe hehe brinke. To childene ho is ꝥ fleos adepeinture. ⁊ semes to ham grislich ⁊ grureful to bihalden. wa ⁊ winne iþis world al nis bote peintin-ge. al nis buten aschadewe. Na-wt ane hali meditatiuns as of ure lauerd. ⁊ of alle hise werkes ⁊ of alle hise wordes. Of ure deo-re lafdi ⁊ of alle

8 iche *in margin for* liche *and two strokes over* e *of* licome, *the scribe's intention being to alter this to* licomliche 16 sinnes *omitted after* þine 18 imoðe *for* imode 22 *A long down-stroke partially erased between* demeore *and* ȝe 23 ⟨h⟩elle: h *interlined with a stroke* 30 ⁊ *for* ꝥ

halhes·/ Ah oðre þohtes sumcher imeaðlese fon-dinges
hauen ihulpen. fowr cun-nes nomeliche to fleschliche
asailʒet. Dredfule. Wunder-fule. Gladfule. Sorhfule.
Willes wið uten ned reare iþi herte. As þench hwat tu
waldes don ʒif þu sehe openliche stonde bi-fore þe. ⁊
ʒonie up o þe wide þe deuel of helle. As he dos dearne-lich
iþe fondinge. Ȝif mon seide fur. fur. ꝥ te chirche barnde
Ȝif þu herdes þeoues breke þi-ne wahes. Þase ⁊ þulli
f. 62rb oðre dr-edfule þohtes. wunderfule ⁊ | gladfule·/ as ʒif þu
sehe iesu crist ⁊ herdes him aske þe. hwat te we're leuest
after þi sauuaciun ⁊ ti-ne leueste frendes. of þing of þis
world. ⁊ bede þe chesen wið ꝥ tu wið stode. Ȝif þu sehe
(M. 244) witerliche al heueneware ⁊ helleware iþe temptatiun
bihalde þe ane. Ȝif mon come ⁊ talde þe ꝥ mon ꝥ te
leueste were þurh sum miracle as þurh steuene of heuene.
we-re ichosen to pape. ⁊ alle oðre suche. Wunderfule ⁊
sorhfule as ʒif þu herdes seie ꝥ mon ꝥ te is leuest were
feorliche adr-enct. oðer imurðret. ꝥ tine bre-ðre weren
forbarnde in hare hus. Þulliche þohtes ofte ifleschli-che
sawles wrenches ut sonre fleschliche temptatiuns þen
sum-me of þe earre. Inwarde ⁊ meað-lese ⁊ angerfule
bones biwin'nen sone sucurs ⁊ he⟨l⟩p at ure lauerd
aʒeines flesches fondinges. ne beo ho neauer se anGerfule.
⁊ se ful itohene. þe deuel of helle dutes ham swiðe. for
f. 62va teken ꝥ ho | drahen dun sucurs to ʒeines him. ⁊ godes
hond of heuene·/ ho dos twa harmes. bindes him ⁊ bearnes.
lo her preoue þerof baðe. Piplius an hali mon was in hise
bones. ⁊ com þe fend buuen him flihende bi þe lufte ⁊
schulde al on hihðe toward te west half o þe wor⟨l⟩d
þurh Iulienes heaste þe emperur. ⁊ warð ibunden hete-
faste wið þe hali monnes b⟨e⟩odes. ꝥ ouertoken him as
ho stuhen upward to-ward heuene·/ ꝥ he ne mihte hider
ne þider. ten dahes ful-le. Naue ʒe þis alswa of ruf-fin
þe deuel Beliales broðer in owre englische Boc of seinte
Margarete. Of ꝥ oðer mon redes ꝥ he gredde lude to sein

17 were: leuere *in MS. with* le *expuncted and* u *altered to* w (*wyn*)
22 he⟨l⟩p: l *interlined with a stroke* 27 þerof *for* of Piplius *sic*
29 wor⟨l⟩d: l *interlined with a stroke* 31 b⟨e⟩odes: e *interlined*

Bartho'lomew ꝥ muchel wes ibones Incendunt me orationes tue. B-artholomew wa is me. þine bones for⸗bearnen me. Hwase mai þurh Godes ȝeoue ibe-des haue teares.ʼ ha mai do | wið godd al ꝥ ha eauer wile. for swa f. 62vb we reden. Oratio lenit. la-crima cogit. Hec vngit. illa pungit. Eadi bone softes ⁊ pai-es ure lauerd. ah teares don him strengðe. Beode smeres him wið softe ⁊ swete olh⟨t⟩ninge. ah te-ares priken him. ne ne ȝiuen him (M. 246) neauer pes. ear þen he ȝeate ham al ꝥ ho asken him. Hwen mon asailȝes burhes oðer castles þa wiðinnen healden schaldende water ut. ⁊ weren swa þe walles. ⁊ do ȝe alswa as ofte as te de-uel asailȝes owre castle ⁊ te saule burh wið inwarde bones. warpes ut up on ham schaldinde teares. ꝥ dauid seie bi þe. Contri-bulasti capita draconum in aquis Þu haues for scaldet þe drake heaued wið wallende water. ꝥ is wið hate teares. Þer as tis wa-ter is.ʼ sikerliche þe feond fleos leste he beo scaldet. Eft an oðer. Castel ꝥ haues dich a-buten. ⁊ water beo iþe dich.ʼ þe | castel is wel þe careles aȝaines his vnwines. Castel is f. 63ra euch god mon oðer wummon ꝥ te deuel weor-res. ah habbe ȝe deop dich of dep cadmodnesse. ⁊ wete teares þer to.ʼ ȝe arn strong castel. þe werrur of helle mai longe a-sailȝen ow ⁊ leosen his hwile Eft mon seis ⁊ soð hit is. amu-che wind lis wið a lute rein. ⁊ te sunne þer after schines 'te schen-re. Alswa a muche temptatiun. ꝥ is te feondes bles.ʼ falles wið a softe rein of a lut teares. ⁊ te soðe sunne schines ter after þe schenre to þe sawle. Þus arn te-ares gode wið inwarde bones. ⁊ ȝif he vnderstoden.ʼ ich haue seid of ham her fowr muchele efficaces. for hwi ho arn to lu-uien. In alle owre nedes sen-des cwicliche anan ꝥ sonde to-ward heuene. for as Salomon seis. Oratio humilitatis pe-netrat nubes ⁊ cetera. ꝥ is. þe eadmo'des bone.ʼ þurles te walcne. ⁊ teares seis seint Austin. Mag-|na f. 63rb uirtus pvre orationis que ad deum intrat ⁊ mandata

8 olh⟨t⟩ninge: t *interlined with a stroke* 11 schaldende: *first* d *altered from some other letter* 19 þe *carelessly repeated after* wel 28 he *for* ȝe 32 humilitatis *for* humiliantis 33 teares *for* tear

peragit vbi caro perue-nire nequid. O muchel is te mihte of schir. ⁊ of cleane bo-ne. ꝥ flihes up ⁊ cumes in bi'foren almihti godd. ⁊ dos te ernde se wel. ꝥ godd bides iliues boc writen al ꝥ ho seis. As seint Ber'nard wittes. Athaldes hire wið him seluen. ⁊ sendes dun his engel to don al ꝥ ho (M. 248) askes. Nuli her of bone seie na ma-re. Hardi bileaue bringes te deuel o fluht sone anan rihtes ꝥ witnes Seint Iame. Resistite di-abolo ⁊ fugiet a uobis. Atstond ane aȝaines him. ⁊ he dos him o fluhte. Atstond. Þurh hwat strengðe Seint Peter teaches. Cuj resistite fortes in fide. Stond aȝ-ain wið hardi bileaue. Beo hardi of godes help. ⁊ wites hu he is wac. ꝥ na strengðe na-ues on us. buten of vs seluen Ne mai he bute scheawe forð sumhwat of his f. 63va ape ware. ⁊ olht-nen oðer þreaten. ꝥ mon bugge | þrof. Hweðer se he dos scoarnes him. lahhes te alde ape lude to bis-mere þurh treowe bileaue. ⁊ he h'aldes him ischend ⁊ dos him o fluhte swiðe. Sancti per fidem uicerunt regna. ꝥ is. Þe hali halhes alle ouercomen þurh bileaue. þe fendes rixlinge ꝥ nis bote sunne. for ne rixles he inan bote þurh sunne ane. Ni-mes nu god ȝeme hu alle þe seuen deadliche sunnes muhen beo broht ofluht þurh treowe bileaue. on earst nu of prude. Hwa haldes him muchel as prude don ofte. hwen he bihaldes hu lu-tel þe muchele lauerd makede him inwið a poure meidenes breoste Hwa is ondful ꝥ bihaldes wið eh-ne of bileaue. hu iesu godd nawt for his godd. ah for oðres godd. Dude ⁊ seide ⁊ þolede. Þe ondfule ne kep-te nawt ꝥ ani deale of his godd. ⁊ godd almihti ȝet after al ꝥ oðer lihte dun to helle for to seche fe-lahes. ⁊ to deale wið ham þe god ꝥ he hefde. Loke nu hu f. 63vb framw-ard arn ondfule ure lauerd. Þe | anker ꝥ warnede anoðer acweier to leane. for ha hafde heoðenw-ard hire (M. 250) bileaue ehe. Hwase haldes wraððe. Bihalde ꝥ godd lihte on eorðe. to make þreo fald sahte. Bitwene mon ⁊ mon Bitwene godd ⁊ mon. bitwene mon ⁊ engel. And after his ariste þa he com ⁊ schewde him.' þis was his gre-tinge to hire deore disciples. Pax uobis. Sahtnesse be bitwenen

4 wittes *for* witnes 12 wites *for* wite 31 for *probably for* feor 36 hire *for* hise

ow. Nimes nu ȝerne ȝeme hwen lef frend went fram oðer. þe laste wordes ꝥ he seis wiln best beo wið halden. Vre lauerdes laste wordes þa he steah to heuene. ⁊ leafde hise leue frend in uncuðe þeode:' weren of swote luue. ⁊ of saht-nesse. Pacem relinquo uobis. pacem meam do uobis. ꝥ is. Sahtnesse ido among ow. sahtnesse ileaue wið ow. Þis was his drurie ꝥ he leafde ⁊ ȝef ham in his departinge. In hoc cognoscetis quod discipuli mei sitis si dileccionem ad inuicem habueritis Lokes nu ȝerne for his deorew-urðe luue hwuch a merke he | leide up on hise f. 64ra icorene þa he ste-ah to heuene. In hoc cognoscetis Bi ꝥ ȝe schulen cnawe quod he ꝥ ȝe beon mine disciples. ȝif swete luue ⁊ sahtnesse is eauer bitwenen ow. Godd hit wite ⁊ he hit wat. me we-re leuere ꝥ ȝe weren alle oðe spitel uuel þen ȝe weren ondfule. oðer feliherted. for iesu crist is al luue ⁊ in luue he restes ⁊ haues his wuninge. In pace factus est locus eius. Ibi confregit potentias. arcum scutum gladium ⁊ bellum ꝥ is. Isahtnesse is godes stude. ⁊ hwer se sahtnesse is ⁊ luue:' þer he bringes to nawt al þe deoueles strengðe. þer he brekes his bohe hit seis. ꝥ arn dearne fondinges ꝥ he scheotes ofeor. ⁊ his sword ba-ðe. ꝥ arn temptatiuns keruende ofneh ⁊ kene. Nimes nu ȝer'ne ȝeme bi moni forbisne hu-god is anreadnesse of herte. for nis þing under sunne ꝥ me is leo-uere. ne se leof ꝥ ȝe habben. Nute þer mon fehten iþise stronge ferdes þa ilke ꝥ halden ham faste to Ge-deres. ne muhen beo discumfit | on eauer nane wise. Alswa hit is iga-stliche (M. 252) f. 64rb fiht aȝaines te deuel. Al his entente is for to twinnen hertes for to binime luue ꝥ haldes mon to Gederes. for hwen luue alis:' þenne arn ho isundret. ⁊ te deuel dos him bitwenen ananriht. ⁊ slas on euch halue. Dumbe beastes hauen ȝet tis ilke warchipe. ꝥ hwen ho arn a-sailȝet of wulf oðer of liun:' ho þringen to Gederes al þe floc faste. ⁊ maken schelde of ham seluen euch an of ham to oðer. ⁊ arn þe hwile sikere. ȝif ani vnseli wendes ut. hit is sone awuried. Þe þridde þer an Gas ane in a slibrj weie:' he slides ⁊ falles sone. Þer monie Gan to Gedere ⁊ euch

25, 29 mon *for* men

haldes oðres hond. ȝif ani fet to sliden. þe oðre him breiden up ear he fule falle. ȝif ꝥ ani we-ries.' euch an leones him to oðer. fondinge is slidringe. þurh werhin-ge is bitacnet þe vnþeawes vnder slawðe. ꝥ arn inempnet þruppe. Þis is tat Seint Gregorie seis. Cum nos nobis per orationis opem coniungimus per lubricum incedentes f. 64va quasi adinuicem manus tenemus | vt tanto quisque am⸗plius roboretur quanto alteri innititur. Alswa istrongẹ wind ⁊ in swifte wattres ꝥ mon mot ouer waden ȝif monie euch halde oðer. þe isundret is iswept forð. ⁊ forfares eauer. To wel we witen hu þe wei of þis wor⟨l⟩d is slibrinesse. ⁊ hu þe wind ⁊ te stream of fondinges ar-n stronge. Muche ned is ꝥ euchan h-alde wið bisie bones ⁊ wið luue o-ðres hondes. for as Salomon seis. Ve soli. quia cum ceciderit non habet subleuatem wa eauer ꝥ is ane. for hwen he falles naues he hwa him areare. Nan is him ane ꝥ haues godd to fere. ⁊ tat is euch ꝥ luue haues in hire herte. Þe seueðe forbisne is ȝif ȝe riht tellen. Dust ⁊ greot as ȝe seon for hit is isundret. ⁊ nan ne haldes to (M. 254) oðer. a lutel windes puf to driues hit al to nawt. þer hit is in a clot ilimet to Gederes.' hit lis al stille. And hondful of ȝerdes arn tor to breken hwil ho arn to Gedere. Euch an itwinned.' lihtliche brestes Atreo ꝥ wile fallen. f. 64vb Vnderset hit wið an oðer ⁊ hit wile stonde faste | To twin⸗ne ham.' ⁊ baðe fallen. Nu ȝe hauen nihene þus iþinges utewið nimes forbisne hu godd is an-nesse of luue. ⁊ somen⸗rednesse ꝥ haldes te god somen ꝥ nan ne mai forwurðen. ⁊ tis wile iwis a-ne þe rihte bileaue. Bihald ȝer-ne. ⁊ understond iesu cristes wordes ⁊ werkes deorewurðe ꝥ iluue we|ren alle ⁊ iswetnesse. ouer al ich walde ꝥ ancres lernden wel þis les-cunes lare. for moni mare h-arm is arn sampsones foxes ꝥ haueden þe neb of euch an iwent framward oðer. ⁊ weren bi þe tailes teiet to Gederes. As Iudicum telles ⁊ in euchanres tail a blase bear-ninde. Of þase foxes ispec feor þruppe. ah nawt o þise wise. Ni-mes

11 wor⟨l⟩d: l *interlined with a stroke* 15 subleuatem *for* subleuantem 21 And *for* An 28 ⁊ tis wile iwis a-ne þe rihte bileaue.: *sense lost here*

god ȝeme hwat tis beo to segge. Mon turnes te neb bliðe'liche toward te þing ꝥ mon luues ⁊ framward þing ꝥ mon hates. þa þenne habben þe nebbes wrangwen-te euch framward oðere:' hwen nan ne luues oðer. ah bi þe tailes ho arn somen. ⁊ hauen in ham þe deo-|ueles blases. f. 65ra þe brune of Galnes'se. On an oðer wise. tail bitac'nes ende. in hare ende ho schu-len beo ibunden to Gederes as weren Sampsones foxes bi þe tailes. ⁊ i-set blases þrin ꝥ is te fur of helle. Al þis is iseid mine leue childre ꝥ owre luue nebbes beon eauer iwent somen wið luueful sembla-unt. ⁊ wið swete chere ꝥ beon ai wið annesse of an heorte ⁊ an wil ilimet to Gederes. as hit is iwr-iten bi ure lauerdes dere disciples Multitudinis credentium erat cor u-num ⁊ anima una. Hwil ȝe halden in an:' afearen ow mai þe fend ȝif he haues leaue. ah harm nan wiðalle don. ꝥ he (M. 256) wat ful wel. ⁊ for þi he is vmben daies ⁊ nihtes to vnlimen ow wið wradðe oðer wið luðer onde. And send mon oðer wummon ꝥ telles ꝥ an bi ꝥ oðer sum suhinde sahe. ꝥ suster ne schulde nawt tellen ne seien bi oðer. Ich for bede ꝥ owre nan ne leue þe feondes sondes mon. Ah lokes ꝥ euchan of ow icnawe wel hwen he spekes iþe uuele mon-|ne tunge. Euchan naðeles war-ni oðer þurh ful siker f. 65rb sondes mon sweteliche ⁊ luueliche as hi-re leue suster oðer broðer of þing ꝥ ha misnimen. ȝif ha wat to soðe. ⁊ makie swa ꝥ beres te word recorden hit ofte biforen hire ear ha Ga hu ha wile seg-gen. ꝥ ha ne seie hit oðres weis ne clute þer to mare. for a lu-te clute mei ladliche swiðe a muc-hel hal peche. Þa ꝥ ⟨at⟩ hare sustre þis luue salue underfon:' þonke hom ȝerne. ⁊ seie wið þe salme wrihte. Corripiet me iustus ⁊ incre-pabit me. oleum autem peccatoris non impinguet caput meum. And þrafter wið Salomon. Meliora sunt uul-nera corripientis quam oscula blan-dientis. Ȝif he oðer ho ne luue'den me. nalden ho nawt warni me in misericorde. leuere me is hare wun-des þen fikelinde cosses. Þus onswe-ren eauere. ⁊ ȝif hit

10 luue *for* leue 24 ne *expuncted between* ha *and* misnimen 28 at *in margin marked for insertion after* ꝥ 35 is *omitted after* hit

oðer weis þen ꝥ oðer vnderstond.ˀ sende hire word aȝain þrof luueliche ⁊ softe. ⁊ to oðer as hire self le-uen. Ʒif þe f. 65va feond btwenen ow | blawes ani wradðe. oðer great herte. ꝥ iesu crist forbede. ear ho beo iset wel. nawt ane to nimen godes flesch ⁊ his blod ne wurðe nan se witles. ꝥ ha eanes bihalde þron. ne loke wið wradðe toward him. ꝥ lihte to mon on eorðe. of heuene to make þrefald sahte as seid was þruppe. Sende þenne eiðer to oðer word ꝥ ha (M. 258) haues imaket hire as þah ho were biforen hire.ˀ eadmod⸗liche uenie. And hweðer se eaụ⟨r⟩ ofdrahes lu-ue of hire suster oðer of hire bro-ðer. ⁊ ouer Gas hire sahte. ⁊ ta-kes te Gulte toward hire. þah ꝥ oðer habbe mare.ˀ ho schal be mi derewurðe. ⁊ mi dere doh-ter. for ho his Godes dohter. He himself seis hit. Beati pacifici quoniam filij dei uoca⸗buntur. Þus prude ⁊ onde ⁊ wradðe arn eihwer iflei-et hwer se soð luue is. ⁊ treowe bileaue to godes milde werkes ⁊ luuefulle wordes. Ga we nu forðre to þase oðre o rawe.

f. 65vb Hwa mei beo for schome | slaw slummi sloggi. ꝥ bihald hu swiðe bisi ure lauerd was on eorðe. Exultauit ut gigas ad currendam uiam. Pertransiit benefaciendo ⁊ sanando ⁊ cetera. Efter al ꝥ oðer hu he iþe ending of his lif swanc o þe harde rode. Oðre hauen reste. fleon liht ichaumbre huden ham hwen ho arn ileten blod on an arm eddre. And he ḥo m-unt caluarie steah ȝette o rode herre. ni ne swanc neauer mon se swiðe ni se sare as he dude ꝥ ilke dai. ꝥ he bledde of his half brokes of ful brade wundes ⁊ deope wið þe eddre capitale ꝥ bledden up on his heaued vnder þe kene keruende crune. ⁊ wið uten þa ilke reowfule garses of þe luðere schurginges ouer al his licome. nawt ane o þe sch-onkes to ȝeines slawe ⁊ sleperes.ˀ is swiðe openliche his ear-li ariste fram deaðe to liue

Aȝeines ȝiscinge is his m-uchele pouerte ꝥ wex eauer up on him. se lengre swa mare. for þa ha was iborn

2 ⁊ to oðer as hire self le-uen.: *sense lost through writing of* to *for* te *or* teo *and an omission after* oðer; *cf. Nero* 115/1–3 self: *part of last three letters torn away* 3 btwenen *for* bitwenen 10 eaụ⟨r⟩: r *interlined* 18–19 *Part of two-line capital torn away: reverse of* 88/1 27 eddre *for* eddres *or* eddren 30 *Three (?) letters erased between* ȝeines *and* slawe 33 ha *sic*

earst. he ꝥ wrah'te al þe world swa muche place as | his f. 66ra litle licome mihte beon ileid on Swa ṛẹ narew was te stude. ꝥ vn-eaðe his moder ⁊ Iosep seten þrin. ⁊ swa ho leiden him on heh up in a crecche wið clutes iwarb-bet (M. 260) as te godspel seis. Pannis eum inuoluit. Swa feire he was ischrud þe heouenliche schuppende ꝥ schru-des te sunne. Herafter þe poure laf-di of heuene fostrede him ⁊ fedde wið hire litle milc as meiden ah to habben. Þis was muche pouerte. Ah mare com þrafter. for þa ȝette hure he hafde as fel to him. ne hefde he hw-er he mihte his leue heaueð huden. Filius hominis non habet ubi caput suum reclinet Þus poure he was of in. Of mete he was swa nedful·ʾ ꝥ ta he hafde Iie-rusalem opalme sunendai al dai pre-achet. ⁊ hit nehlachede niht. he lokede abuten hit seis iþe godspel ȝif ani walde clepen him to mete oðer to herberhe. ah was ter nan ⁊ swa he wende ut of þe muccle burh into bạ⟨e⟩thanie to Marie hus ⁊ marthe þer as he eode wið his disciples sumcher. Ha breken þe | eares f. 66rb after wei ⁊ gnuddeden þe curn-les ut bitwenen hore hondes. ⁊ eten for hunger. ⁊ weren ȝette þer fo-re swiðe ichalenget. Ah alre meast pouerte com ȝette her after. for steort naket he was despoilȝet oþe rode þa he meande him of þurst. water ne mihte he habben ȝet tat mare wunder is. of þe brade eorðe. ne moste he habben a grot for to deien upon. Þe rode hefde an fote oðer lutel mare. ⁊ tat was to his pine. Hwen þe worldes w⟨e⟩aldend wal-de beo þus poure·ʾ vnbileauet ho is ꝥ luues to muchel ⁊ ȝisces worl-des weole ⁊ wunne. Aȝain glu-tunie is his poure pitaunce ꝥ he hefde o rode. Twa manere of men hauen ned to etel̩ wel. Swin-kende ⁊ blodletene. þe dai ꝥ he was baðe isar swink ⁊ ileten blod as inest seide. nes his (M. 262) pitaunce o rode·ʾ bute aspung of galle. lo-ke nu hwa grucche ȝif he þen-ches wel þer on. of mistime meal of unsauure metes of poure pitaunce. Aȝain leccherie is |

1 ne fond *omitted after* world 3 uneaðe *expuncted and crossed out after* swa 10 fode *omitted after* hafde 11 heaueð *for* heaued 17 bạ⟨e⟩thanie: e *interlined* 26 w⟨e⟩aldend: e *interlined with a stroke* 33 mistime *for* mistrume

f. 66va his iborenesse of ꝥ cleane meiden ⁊ his clene lif ꝥ he ladde on eorðe ⁊ alle ꝥ him folheden. Þus lo þe ar-ticles. ꝥ arn as þah mon seide. þe liðes of ure bileaue oneuent godes monhed hwase inwardliche bihal-des ham fehten to ȝein þe feond ꝥ fondeð us wið þise seouene deað-liche sunnes. forþi seis sente Peter. Christo in carne passo ⁊ uos eọ⟨a⟩dem cogi-tatione armemini. Armes ow he seis wið þoht up o iesu crist ꝥ in vre fl-esch was ipinet. And sente pawel seis Recogitate qualem aput semet ipsum su-stinuit contradictionem. ut non fatigemini. Þen-ches seis sein pawel. hwen se ȝe wer-gen ifeht aȝaines te deouel. hu ure lauerd self wiðseide his fleschliche wil. ⁊ wiðseis owres. Nondum usque ad sanguinem restitistis. ȝet nabbe nawt wið stonden aðat te scheadin-ge of owre blod as he dude of his for ow aȝaines himseluen onont ꝥ he mon was of ure cunde. ȝet ȝe hafḍẹ⟨bben⟩ ꝥ ilke blod. ꝥ ilke blisfule bodi ꝥ com of þe meiden. ⁊ deide oþe rode. niht ⁊ dei bi
f. 66vb ow. nis buten awah bitwenen | ⁊ euch dai he cumes forð flesch-liche. ⁊ licomliche inwið þe masse biwrixlet tah on oðres liche vnder breades fọ⟨u⟩rme. for in his ah|ne liche. ehne ne mihten nawt þe brihte sihte þolien. Ah swa he scheawes to ow:ʼ as tah he seide. Lowr iher. Hwat wile ȝe. Seis me hwat ow were lef. Hwer to ne-des ow? meanes owre nede. ȝif þe fendes ferd ꝥ arn hise temp|ta-tiuns asailȝen ow swiðe. on-sweres him ⁊ seis. Metati
(M. 264) sumus castra iuxta lapidem adiutorij. Porro philistiim uenerunt in aphe-ch. Ȝea lauerd wunder is we arn iloken her bi þe. ꝥ arn stan of help. Tur of treow sucurs. castel of strengðe. ⁊ te feondes ferd is woddere up on us þen up on oðre. Þis itake i Regum. for þer hit telles al þus. ꝥ israel godes folc. com ⁊ logede him bi þe stan of help. ⁊ te philisteus comen in to Afech. Philisteus arn un-wihtes. Afech on ebri⟨s⟩ch speles newe wodschipe. Swa hit is
f. 67ra witerli-|che. Hwen mon loges him bi ure la-uerd:ʼ þenne

7 eọ⟨a⟩dem: a *interlined* 16 hafḍẹ⟨bben⟩: hafḍẹ *at line-end;* bben *added in space between columns* 20 fọ⟨u⟩rme: u *interlined* 27 iloken *for* iloged 28 arn *for* art 33 ebri⟨s⟩ch: s *interlined*

on earst biginnes te deuel to weden. Ah þer hit telles witerliche ꝥ israel wende þe rug. ⁊ we'ren fowr þusand iþe fluht sarili-che isleine. Ne wende ȝe nawt te rug mine leue sustre. Ah wið stond te feondes ferd amid te for-heaued as iseide þruppe wið har-di bileaue. ⁊ wið þe gode Iosaphat sende beode sondes mon sone after sucurs to þe prince of heuene. In para-lipomenon. In nobis quidem non est tan-ta fortitudo ut possimus huic mul-ti⸗tudini resistere que irruit super nos. Sed ċum ignoremus quid agere debe-amus. hoc solum habemus residui ut o-culos nostros dirigamus ad te. Sequitur. Hec dicit dominus uobis. Nolite timere et ne paueatis hanc multitudinem. non est enim uestra pugna. sed dei. Tan⸗tummodo confiden-ter state. ⁊ uidebitis auxilium domini super uos. Credite in domino deo uestro ⁊ securi eritis. Þis is te englische In us nis nawt deorewurðe lauerd swa muche strengðe þat we muhen wið stonde þe vnwihtes ferd ꝥ is. se strong up on us. Ah hwen we arn | swa stronge f. 67rb bistonden. ꝥ we wið alle na read ne cunnen for us seluen. þis ane we muhen don. heue ehne up on heh to þe milce⸗fule lauerd þu sende us sucurs. þu to dreaue ure fan. for to þe we loken. Þus wið þe gode Iosaphat. hwen godd cumes biforen ow ⁊ freines hwat ȝe wilnen ⁊ in euch time hwen ȝe ned habben:ʼ scheawes sweteliche to hise swete eares. ȝif he sone ne cumes ow:ʼ ȝeies luddre ⁊ meaðles⸗ (M. 266) lukere ⁊ þreates ꝥ we willen ȝelden up þe ca-stel. bute he sende sonre help ⁊ hihe þe swiðre. Ah wite hu he onswe-rede Iosaphat þe gode. þus oþise wise Nolite timere ⁊ cetera. Þus he onswereð ow hwen ȝe help clepien. ne be ȝe nawt offearde. ne drede ȝe ham na-wiht þah ha beon stronge ⁊ monie þe feht is min:ʼ nawt owre. Sule-ment stondeð sikerliche. ⁊ ȝe schulen seo mi sucurs. Habbeð a-ne to me trusti bileaue. ⁊ ȝe beoð al sikere. Lokeð nu hwuch help is hardi bileaue. for þat help þat godd bihat. þe strengðe to stonde wel al is in hire ane. Hardi bileaue | makeð ow stonden up riht. ⁊ te vnwiht nis nawt laðre. f. 67va for þi þis is his word In ysaie. Incuruare ut transeamus.

25 cumes *for* heres 26 we *for* ȝe

Buh he seið duneward ꝥ ich mahe ouer þe. he buheð
him ⟨ꝥ⟩ to his fondinge buhes his herte. for hwil ha stond
up riht. ne mei he nowðer up on hire. ne ruki ne riden.
Lo þe treitre hu he seið. In-curuaịre ut transeamus.
Buh þe let me leapen up. nule ich nawt longe riden. Ah
ichulle wenden ouer He liheð seis sein Bernard. ne lef
þu nawt þe treitre. Non uult transire. sed residere. nule
nawt wenden ouer ah wile ful faste sitten Sum was ꝥ lefde
him. Þohte he schulde sone adun. as he bihat eaure. Do
he seis þis an chere. ⁊ schrif þe þer of to marhen. Buh
þin herte to me. ⁊ let me up. Schec me wið schrifte. ⁊ fel
swa in ful wune. ꝥ he lei ⁊ rotede þrin swa longe as ich
seide. ⁊ ȝif a mi-racle nere. ꝥ pufte adun þe de-uel ꝥ set
(M. 268) on hire se faste:' he hef-de torplet wið him baðe hors ⁊
f. 67vb lade dun in to helle grunde. | Forþi mine leoue sustre
haldes ow euene up riht itrewe bileaue hardiliche ileaued.
ꝥ al þe deue-les strengðe melteð þurh þe grace of hali
sacrament hest ouer oðre. ꝥ ȝe ḅ⟨s⟩eoð as ofte as te
preost messeð. þe meidene bern. Iesu godd godes sune.
ꝥ licomliche lihtes oðer hwile to owre in. ⁊ inwið ow
eadm-odliche nimeð his herberhe Dewleset ho beoð to
wake. ⁊ to vnwreaste ihertet ꝥ wið þulli Gast hardiliche
ne fihteð. Ȝe schulen bileaue habben. ꝥ al ꝥ hali chirche
deð. Red oðer sing-eð. ⁊ alle hire sacramenz strengðen ow
Gastliche. ah nan se forð as tis. for hit bringes to nawt
alle þe deueles wiles. nawt ane his streng-ðes. ⁊ his ronke
turnes. ah dos al swa his wilfule crokes. his wr-encchefulle
wicchecreftes. ⁊ alle hise ȝiscinges. ⁊ alle lease swefnes.
false schriuinges. Dredfule offr-endes. fikele ⁊ swikele
reades as þah were o godes half. ⁊ god for to don. for þat is
f. 68ra his anwrench as ich ear seide ꝥ halimen meist | dreden.
ꝥ he haueð wið. moni hali mon grimliche biGulet.
Hwen he ne mei bringen to nan open uuel:' he egges to

2 ꝥ *in margin before* to *at beginning of line* 7 ich *expuncted after* nule 11 *A break in the sense caused by the omission of several lines between* schrifte. *and* ⁊ fel; *cf. Nero* 119/21–26 18 ḅ⟨s⟩eoð: s *interlined* 21 herberhe: *MS.* herb'erhe, *with abbreviation for* er *incorrectly added* 31 anwrench *for* an wrench *or* unwrench 32 moni: m *probably altered from* h

aþing ꝥ þunches god. Þu schuldes he seis be mildere. ⁊ leten iwurðe þi chast. nawt tru'blen þin herte. ⁊ sturen in to wraððe Þis he seis forþi ꝥ tu ne schuldes nawt chastie for hare gultes. ne þeawe þine seruanz. And Bringes te in to ȝemles i stude of eadmod-nesse. Eft þer toȝaines. ne let tu na gult to ȝiues he seis ȝif þu wult ho dreden þe. hald ham ful narewe. Rihtwisnesse he seis mot beo nede sturne. And tus he lites cru-elte wið hew of rihtwisnesse. Mon mai be al to rihtwis. Betere is wis liste þen luðer strengðe. Hwen þu longe hauest iwaket. ⁊ schuldes Ga to slepen. Nu is uertu he seis to wakien
hwen hit greues te. Sai ȝet a nocturne. forhwi dos he (M. 270)
swa? for ꝥ tu eft schuldes slepen. hwen time were to waken. Eft her to ȝaines ȝif þu mihtes waken wel:ˀ he leis
on þe an heuinesse oðer dos iþi þoht. Wisedom is þin|ge f. 68rb
best. Ich wile Ga nu to slepen. ⁊ a-risen nunan. ⁊ do cwic⸗ luker þen nu:ˀ ꝥ ito nu schulde. ⁊ swa ofte inohðe. ne dos tu hit itime. Of þis ilke materie ispek muchel þer uppe. I þulli temptatiun nis nan se wis. ne se war. bote godd hire warne. ꝥ nis biGilet ofte. Ah þis hehe sacrament in hardi bilea-ue ouer alle oðre þinges vnhu-les hise wrenches ⁊ brekes hise strengðes. Iwis leue sustre. hwen ȝe neh ow felin him. forhwi ꝥ ȝe hauen hardi bileaue. nule ȝe buten lahhen him lude to bismere ꝥ he is se muchel ald fol. ꝥ cu-mes his pine to eche. ⁊ to brei-den ow crune. Sone se he seos ow hardi ⁊ balde igodes grace his mihte meltes ⁊ fleos sone. Ah ȝif he muhe vnderȝeten ꝥ ow-re bileaue false. swa ꝥ ow þunch'es ꝥ ȝe muh⟨t⟩en allunge beo lad ouer. ⁊ ȝif ȝe weren swiðe i ꝥ ilke stude itemptet:ˀ þer wið ȝe unstr-engðen. ⁊ his mihte waxes. We reden iregum ꝥ ysboset slep'te ⁊ sette awummon
ȝateward | ꝥ windwede hweate. ⁊ comen Recab-es sunes. f. 68va
Remon ⁊ banaa. ⁊ fonden ȝet te wummon istund of hire wind'winge. ⁊ ifolen o slepe. ⁊ wenden in ⁊ slohen ysboseth þe vnseli. ꝥ loke him se uuele. Þe bitacninge þer of is muche ned to vnderstonden. Ys-boset on ebrisch is mon

17 ito *for* ido inohðe *for* inohraðe 28 muh⟨t⟩en: t *interlined with a stroke* 29 ⁊ ȝif *for* ȝif 35 loke *at line-end for* lokede

bimaset on engl-isch. Anis ho witerliche amaset. ⁊ ut of hire wit. ꝥ imiddes hire fan leis hire to slepen. Þe ȝate⸗ward is wittes skile. ꝥ ah to windwe hweate Scheaden þe eiles ⁊ te chaf fram þe cleane cornes. ꝥ is. þurh busi
(M. 272) war-schipe sundre god fram uuel. Do þe hweate i Gerner. ⁊ eauer puffen awei ꝥ deoueles chaf. ꝥ nis nawt bute helle smorðre. Ah þe bimasede ys-boset. lo hu masedliche he dide Sette awummon ȝateward. ꝥ is. fe-ble warde. waila⸗wai as feole don þus wummon is te reisun ꝥ is wittes ski-le hwen hit vnstrengðes. þat schul-de beo monlich. Stale⸗wurðe. ⁊ kene itreowe bileaue. Þis ȝate|ward lis to slepe.ʼ se mon biginnes to consente to sunne. letes lust Gan in⸗ward ⁊ te delit waxen. hwen Re-cabes sunes. ꝥ arn helle
f. 68vb bearnes ifinden swa vnwaker. ⁊ se nesch ȝate-|ward.ʼ Gan in ⁊ slan ysboset. ꝥ is. þe bimasede Gast. ꝥ in a slepi ȝem-les forȝemes hire seluen. ꝥ nis nawt to forȝeten. ꝥ as hali writ seis. ha þurhstihten him dun i þe scheare. Her seis sein Gregorie In inguine ferire est uitam men-tis carnis delectacione perforare. Þe feond þurhwrenches te schea-re.ʼ hwen delit of leccherie þurles te herte. ⁊ tis nis buten islepe of ȝemles ⁊ of slawðe. Seint Gregorie hit witnes. Antiquus hostis mox ut mentem ociosam inue⸗nerit ad eam sub quibusdam occasionibus locuturus ue-nit. Et quedam ei de gestis preteritis ad memoriam reducit. audita quondam uerba indecenter resonat. Et infra. Putruerunt ⁊ deteriorate sunt cicatrices mee. Cicatrix quippe figura est uulneris. sed sanati. Cicatrix ergo ad putredinem redit.ʼ quando peccati uul-nus quod per penitentiam sanatum est ad delectacionem sui animum concutit. Þis is te englisch. Hwen þe alde vn-wine seos ure skile slepe.ʼ he drahes anan toward hire. ⁊ feoles wið hire ispeche. Þenches tu he seis hu þu spek oðer ȝer of flesches Galnesse? And spekes tus ꝥ alde |
f. 69ra respectus inferioris.ʼ Sic cautela est humi-litatis consi⸗deratio superioris. Alswa hwa se bihalt to þeo þat beon of

2 *A letter erased between* Þe *and* ȝateward 6 to *omitted after* bute 22 Antiquus *expanded from MS.* Antiq[9] 33–34 *A folio lost between* alde *and* respectus

lah lif ꝥ makeð him þunchen ꝥ he is of heh lif. Ah (M. 278)
bihald ai upward toward heuenliche men ꝥ clumben se
hehe.ˊ ⁊ tenne schaltu seo hu lahe þu ston-des. Fasten a
seueniht to water ⁊ to bread. to Gedere þreo niht wakien
hu walde hit vnstrengðen þi flesch-liche strengðe. Þus þeos
twa þinges bihald iþi licome fulðe ⁊ vnstrengðe. Iþi sawle
oðer twa. Sune ⁊ ignoraunce ꝥ is unwisedom ⁊ unwitnesse.
for ofte ꝥ tu wenes God.ˊ is uuel ⁊ sawle morðre Bihald
wið wet ehe þine schome sun-nen. Dred ȝet ti wake
cunde. ꝥ is eð warpe. ⁊ sei wið þe hali mon ꝥ bigon to
wepen ⁊ seide þa men talden him ꝥ an of hise feren was
wið a wumman ifles-chliche fulðe fallen. Ille hodie ⁊ ego
cras. ꝥ is. He to dai. ⁊ i to marhen As þah he seide. of ase
unstrong cunde ich am as he was. ⁊ al swuch me mai
limpen bote ȝif godd me halde. Þus lo þe hali mon nefde
of þe oðres fal nan wunderliche ouerhohe. ah biwep his
vnhap. ⁊ dredde ꝥ him alswuch mih-|te bitiden. Oþis wise f. 69rb
eadmodieð ⁊ meˈkeð ow seluen. Bernardus. Superbia
est appetitus proprie excellentie. humili-tas contemptus
eiusdem. Al swa se prude is wilninge of wurðschipe.ˊ
Riht al swa þer to ȝaines eadmodnesse is for-kestinge of
wurðschipe. ⁊ luue of lutel hereword. ⁊ of lahnesse. Þis
þeaw is alre þeawene moder. ⁊ streoˈneð ham euchan. ꝥ
is vmben wið uten hire to Gedere Gode þeawes.ˊ he beo-reð
dust iþe wind. as Seint gregorie seið. Gregorius. Qui sine
humilitate uirtutes congregat.ˊ quasi qui in uento pul-
uerem portat. Þeos ane beoð iburhen. þeos ane wið buhið
þe deueles snares of helle. As ure lauerd scheawde to
Seint Antonie. ꝥ seh al þe world ful of þe deoueles tild-
inge. A lauerd quod he. hwa mai wið þeos witen him. ꝥ
he ne beo wið summe ilaht. Ane þe eadmode quod he ure
lauerd. Swa sutel þing is eadmodnesse. ⁊ swa smuhel. ꝥ
na grune ne mei hire athalden. And lo muche wunder. Þah
ha hire makie se smel ⁊ se meoke.ˊ ha is þinge strongest. (M. 280)
swa ꝥ of hire is euch Gastliche strengðe. Sein Cassiodre |
hit witneð. Omnis fortitudo ex humilitate. Ah Salomon f. 69va
seis te reisun hwi. Vbi humilitas.ˊ ibi sapientia. Þer as

7 Sune *probably for* Sūne (= Sunne)

eadmodnes-se is:ʼ þer he seið is iesu crist. ꝥ is his fader
wisedom. ⁊ his fader streng'ðe. Nis na wunder þenne þah
streng-ðe beo þer as he is. þurh grace inwuniende. þurh
þe strengðe of eadmodnesse. he warp þe þurs of helle. Þe
wake wrastlere nim-eð ȝeme hwat turn his felahe ne con
nawt ꝥ he wið wrastleð for wið ꝥ turn he mei him
hond-linges casten. Alswa dide vre la-uerd. He seh hu
fele þe grimme wr-astlere of helle braid up on his ⁊ warp
wið þe haunche turn in to Galnesse ꝥ rixleð iþe lenden.
Hef on heh monie. ⁊ wende abute wið ham. ⁊ swang ham
þurh prude dun into helle grunde. Þohte ure lauerd ꝥ al
biheld. ischal do þe a turn ꝥ tu ne cuðes neauer. ne ne
mahtes neauer cunne. þe turn of eadmodnesse. ꝥ is te
fallande turn. And fel fram heouene to eorðe. ⁊ strahte
him swa bi þe eor-ðe. ꝥ te feond wende ꝥ he were al |
f. 69vb eorðlich. ⁊ was bilurt mid tat turn And is ȝet euch dai of
eadmode men ⁊ wimmen ꝥ hit wel cunnen On oðer half
as Iob seið. ꝥ he ne mai for prude ȝet bute bihalde hehe.
Omne sullime uident oculi eius Hali men ꝥ halden ham
lutle. ⁊ of lah lif beoð ut of his sihðe. Þe wilde bar ne mai
nawt buhen him to smiten. hwa se falleð adun ⁊ þurh
meoke eadmodnesse strec-ches him bi þe eorðe:ʼ he is
kareles of his tuskes. Þis nis nawt to ȝaines ꝥ. ꝥ ich haue
iseid ear. ꝥ mon schal stonden eauer to ȝaines te deouel.
for ꝥ stondinge is treowe trust. of hardi bileaue. up o
go-des strengðe. Þis fallinge:ʼ eadmod cnawinge of þin
ahen waknes-se. ⁊ of. ⁊ of þin vnstrengðe. ne nan ne mai
stonde swa:ʼ bute he þus falle. ꝥ is. lete lutel tale. ⁊
(M. 282) unwurð. ⁊ eaðeliche. eauer to him seluen. Bihalde his
blac. ⁊ nawt his hwit. for hwit awilgeð þe ehe. Eadmod-
nesse nẹ mei neauer beo ful ipreiset. for ꝥ was te lescun
ꝥ ure lauerd inwardlukest learede hise icorene. baðe wið
f. 70ra werc ⁊ wið | word. Discite a me quia mitis sum ⁊ humilis
corde In him he heal-des nawt ane drope malim:ʼ ah
flowinde wattres walles of his grace. as seis te salmewrihte.

8 hupe *omitted after* his 19 sullime *for* sublime 27 ⁊ of *incorrectly repeated* 34 malim (*?*): *an uncertain arrangement of minims in MS. and no diacritic mark over* i; *perhaps for* melum

Qui emittis fontes in conuallibus. Iþe dales þu makes he seis walles to sprinken. Heorte bollen ⁊ heuen as hul. ne athaldes na wette of his grace. Abledder ibollen of wind. ne dewes nawt into þase halewinde wattres. ah anelde prickinge warpes al ꝥ wind ut. An eðeli stiche oðer warch makes to understonden. hu lu-tel prude is wurð. hu eGede is orhel. Ondes salue isei-de wes felahschipes luue. ⁊ god vnninge. ⁊ Godwil. þe mihte of goddede wontes. Swa muche strengðe haues luue. ⁊ godwil ꝥ hit makes oðres god ure god as wel as hares ꝥ hit wurches Sulement luue his god. beo wel cweme. ⁊ glad þrof. Þus tu | turnes hit to þe. ⁊ makes hit þin ahen. Sein Gregorie f. 70rb hit witnesses. Aliena bona si diligis.ʼ tua fa-cis. Ȝif þu haues onde of oðres god.ʼ þu attres te wið haliwai. ⁊ wun-des te wið salue. Þi salue hit is ȝif þu hit luues aȝain sawle hurtes. ⁊ ti strengðe aȝain þe feond. Is al ꝥ oðer dos. ȝif þu hit wel unnes witerliche ileue. ne schulen flesches fondinges na mare þenne Gastliche meistre þe neauere. ȝif þu art swete iher-ted. eadmod ⁊ milde. ⁊ luuest swa inwardliche alle men ⁊ wummen ⁊ nomeliche ancres baðe þi-ne breðre. ⁊ tine leue sustres ꝥ tu be sari for hare uuel. ⁊ of hare God glad as of þin ah-en. Vnnen ꝥ al ꝥ luues te.ʼ lu-uede ham as te. ⁊ dide ham fro'ure as te. ȝif þu haues cnif oðer clað. oðer mete oðer dr-inch. scrowe oðer cwaier. hali monnes froure. oðer ani oðer | (M. 284) þing ꝥ ham walde frouren. vnne ꝥ tu hauedes wonte f. 70va þer of þe self. wið þon ꝥ ho hit hafden Ȝif ani is ꝥ naues nawt teher-te þus afeited.ʼ wið sorhfule sikes baðe bi dai ⁊ bi niht grete on vre lauerd. ne neauer grið. ne ȝiue him til ꝥ þurh his grace he haue him seluen swuch aturnet.

Salue of wraððe iseide was þolemodnesse. ꝥ haues þr-eo staires. heh ⁊ herre ⁊ alre hest ⁊ nehst te hehe heuene. Heh is te staire. ȝif þu þolest for þi Gulte. Herre.ʼ ȝif þu naues gult Alre hehst.ʼ ȝif þu þoles for þi Goddede. Nai

5 prickinge: g *altered from* d 7 *A space sufficient for two or three letters before* Ondes, *which has a large red capital written over* o 10 hares *sic* 27 wið *expuncted after* of

seis sum mad þing ȝif i hafde Gult þer to:ˊ inalde neauer meanen. Artu ꝥ swa seist ut of þi wit. Is te leuere to beo Iudase felahe. þen iesu cristes fere. Baðe weren ahonget. Ah Iudas Iudas for his Gult. Iesu wið uten Gult. for his muchele Godleic wes honged o rode

f. 70vb Hweðeres fere wil tu beon? Wið hweðer wil tu þolien. Of þis is wri|ten þruppe muchel. hu he is ti file. ꝥ mis seis te oþer mis dos Nis hit Or acurset ꝥ is swartere ⁊ ruhere se hit is ifilet mare ⁊ rustes te swidðre ꝥ mon hit scu-res harde? Gold. Siluer. Irn. stel al is or. Gold ⁊ seluer clensen hom of hore dros i þe fur. Ȝif þu Gederes dros þrin:ˊ ꝥ is aȝain cunde. Þe caliz ꝥ wes þrinne imalt. ⁊ strongliche iwallet. ⁊ siðen wið se moni dunt. ⁊ fro-tinge to godes nap se swiðe feire afeiet. walde he ȝif he cuðe speken warien his clansing fuir. ⁊ his wrihte honden? Ar-gentum reprobum uocate eos Al þis world is Godes smið. to smiðen hiṛẹ⟨se⟩ icorene. wil tu ꝥ godd naue na fur iþi smi-ðie. ne balies. ne hameres? fur is schome ⁊ f. 71ra pine. þine balies arn:ˊ ꝥ mis seien þe. þine ho-|meres:ˊ ꝥ te harmen. Augustinus. Quid gloria-tur impius si de ipso flagellum faciat pater meus. Þench of þis esaum-ple. (M. 286) hwen dai of rest is iset. ne dos he schome to þe domes mon ꝥ o þis half þe sette dai brekes te triws ⁊ wrekes him o þe oðer on him seluen. And hwa ne wat ꝥ domes dai nis te dai iset. to do riht to alle men? halt te triws te hwiles. hwat woh se mon dos te. þe rihtwise de|me haues iset te dai to don riht bitwenen ow. Ne do þu him nawt schome. forhohe þe wrake of his dom ⁊ nime to þine ahne. Twa þinges arn ꝥ ure lauerd haldes to him self ꝥ arn. wurðschipe ⁊ wrake. as hali writ witneð. Gloriam meam alteri non dabo. Item. Mi-chi uindictam ⁊ ego retribuam Hwase eauer on him self takes owðer of þise twa:ˊ he f. 71rb robbes godd ⁊ reaues. Deale art tu | se wrað mið mon oðer wið wummon ꝥ tu wilt for to wreke þe:ˊ reaue Godd wið strengðe?

4 Iudas Iudas: *line-end between words* 5 *After* rode *a wavy line in black ends the paragraph* 14 afeiet *for* afeited 17 hiṛẹ⟨se⟩: se *interlined*

Accidies salue is Gastliche gladschipe. ⁊ froure of glad-ful hope. þurh redinge. þurh hali þoht. oðer of monnes muðe. ofte leoue childre ȝe schulen ure lesse for to rede mare. Redinge is god bone. Redinge teaches hu ⁊ hw-at mon schal bidden. And beode bi-ȝeotes hit after. Amiddes te re-dinge hwen þe heorte likes cumes up a deuotiun ꝥ is wurð monie bones. forþi seis Seint Ierome. Semper in manu tua sacra sit lectio. Tenen-ti tibi librum sompnus surripiat. ⁊ ca-dentem faciem pagina sancta susci-piat. Hali redinge beo eauer iþine honde. Slep Ga up oþe as tu lokes þron. ⁊ te hali pagine kepe þi fallende neb. Swa þu schalt reden ȝeornliche ⁊ longe. Euch þing þah mon mai ouer don. Best is eauer mete.

Aȝeines ȝiscinge iwalde ꝥ orðre schumeden as ȝe don f. 71va gredinesse. To muchel frelaic c̨un-dles hire ofte. Fre iherted ȝe sch-ulen beo. Anker of oðer frelaic haues ibeon oðerhwile to freo of hire seluen

Galnesse cumes of ȝiuer-nesse. ⁊ of flesches eise. for (M. 288) as Seint Gregori seis. Mete. ⁊ drinc ouer riht teames þreo teames lihte wordes ⁊ lihte werkes. ⁊ lec-cheries lustes. vre lauerd beo i þonket ꝥ haues of ȝiuernesse hea-led ow wið alle. Ah galnesse ne beos neauer allunge cleane acwe-nct. of flesches fondinge. Ah þat vnderstondes wel ꝥ þreo degrez arn þer in. as Seint Bernard hit witnes. Þe forme is cogitatiun Þat oðer. is affectiun. Þe þrid-de is consence. Cogitatiuns arn flihinde þohtes. þat ne lasten nawt. Þase as sein Bernard seis. ne hurten nawt te sawle. Ah þah ha bispotten hire wið | hare blake f. 71vb speckes. ꝥ nis ho nawt wurði. ꝥ iesu hire lefmon ꝥ is al fair. bicluppe hire. ne cusse hire. ear ho beo iwaschen Swuch fulðe as hit harmes lihtliche. lihtliche gas awai wið uenies. wið Confiteor wið alle goddedes. Affectiun is hwen þe þoht Gas inward. ⁊ te delit cumes up ⁊ te lust wax-es. þenne as was spotte ear up o þe hwite huide' þer waxes wunde. ⁊ deopes in toward te sawle. after ꝥ te

9 faciem: c *resembles* t *in MS.* 13 *After* mete. *a wavy line in black ends the paragraph* 14 orðre *for* oðre schumeden *for* schuneden 33 Gas: s *altered from* r

lust Gas. ⁊ te delit þrin forðre ⁊ forðre þenne is ned to ʒeien. Sana me domine. A lauerd iheal me for ich am iwundet. Ruben primogenitus meus. ne crescas Ruben þu reáde þoht. þu blo-di delit. ne waxe þu neauere. Consence. ꝥ is skiles ʒeatinˈge. hwen þe delit i þe lust is igan se ouer forð. ꝥ ter nere na wiðsahe. ʒif þer were eise. to þe fole dede. þat is. hwen | (f. 72ra) þe herte drahes to him unlust ase þing ꝥ were amaset. ⁊ feo-les on as to win⸗ken to lete fe-ond inwurðen. ⁊ leis him self du-neward. Buhes him as he biddes ⁊ seis crauant. crauant. ase swoh-nende. Þenne is he kene ꝥ was ear curre. Þenne leapes he to þe stod. earst feorrento. ⁊ bites de-aðes bite o godes deore spuse. a-wis deaðes bite. for hise teð arn attrie. as of a wod dogge. Dauid iþe sauter calles him dogge. Erue aframea deus animam meam.ʼ ⁊ de manu canis unicam meam.

(M. 290) Forþi mine leue sustre sone se þu underʒetes ꝥ te dogˈge of helle cumes snakerande wið hise blodi flehes of stinken-de þohtes. ne li þu nawt stille. ne ne sitte nowðer. to loken hwat he wile don. ne hu feor he wile Gan. Ne sei þu nawt slepinde. Ame dogge Ga her ut. hwat wilˈtu nu her inne? þis tolles him inward. Ah nim anan þe rodestaf | (f. 72rb) wið nempninge iþi muð. wið þe mer-ke iþin hond. wið þoht iþin heorte And haue ut hetterliche þe fule cur dogge. ⁊ liðere to him liðerli-che. wið þe hali rode staf.ʼ stronge bac duntes. ꝥ is. lut up ⁊ sture þe. Hald up ehnen on heh ⁊ hon-des toward heuene ʒei after sucurs. Deus in adiutorium meum intende. Domine ad adiuuandum me. Veni creator spiritus. Exurgat deus ⁊ dissipentur inimici eius.ʼ et fugiant qui oderunt eum a facie eius. Deus in nomine tuo saluum me fac. Domine quid multiplicati sunt. Ad te domine leuaui animam meam. Ad te leua-ui oculos meos. Leuaui oculos me-os. Sai þe salmes al ouer. Ʒif þe ne cumes sone help.ʼ ʒei

7 delit *expuncted after* fole 9 inwurðen *for* iwurðen 13 a-wis *for* i-wis 24 haue *for* hate 26 lut *sic* 31 *After* Deus *a blank strip of parchment has been pasted over the rest of the line to repair a small cut*

luddre wið hat herte. Vsquequo domine ob-liuisceris me in finem. And swa al þe salm ouer. Pater noster. Credo. Aue maria. wið halsande bones o þin ahne leodene. smit smert-liche adun þe cneos to þe eorðe ⁊ breid up þe rode staf. ⁊ swench | him o fowr half aȝain helle dog-ge. ꝥ nis f. 72va nawt elles. bute blesce þe al abute. wið þe eadi rode taken. Sp-it him amid te beard to hoker. ⁊ to schoarne ꝥ flikeres swa wið þe ⁊ fikes dogge faheninge. hwen he for swa liht wurð.' for þe likinge of alust ane hondhwile cheapes ti saw-le. Godes deore bugging ꝥ he boh-te o rode wið his blod. ⁊ wið his deo-rewurðe deað o þe deore rode. A bi-halde hire wurð ꝥ he peaiede for hi-re. ⁊ deme þer after hire pris ⁊ beo on hire þe deorre. ne sel þu neauer for se eaðeliche to his fa ⁊ tin eiðer. his deorewurðe spuse. ꝥ costne-de him se deore. to make deoueles hore of hire.' is reowðe ouer reowðes To unwreaste wið alle ho is. ꝥ mei for to heuen up hire þre fingres ouer cumen hire fan. ⁊ ne luste for slawðe. Hef forþi wið treow ⁊ har-di bileaue up þine þreo fingres. ⁊ wið þe hali rodestaf. ꝥ him is laðest (M. 292) cuggel.' lei oþe dogge deouel. Nemp-ne of iesu. Clepe his passiunes help Hailse bi hise pines. Bi his deore-|wurðe f. 72vb blod. Bi his deað o rode. flih to hise wundes. Muchel he luuede us ꝥ lette swa makien sw-uche þurles in him for to huiden us in. Creop in ham wið þi þoht ne arn ho al opene? And wið his deorewurðe blod biblodeke þin herte. In= gredere in petram ⁊ abscondere fossa humo. Gas in to þe stan he seis te prophete. ⁊ huid te þu doluen iþe eorðe. ꝥ is iþe wundes of ure la-uerdes flesch. ꝥ was as idoluen wið þe dulle nailes. as he iþe sawter longe bifore seide. Foderunt manus meas ⁊ pedes meos ꝥ is. ho duluen me þe fet ⁊ te hondes. ne seide he na-wt þurleden. for after þis lettre as ure meistres seien. swa weren þe nei-les dulle ꝥ ho duluen his flesch ⁊ tobreken þe ban mare þen þurle-den. to pinen his licome. He him self cleopes te

12 *A space sufficient for two or three letters left between* ⁊ *and* deme *to avoid a small cut in the parchment, repaired on the reverse of the folio* 13–14 for se *for* se 20 of *for* ofte 26 Gas *or* Ga 27 þu doluen iþe eorðe *for* iþe do u

toward tose wun-des. Columba mea in foraminibus petre. in cauernis macerie. Mi cul-ure he seis cum hud te iþe þur-les of mine limes. Muchel lu-ues he þe culure. ꝥ
f. 73ra he swuch | hudles makede iþe hole of his si-de. loke þu ꝥ he calles culure ꝥ tu haue culure cunde. ꝥ is wið uten galle. ⁊ cum to him baldeliche. ⁊ ma-ke scheld of his passiun. ⁊ sei wið Ieremie. Dabis scutum cordis labo-rem tuum. ꝥ is. Þu schalt ȝiue me lauerd hertescheld aȝain þe fend þi swincfule pine. ꝥ hit swincful was:' he scheawde hit openliche inoh þa he swatte blodes dropes ꝥ runnen dun to þe eorðe. Mon schal halden scheld i feht up abu-uen his heaued. oðer aȝain þe bre-oste. ⁊ nawt ne drahe bihinden. Alriht alswa ȝif þu wult ꝥ te rode scheld ⁊ Godes stronge passiun false þe deueles wepnes:' ne dra-he þu hit nawt after þe. Ah hef hit on heh abuuen þin herte heaued iþine breoste ehne. Hald hit up to ȝain þe feond.
(M. 294) Scheaw hit him witerliche. þe sihðe þer of ane brin-ges him o fluhte. for baðe him gri-ses ter wið ⁊ schomes ut of witte after ꝥ ilke time ꝥ ure lauerd ter wið brohte swa
f. 73rb to grunde his | cwuinte couerschipe. ⁊ his prude strengðe Ȝif þu þurh þi ȝemles weres te on earst unwreastlich. ⁊ ȝiues te feond inȝong to forð iþi frumðe. swa ꝥ tu ne maht nawt recuilen him a-ȝainward for þi muchele unstreng'ðe. Ah art ibroht swa ouer forð. ꝥ tu ne maht tis scheld halden iþin her-te. ni wrenchen hire þer vnder framward te deueles arewes:' Nim þe on earst forð Sein Beneites Salue. þah ne þarf hit nawt beon se ouer strong as hit was. ꝥ of þe wale-winge. Rug. ⁊ side. ⁊ wombe. urnen ab o gure blod. Ah þehweðere ȝif þeself hwen þe strongest stont a smert discipline. ⁊ drah as he dide ꝥ swete likinge. into asmertinge. Ȝif þu þus ne dost nawt. ah slepende wereste:' he wile Ga to forð o þe ear þu least wene. ⁊ bringe of ful þoht. into de'lit of ful lust. ⁊ swa he bringes al ouer. to skiles ȝeatinge. ꝥ is deað-liche sunne wið uten þe dede. ⁊ swa is ec þe delit of ꝥ stinkinde lust wið uten graut of þe werc se longe hit

3 luues *expuncted and crossed out after* he 22 iþi *for* iþe
36 graut *probably for* graūt (= graunt) ?

mai lasten. Nunquam enim iudicanda | est delectatio esse f. 73va morosa. dum ratio reluctatur ⁊ negat assen-sum. Hwen þe skile ne fehtes na lengere. þer to ȝaines. for þi leoue sustre. as ure lauerd lea-res totred te neddre heaued ꝥ is te biginne of his fondinge. Be-atus qui tenebit ⁊ allidet paruulos suos ad petram Eadi is seis dauid ꝥ wið haldes him on earst. ⁊ to breo-kes to þe stan þe earste sturin-ges. hwen þe flesch arises hwil ꝥ ho beon ȝunge. Vre lauerd is icleopet stan for his treowenes-se. ⁊ In canticis. Capite nobis uulpes paruulas que demoliuntur uineas Nim ⁊ cacche us leofmon anan þe ȝunge foxes. þe earst prokinges He seis ure lauerd ꝥ struien þe win-ȝeardes. ꝥ arn ure sawles. ꝥ mot muche tilinge to:ʼ to (M. 296) beo-ren win beries. Þe deouel is beo-re cunnes. ⁊ haues asse cunde for he is burðen strong bihinde ⁊ feble iþe heaued. swa is beore ⁊ asse. ꝥ is iþe frumðe. Ne ȝif | þu f. 73vb him neauer ingong. ah tap him oþe cholle. for he is arh ase beore þron. And hih him swa þeneward ⁊ ascur him se schomeliche sone se þu vnderȝetes him. ꝥ he halde him ischend. ⁊ tat him grise wið þe stude ꝥ tu wunest inne. for he is þing prudest. ⁊ him is scho-me laðest. Al⸗swa leue suster sone se þu eauer felest ꝥ tin her-te wið luue falles to ani mon awiht ouermete. ananrihtes beo war of þe neddre attre. ⁊ to tred his heaued. Þe cwe-ne seide ful soð ꝥ wið a strea brohte o brune alle hire wa-nes. ꝥ muche cumes of lutel Nim nu ȝeme hu hit fares Þe sparke ꝥ wendes up ne bringes nawt ananriht þe hus al o leie. Ah lis ⁊ cacches mare fur. ⁊ fostres forð. ⁊ waxes fram lasse in to mare. aðat al þe hus blase forð ear mon least wene. ⁊ te deouel blawes | to. fram ꝥ hit earst f. 74ra cundles. ⁊ m-uccles his balies eauer as hit waxes vnder⸗stond tis bi þe seluen. A sihte ꝥ tu sest. oðer lepi word ꝥ tu mis heres. ȝif hit ewt stures te:ʼ cwe-nch hit wið teares water. ⁊ wið iesu cristes blod hwil hit is a sparke ear þen hit waxe ⁊ ontende swa ꝥ tu hit ne muhe cwenchen. for hit times ofte. And hit is riht Godes dom.

2 Hwen: *a letter erased between* w *and* e, *and* w (*wyn*) *perhaps altered from some other letter* 31 balies *for* bali bles

ꝥ hwa ne dos hwen he mai.ʼ he ne schal hwen he wal-de. (M. 298) Moni cunnes fondinge is in þis feorðe dale. R mislich fro-ures ⁊ moni falde salues. Vre lauerd ȝiue ow grace ꝥ ho ow mo-ten helpe. Of alle þe oðre þenne is schrifte þe bi⸗heouest. of hit schal beo þe fifte dale as I bihet þruppe. ⁊ nimes ȝeme hu euch falles in to oðer as ich ear seide.

Twa þinges nimes ȝeme of schrifte iþe biginn-inge. þe earre.ʼ of hwuch mihte hit beo. þe oðer.ʼ hwuch f. 74rb hit schule beon. þise arn nu as | twa limes. ⁊ eiðer is to dealet þe earre.ʼ on sexe. þe oðer.ʼ on Sextene stuc⸗ches. Nu is tis of þe earre. Schrift haues monie mihtes. Ah nulich of alle seggen bute sixe. Þreo aȝain þe deuel. And þreo on us seluen. ¶ Schrifte schendes te deuel. hackes of his heaues And to dreaues his ferd. Schr-ifte wasches us of alle ure sun-nes. Ƃeldes us alle ure lures Makes us Godes childre. Aiðer haues hise þreo. Preoue we nu alle. Þe firste þreo arn al ischeawede in Iudithe dede. Iu-dith. þat is schrift. as was ȝare iseið. sloh Olo⸗ferne. ꝥ is te fend of helle. turn þruppe þer we spe-ken of fuhelene cunde ꝥ is e-uenet to anker. Ha hackede of his heaued ⁊ scheawede hit to þe burh preostes. þenne is te feond ischend hwen men schea-wes ischrift alle hise cweadschi-pes. Compuncte consciencie in cubiculo absci⸗ f. 74va dunt caput eius. | His heaued is ihacket of ⁊ islain i þe mon sone as he is riht sari for hise sunnes. ⁊ haues schrift on her-te Ah nis he nawt ta ȝette isch-end hwil his heaued is ihud as di-de on earst Iudith ear hit beo isch-eawet. Vagao. Vna mulier hebrea id est Iudith. fecit confusionem in domo regis nabugodonosor. ꝥ is. ear (M. 300) þe muð ischrift do ut te heaued sunne. nawt te sunne ane. ah al þe biginninge þer of. And te fore-rideles. ꝥ brohten in þe sunne. ꝥ is þe deoueles heaued ꝥ mon schal to treden anan as ich ear seide. þenne fleos his ferd anan as dide olo-fernes. Hise wrenches ⁊ hise wiles ꝥ he us wið asailȝes. don ham alle ofluht. ⁊ te burh is arud ꝥ

2 R *sic* 14 heaues *for* heaued 18 iseið *for* iseid
23–24 abscidunt *for* abscidit 24 he is *probably omitted after* ⁊
28–29 *In Nero, Latin follows* seide, *l.* 33 *below*

ha hefde biset. ꝥ is to seien. þe sune'fule ideliuret. Iudas Machabeu hwa stod aȝeines him ? Alswa in Iudicum. þe folc ꝥ hit askede after Iosues deað. hwa schulde beon hore Duc ⁊ leaden ham iferde. Quis erit dux noster. In Iudicum. Iudas ascendet vre lauerd onswerede. Iudas sch-al Gan biforen ow. ⁊ iwile owre | faes lond biteachen f. 74vb in his honden. Lokes nu ful ȝeorne hwat tis beo to seggen. Iosue speles hea-le. ⁊ Iudas schrift. as Iudith þenne is Iosue dead.' hwen sawle heale is forlorn wið ani deadlich sunne. Þe sunfule him self.' is te vnwihtes lond. ꝥ is. ure deaðlich fea. Ah þis lond ure lauerd bihet to biteachen into Iudase hond forhwi ꝥ he Ga biforen. Schrift lo is Gunfaneur. ⁊ beres te banere biforen al Godes ferd. ꝥ arn gode þeawes. Schrift reaues te feond his lond. ꝥ is te sunefule mon. ⁊ al to dreaues chanaan þe fen-des ferd of helle. Iudas hit dide licomliche. ⁊ schrift ꝥ he bitac-nes.' dos Gastliche ꝥ ilke. Þise beon þre þinges. ꝥ schrift dos o þe deouel. Þe oðer þreo þinges ꝥ hit dos on us self arn her iwri-ten after. Schrift was-ches us of alle ure sunnes. ⁊ of alle ure fulðes. for swa hit is iwri-ten. Omnia in con⸗fessione lauantur Glosa super. Confitebimur tibi deus confi-tebimur. And tis. was bitacnet þa | Iudith weosch f. 75ra hire ⁊ despoilȝede hi-re of widewene schrudinge. ꝥ was merke of sorhe. ⁊ sorhe nis buten of sunne. Lauit corpus suum et ex-uit se uestimentis sue uiduita-tis. Schrift eft (M. 302) al þe God ꝥ we hafden forlorn þurh heauet sunne bringes aȝain ham. ⁊ ȝeldes al to Gederes. Ioel. Reddam uo-bis annos quos comedit locusta ⁊ brucus. rubigo ⁊ erugo. þis was bi-tacnet þurh ꝥ Iudith schrud-de hire wið halidaies wedes. ⁊ fairehede hire utewið as schrif-te dos us inne⸗wið. wið alle faire aurnemenz ꝥ blisse bitacnen And ure lauerd seis þurh zacha-rie. Erunt sicut fuerant antequam proieceram eos. ꝥ is. Schrift schal ma-kie þe mon al swuch as he was bifo-re þe sunehinge. Ase cleane ⁊ ase feir ⁊ ase riche of alle Gode ꝥ limpes to þe sawle. Þe þridde þing ꝥ sch-rift dos us seluen is te fruit of þase oðre

3 ꝥ *for* þa 11 fea *for* fa 19 *A space sufficient for two letters before* Schrift, *which has a large black capital*

twa ⁊ endes ham baðe. ꝥ is. ma-kes us Godes childre. Þis f. 75rb is bitac-net þer bi. ꝥ Iudas jn Genesi. Bi-|ȝet of Iacob Beniamin. Benia-min seið ase muchel as sune of riht half. Iudas ꝥ is schrift. al-swa as Iudith for baðe ho spelen an on ebrische leodene. Þis ga-stliche iudas biȝet of Iacob his fader. ꝥ is of ure lauerd to beo his rihthondes sune. ⁊ bruke buten ende þe eritage of heuene. Nu we habben iseid of hwuch mihte schrifte is. hwucche efficaces hit haues. ⁊ inempnet sixe. loke we nu ȝeornliche. hwuch schule beo schrifte ꝥ beo of swuch strengðe. ⁊ for to scheawen hit bettre:ʼ Deale we hit nu þis lime on sextene distin-ctiuns.

chrifte schal beo wreiful. Bittre wið sorhe. Hal. Na-ked. Ofte maket. Hihful. Ead-mod. Schomeful. dredful. Hope-ful. Wis. Soð. Willes. Ahne. Stu-defast. Biþoht bi fore longe. Her arn nu as þah hit weren sextene stucches ꝥ arn ifeiet to schrift ⁊ we schulen of (M. 304) f. 75va euchan sum word sunderliche seien. Schrift schal | beon wreiful. Mon schal wreien him ischrift. nawt escusen him ⁊ seien. Ich hit dide þurh oðre. I was iþrat ter to. Þe feond hit makede me to don. Þus eue ⁊ adam wereden ham. A-dam þurh eue. ⁊ eue þurh þe ned-dre. Þe fend ne mai nede na mon to na sunne þah he egge þer to Ah ful wel he letes of hwen ani seið ꝥ he makede him to sunehen. As þah he hefde strengðe ꝥ nauis nan wið alle bute of seluen. Ah ho ah to seien. Min ahen vnwraste⸗le⟨i⟩c hit dide. ⁊ willes ⁊ wealdes ich be-ah to þe deuel. Ʒif þu wites ani þing þi sunne bute þe seluen. þu ne schriues te nawt. Ʒif þu seist ꝥ tin unstrengðe ne mihte nawt elles:ʼ þu wrenches ti sunne on godd ꝥ makede þe swuch ꝥ tu bi þi tale wið stonde ne muhtes. wreie we us seluen. for lo hwat seint pawl seis. Si nos ipsos diiudica-remus:ʼ non utique iudicaremur. ꝥ is. Ʒif wreien her wel ⁊ demen her us seluen:ʼ we schulen beo cwite of wreingṇẹ at te muchele dome. þer as Seint Anselme seis þise dredfule f. 75vb wor-|des. Hinc erunt accusantia peccata Illinc terrens

12 *Spaces left for two-line initial* S *before* chrifte *and* Bittre
25 us *omitted after* of 25–26 vnwrastele⟨i⟩c: i *interlined with a stroke*

iustitia. Supra.' iratus iu-dens. Subtra.' patens horridum cha-os inferni. Intus urens consciencia. foris ardens mundus. Peccator sic deprehensus. in quam partem se premet. O ꝥ an half o domes dai schulen ure swarte sunnes strongluche bi-calle us of ure sawle murðer. O þe oðer half stondes rihtwisnesse ꝥ na reowðe nis wið. Dredful ⁊ grislich ⁊ grureful to bihalden. Buuen us.' þe harde deme. for ase softe as he is her.' ase hard he beos ter. As milde as he is nu.' ase sturne þenne. lomb her liun þer. as te prophete witnes. leo rugiens quis non timebit? þen þe liun schal þer greden he seis. hwa ne beon offearet? Her we clepen him lomb as ofte as we. Agnus dei qui tollis peccata mundi. Nu as ich seide schule we seo buuen us. þis ilke harde deme ꝥ is eche witnesse ⁊ wat alle ure Gultes. Bineðen us ȝoniende þe wide þrote of helle. Inwið us seluen.' ure ahne concience. ꝥ is ure inwit. | (M. 306) f. 76ra forswiðande hire seluen wið þe fur of sunne. wið uten us.' al þe world leitende al oswart leie. up into þe skiwes. þe sari suneful þus biset hu schal him bistonde þenne. To hwuch of þase fowre mai he him biwenden? Nis ter bute heren þat harde word. ꝥ waword. ꝥ grisfule word grureful ouer alle. Ite ma¦ledicti in ẹ⟨i⟩gnem eternum qui preparatus est diabolo et angelis eius. Gas ȝe awa¦riede ut of min ehesihðe into þe eche fur.' ꝥ was igreiðet to þe fe-ond ⁊ to hise englis. ȝe forhohe-den mi dom ꝥ ich demde mon to ꝥ was to liuen iswinc ⁊ in sar on eorðe. ⁊ ȝe schulen nu for þi habben deoueles dom. bearne wið him echeliche iþe fur of h-elle. wið þis schulen þe forlorene warpen aswuch ȝur.' ꝥ heuene ⁊ eorðe muhen baðe grimliche agrisen. for þi seint Austin lu-ueliche us leares. Ascendat homo tribunal mentis sue si illud cogitet quod oportet eum exiberi ante tribu-nal Christi. Assit accusa⸗trix cogitatio testis conscientia. Carnifex.' timor | ꝥ is. f. 76rb þenche mon o domes dai ⁊ deme her him seluen þus

1 iu-dens *for* iu-dex Subtra *for* subtus 5 strongluche *for* strongliche 10 rugiens *for* rugiet 11 schal *or* mai (mei) *omitted after* ne 12 singen *omitted after second* we 22 ẹ⟨i⟩gnem: i *interlined* 31 cogitet *for* cogitat

oþise wise. Skile sitte as deme o þe dom setele. kume þer after fo-rð his þoht. þohtes munehin-ge. wrei him. ⁊ biclep him of mis'liche sunnes. Bel ami þis tu di-des ter. ⁊ tis ter. ⁊ tis ter. ⁊ o þisse wise. His inwit beo hit cnawe ⁊ beore witnesse. Soð hit is þis ⁊ muccle mare. Cu-me forð þer after fearlac þurh þe deme hest. ꝥ heterliche seie. Tac him hetefaste. for is de-aðes wurðe. Bind him swa euch lime ꝥ he haues wið isunehet ꝥ he ne muhe wið hom sunehe na mare. Fearlac haues him bunden. hwen he ne dar for fear-laic sturien toward sunne. ʒet nis nawt te deme ꝥ is. skile i-paiet. ꝥ he beo ibunden. ⁊ hal-de him wið sunne.' bute ʒif he a'bugge þe sunne ꝥ he wrahte. ⁊ clepes forð pine ⁊ sorhe. ⁊ bides ꝥ sorhe beate inwið þe heorte wið sar bireowsinge. swa ꝥ hi-re suhie. ⁊ (M. 308) f. 76va pine þe flesch ute | wið. wið fastinge ⁊ wið oðre flesch'liche sares. Hwase oþise wise bifo-re þe muchele dom demes her him seluen.' eadi he is ⁊ seli. for as te pro-phete seis. Non iudicabit deus bis in idipsum. Nule nawt ure lauerd ꝥ an mon for an þing beo twies idemet. Hit nis nawt igodes curt as iþe schire. As þea þat nicken wel muhen beo iburhen. ⁊ ful ꝥ is icnawen. Bifore godd is oðer weis Si tu accusas.' deus excusat. Et ui-ce uersa. Ȝif þu wreis te her.' Godd wile were þe þere. ⁊ skere þe wið alle at te narewe dom. for hwi ꝥ tu deme þe as ich itaht habbe.

Schrift schal beo bitter aʒa-in ꝥ te sunne sumcher þuh-te swete. Iudith ꝥ speles schrift as ich ofte habbe iseid was mara-rithes dohter. And Iudas ꝥ is ek schrift. wiuede o thamar. Mara'rith ⁊ thamar baðe ha spelen bitternesse on ebreische leode-ne. Nimes nu ʒeorne ʒeme of þe bitacninge. Ich hit seie schortliche. Bitter. Sar. ⁊ f. 76vb schrift ꝥ an mot cume of ꝥ oðer. as | Iudith com of mararith. ⁊ baðe arn somen ifeiet. as Iudas ⁊ tha-mar. for nowðe wið uten oðer. nis nawt wurð oðer lutel. Phares ⁊ zaram ne timeð ham neauer. Fowr þinges ʒif mon þenches ꝥ heaued sunne dude him.' mai maken him to sorhen. ⁊ bittrin his heorte. lo þis is te forme. Ȝif amon hefde losed in an time of þe dai his fader. ⁊ his moder.

33 nowðe *for* nowðer

hise sustre ⁊ hise breðre. ⁊ al his cun. ⁊ alle hise freond ꝥ he eauer hauede we-ren istoruen ferliche. nalde he ouer alle men sorhful beo ⁊ sari? As he eaðe mihte? Godd hit wat he mei beo vnimeteliche sorh'fulre ꝥ haues wið deað⸗liche sunne Gastliche islain godd inwið his sawle. Nawt ane forloren þe swete fader of heuene ⁊ seinte marie his ʺmoderʺ deorewurðe oðer hali chirche. hwen he of hi-re naues ne mare ne lasse. ⁊ te engles of heuene. ⁊ alle hali hal-hes ꝥ weren him ear for breðre. ⁊ for sustren ⁊ for (M. 310) freond.' Ah to him ho beon deade. as oneuent | him is f. 77ra haues islein ham alle. ⁊ haues her as he liues aa.' laððe of ham alle as Ieremie witnes. Omnes ami-ci eius spreuerunt eam facti sunt ei inimici ꝥ is al ꝥ him luuede. ȝeien spi him on ⁊ hatien him alle. ȝet ma-re. his childre sone se he sunehe-de deadliche.' deien alle cleane. ꝥ arn his gode werkes ꝥ arn forlo-ren alle. ȝet up on al þis ilke. he is him self biwrixlet ⁊ bicumen of godes child þe deueles bearn of helle eaterliche to se onne. As godd self i þe godspel seis. Vos ex patre diabolo estis. Þench euch of his estat ꝥ he is. oðer was in. And he mai seo hwer fore he ah to sike sa-re. forþi seis. Ieremie. Luctum unige-niti fac tibi planctum amarum. Make bitter man as wif dos for hire child ꝥ naues bote him ane ⁊ ses hit bi-fore hire ferliche astoruen. Nu ꝥ oðer ꝥ ibihette. amon ꝥ were idem-et for aluðer murhðre to beon for barnd al cwic. oðer schomeliche i-honget. hu walde his herte stonde? Me þu vniseli sunneful þa þu þurh | deadliche sunne f. 77rb murðredes godes spuse ꝥ is ti sawle.' þa þu were idemet for to beon ihonget o bearninde wari-treos iþe eche fur of helle. þer þu makedes foreward wið þe deouel of þi deað ⁊ seidest. wið ysaie. wið þe forlorene. Pepigimus cum morte fedus. ⁊ cum inferno iniuimus pactum. ꝥ is. we ha-uen treowðe ipliht deað. foreward ifest wið helle. for þis is te feondes chaffare. He ȝiue þe sunne. ⁊ tu ȝi-ue him þi sawle ⁊ ti bodi to wið alle to weane ⁊ to wondreðe world buten ende. Nu þe þridde schortliche. A mon ꝥ hafde al þe world owalde ⁊ haf-de for his

7 ʺmoderʺ deorewurðe *marked for transposition*

cwedschipe forlorn hit al on a stunde. hu he walde murnen ⁊ sari iwurðen. þenne ahes tu to beon hundreð siðe sarier. ꝥ þurh an heauet sunne forlure þe riche of heuene. forlure ure lauerd ꝥ is hun|dreð siðe. ȝea þusand siðe betere þen is al þe world eorðe baðe ⁊ heuene Que enim conuentio Christi ad Belial? Nu ȝet te feorðe. ȝif (M. 312) þe king haf-de bitaht his deorewurðe sune his an cniht f. 77va to witene. ⁊ vnþeode | ladde forð his sune in his warde. swa ꝥ tis child self weorrede up on his fader wið ꝥ unþeode. nalde ꝥ cn-iht beo sari ⁊ schome ful sare? we beon alle Godes sunes. þe kinges of heuene. ꝥ haues bitaht us euchan an engel iwarde. Sare he is on his wise hwen unþeode le-ades us forð. hwen we ure gode fader weorren wið sunne. Beo we sari ꝥ we eauer schulden wraððe swu-ch fader ⁊ sweame swuch ward-ain. ꝥ wites ⁊ weres us eauer wið þe vnsehene gastes. for elles u-uele us stode. Ah we schutten him awei hwen we don deadliche fulðe. ⁊ heo leapen to sone as he us firseð. Halde we him neh us wið smel of swete werkes. ⁊ us in his warde. Wat crist ure euchan to swa gentil wardein beores to litel menske. ⁊ cunnen him to lu-tel þonc of his seruise. Þeose ⁊ monie reisuns arn hwi mon mai beo bitterliche sari for his sunne. ⁊ wepe ful sare. ⁊ wel is ꝥ swa mai. for wop' is f. 77vb sawle leche | Vre lauerd dos toward us as mon dos to uuel dettur. takes lesse þen we ahen him. ⁊ is tah wel ipai-et. we ahen him blod for blod ⁊ ure blod tah aȝain his blod were ful uneuene chaunge. Ah wastu hwat mon ȝeddes. Mon takes at uuel dettur ates for hweate. ⁊ ure lauerd nimes at us ure teares for his blod. ⁊ is wel cweme. He wop o þe rode. o la-zre. O Ierusalem. for oðre monne sun-nes. ȝif we wepen for ure ahne nis na muche wunder. Wepe we quod þe hali mon In Vitas patrum. þa mon hefde longe on him ȝei-ed after sermun. lete we quod he te-ares. leste ure ehne teares for seoðen us in helle.

(M. 314) Schrift schal beo hal. ꝥ is. iseid al to a mon ut of child|hade. Þe poure widewe hwen ha wile hire hus

12 Sare *for* Sari 17 schutten *probably for* schunchen
34 ehne *for* ahne

clansen. ha Ge-deres al þe greatest on an heap on alre earst. And schuues hit tenne ut. Þrafter cumes aȝain eft ⁊ happes eft to Gedere ꝥ was | ear ileauet. ⁊ schuues f. 78ra hit ut after. Þrafter oðe sṃale dust ȝif hit dustes swiðe.ʼ ha flasches water þeron ⁊ swopes ut after al ꝥ oðer. Alswa ꝥ scriues hire after þe greate.ʼ schuue ut þe smale-re. ȝif dust of lihte þohtes windes to swiðe up.ʼ flaske teares on ham ne schuln ha nawt tenne blinde þe herte ehne. Hwase leines a-ni þing.ʼ he ne seis na þing for hwi he beos þe skerre. Ah is ilich þe mon ꝥ haues on him monie deadliche wundes. ⁊ scheawes te leche alle. ⁊ letes heale alle bot an. ꝥ he deide up on as he schulde on alle. He is as mon ischip ꝥ haues monie þurles þer þe water cumes in. ⁊ he duttes alle boten an. þurh hwam ho dru-ncnen alle cleane. Mon telles of þe hali mon ꝥ lei on his deað uuel ⁊ was lað to seggen a Sunne of his childˈhad. And his abbot bed him allegate seggen. ⁊ he onswerede ꝥ nes na ned forþi ꝥ he was lutel child þa he hit | wrahte. O last f. 78rb tah uneaðe þurh þe abbotes ropinge ꝥ he hit seide. ⁊ deide þer after sone. Afˈter his deað com a niht ⁊ scheaw-de him to his abbot in snawhwit schrude. as he ꝥ was iburhen ⁊ seide ꝥ sikerliche. ȝif he þat þing nauede seid ꝥ he dude i child had.ʼ he were idemet bim-ong þe forlorene. Alswa of an oðer ꝥ was for neh idemet for ꝥ he hafde ancher ined a mon to drinken. ⁊ was ter of unsch-riuen. Alswa of þe lauedi for ꝥ ho hafde lant to wake wim-mẹ⟨o⟩n an of hire wedes. Ah hwa se haues ȝeorne isoht alle hurˈnes of hire herte. ne ne con rungen (M. 316) mare ut.ʼ ȝif þer aˈni þing at lutes.ʼ hit is ihopie iþe schrift schuuen ut wið þe oðre. Augustinus. Si conscientia desit pena satisfacit. Hwen þer lis na ȝemles. ⁊ ho walde fain seie ȝif ho cuðe mare.

Schrift schal ȝet beo na-ket. ꝥ is. naketliche ima|ket. f. 78va nawt bisaumplet feire. ne hendeliche ismaket. Ah schulden wordes beo iset ⁊ iseid ischrift af-ter þe wọ⟨e⟩rkes. ꝥ is tacne of hatin-ge. ꝥ mon tuke to wunder

3 happes *sic* 27 wim-mẹ⟨o⟩n : o *interlined* 36 wọ⟨e⟩rkes: e *interlined*

þing ꝥ mon hates swiðe. Ʒif þu hates ti sunne. hwi spekes tu menke þrof. hwi huides tu his fulðe ? Spek hit schome schendfulliˈche. ⁊ tuk hit al to wunder. Al swa als tu wel wult schende þe sch-ucke. Sire ho seis te wummon Ich ha-ue ihaued lefmon. oðer ihaue beon ho seis fole of me seluen. Þis nis nawt naket schrift. Biclute þu hit nawt. Do awei þe totag-ges. vnwrih þe ⁊ sei. Sire godes are. Ich am a ful stodmare a stinˈkende hore. Ʒif þi fa ⁊ ful no-me. ⁊ cleope þi sunne fule. Make þi sunne steort naket. ꝥ is. ne lein þu þing of al ꝥ lið þerabuten. þah to fule mon mai seien. Mon ne þarf nawt nempnen ꝥ fule dede bi his ahne fule nome. ne þe sch-endfule limes bi hore ahne no-me. Inoh is to seie swa ꝥ te schrift fader witerliche
f. 78vb understonde hwat | tu wult mene. Abuten sunne liggen six þinge ꝥ hit hulien. O latin:' circumstaunces. on eng⸗ lis-ch totagges muhen beon icleo-pet. Persone. stude. time. Manere Tale. Cause. Persone:' Hwa dude þe sunne oðer wið hwam mon hit dude. vnwreoh ⁊ seggen. Sire ich am a wummon. ⁊ schulde wið rihte beo mare schome⸗ ful to haue ispeken as ispek oðer idon as idude. ⁊ forþi mi sunne is ma-re þen of a wepmon. for hit bicom me wurse.
(M. 318) Ich am an ancre. a nunne. a wif iweddet. a meiden. a wummon þat mon leues swa wel A wummon ꝥ haue ear beon i-barnd wið swuch sunne. ⁊ aht þe betere to beon iwarnet. Sire ⟨hit⟩ was wið swuch mon. ⁊ nempne þenne. Munec. preost oðer clerc. ⁊ of ꝥ ordre. Aweddet mon. A lað-les þing. A wummon as ich am. Þis is nu of persone. O þis ilke wise weapmon cearche him sel-uen. ⁊ scheawe ischrift openli Alswa of stude. Sire þus iplei-de oðer
f. 79ra spek ichirche. Eode in | Ring ichirche ȝeard. Biheold oþe wrastling oðer me self wrastle-de. ⁊ oðer fol Gomenes. Spec þus oðer pleide bifore worldliche men. bifo-re religiuse. In ancres hus. At o-ðer windohe þen ischulde. neh ha-li þing. I custe him þere. felde him isw⟨u⟩ch stude

2 menke *for* menske 8 ⁊ *for* a 17 *A space sufficient for two letters before* Persone:', *which has a large black capital* 18 vnwreoh *for* vnwreon 25 hit *in margin to replace* Ich, *expuncted after* Sire 34 isw⟨u⟩ch: u *interlined*

oðer me seluen. Ichirche iþoh-te þus. Biheold him atte weofde as he offrede. Of þe time alswa. Si-re ich was of swuch ealde ꝥ ich ah-te wel to habben wisluker biwist me Sire i hit dide ilenten. In fasten da-hes. In hali dahes. Hwen oðre weren at chirche. Sire iwes sone ouercu-men. ⁊ is te sunne mare þen ȝif ich hafde beon cast wið stronge ⁊ feole swenges. Sire iwas te biginninge hwi swuch þing hafde in forð ȝong þurh ꝥ icom iswuch stude ⁊ swuch time. Ich biþohte me ful wel ear þen ihit dide. hu uuele hit were idon. ⁊ dide hit noðe latere. Þe manere alswa seggen. ꝥ is te feorðe totagge. Sire þis sunne i dide þus ⁊ o þise wise. þus ileornet hit ear-st. þus i com earst þrin. þus i dide hit | forðward. o þus feole wise. þus fulliche þus f. 79rb schomeliche. þus isohte delit hu i mest muhte paie mi lustes bru-ne. ⁊ segge al þe wise. Tale is te fifte totagge. (M. 320) hu ofte hit is idon tellen al. Sire i haue þis tus ofte idon. wunet for to speken þus. herc-ne þulli speche. þenchen þulli þoh-tes for ȝeme þing ⁊ for ȝeten. lah-hen. Eten. Drinken. lesse oðer mare þen ned asked. I haue beon þus ofte wrað siðen iwas last schr-iuen. ⁊ for þis þing. ⁊ tus longe hit laste. þus ofte iseid leas. þus ofte þis ⁊ tis. Ich haue idon þis to þus feo-le. ⁊ oþus fele wisen. Cause is te Sixte totagge. Cause is hwi þu hit dides oðer hulpe þer to oðer þurh hwam hit bigan. Si-re i hit dide for delit. for uuel lu-ue. for biȝeate. for feardlac. for fluttunge. Sire. mi lihte onswere. oðer mine lihte lates tulden him earst on me. Sire i hit dude for uuel. þah þer com nan uuel of. Sire of þis word oðer of þis dede:' com wradðe ⁊ uuele | wordes. Sire þe achaisun tis h-wi ꝥ uuel lastes f. 79va ȝet. þus wac was min herte. Euchan after ꝥ ho-is:' sei hire totagges. Mon as limpes to him. wummon ꝥ hire ri'ues. for her ne haue i nan iseid bute for to munegen mon oðer wummon of þa ꝥ to ham fallen. þu-rh þoa ꝥ beon her to dreauet-liche seide. Þus of þeose six wri-heles despoilȝe þi sunne. ⁊ ma-ke hit naket iþi schrift as Ie-remie leares. Effunde sicut aquam cor tuum. Sched ut as water þin herte. Ȝif eoli schedes of a fat:' ȝet ter wile

29 is *omitted before* tis   32 ri'ues *for* ri'nes

leauen sum-hwat of þe licur. ȝif milc sche-desʼ þe heow leaues. ȝif win schedesʼ te smel leaues. Ah water Gas al somen ut. al swa sched tin herte. ꝥ is. al ꝥ uuel ꝥ is iþin herte. Ȝif þu ne dost nawt. lo hu grimfulliche Godd self þreates te þurh naum þe prophete. Ecce ego ad te dicit dominus. Ostendam gentibus nudita-tem tuam. ⁊ regnis f. 79vb ignominiam | tuam. ⁊ proiciam super te abhomina-ciones (M. 322) tuas. Þu naldes nawt vnwrihe þe to þe preost ischrift ⁊ ischal scheawen al naket to al folc þi cwedschipe. ⁊ to alle kinedomes þine schome sun-nes. to þe kinedom of eorðe. to þe kinedom of helle. to þe kine-dom of heouene. ⁊ trussen al þi schendfulnesse o þin ahen necke. as mon dos o þe þeof ꝥ mon leades to demen. ⁊ swa wið al þe schend⸗lac þu schalt trussen ⁊ ⟨al⟩ torplen into helle. O seið Seim Bernard. Quid confusioˈnis. quid ignominie erit quando dis-sipatis foliis ⁊ dispersis uniuersa nudabitur turpitudo. sanies appa-rebit. O he seið hwuch schendˈlac. hwuch sorhe beos ter. hwen alle þe leaues schulen beon to war-plet. ⁊ al þe fulðe scheawes him ⁊ wringes ut tat wirsum. bifo-ren al þe wide world. eorðe ware ⁊ heuenes. nawt ane of werkes ah of idelnesses of wordes ⁊ of þohtes f. 80ra ꝥ narn ibet her. As | seint Anselme seið. Omne tempus impensum requiretur a uobis qualiter sit expen-sum. Euch tide ⁊ time schal beo þer irekenet hu hit wes her ispeˈnet. Quando dissipatis foliis. ⁊ cetera. Hwen alle þe leaues he seis Seint Bernard schulen beo to warplet. He biheld to Adam ⁊ to eue. þa ha hafden iþe biginninge sunehitʼ Gedere-den leaues. ⁊ makeden wriheles of ham to hore schendfule limes. Þus don monie after ham. Declinantes cor suum in uerbis malitie ad excusandas excusaciones in peccatis.

Schrift schal beo ofte ima-ket. for þi is i þe sawter. Confi-tebimur tibi deus confitebimur. And ure lauerd self seide to hise disciples. Ea-mus iterum in iudeam. Ga we eft seide he in to Iudee. Iudee speles schrifte. ⁊ swa we finden ꝥ ofte he wende ut of Galilee in to Iudee.

14 al (*in space between columns*) *marked for insertion after* ⁊
15 Seim *for* Sein 30 uerbis (*abbreviated in MS.*) *for* uerba

Galilee spe-les hweol. for to learen us ꝥ we of þe worldes
torpelnesse. ⁊ of sunne hweol ofte Gan to schrifte. for
þis is tat sacrament after þe sacra-ment of þe auter. ⁊
after fulloht ꝥ te deouel is laðest. as he ha-|ues to hali f. 80rb
men him self sare hise vnþonkes beon hit icnawen. Wile
a web beon an chere wið an water wel ibleached? A sol (M. 324)
clað hwit iwaschen? Þu wasches tine honde in an lepi
dai twies oðer þries. ⁊ nult nawt ti sawle Iesu cristes
spuse ꝥ eauer se ha is hwittre.' se fulðe is senre upon
hire.' bute ho beo iwaschen. nult nawt to godes clup-
pinge ofte umbe seoueniht was-chen hire eanes. Confiteor.
hali-water. Beode. hali þohtes. Blescin-ges. cneolinges.
Euch god word. Euch god werc wasches smale sunnes ꝥ
mon ne mei alle seggen. Ah eauer is schrift þe heaued
Schrifte schal beo on hihðe imaket. ȝif sunne cumeð bi
niht.' anan iþe marhen. ȝif hit times bi dai.' ear þen
men slepe. hwa durste slepe hwil his deaðliche fa heold a
drahen sword up on his heaued? he ꝥ nappeð up on helle
breord.' he torpleð ofte al in ear he least wene. Hwa se
is ifallen amid te bearninde fur. nis he mare þen a mad
ȝif ho lið ⁊ bi þencheð | hire hwen ho wile arisen. A f. 80va
wummon ꝥ haued iloset hire nelde. Oðer a suter his eal.
secheð hit ananriht ⁊ to went euch strea aðet hit beo
ifunden. And godd þurh sunne for-lorn schal lien unsoht
seouen daies fulle. Circumdederunt me ca'nes multi.
Monie hundes seis dauid. hauen biset me. Hwen gredi
hundes stonden bifore þe bord nis hit ned ȝerde? Elles
ha walden kec-chen of þe al ꝥ tu hauedes. And tu alswa
þenne. nim þe ȝerde of þi tunge. ⁊ ase ofte as te dogge of
helle kecches ani god fra þe smit him anan riht wið þe
ȝerde of tunge schrift. ⁊ Smit him swa liðerliche ꝥ him
lað-ðe for to snacchen eft to þe. þat dunt of alle duntes
is him dun-te laðest. Þe hund ꝥ etes leðer oðer wuries
ahte.' mon beates him anan riht. ꝥ he vnderstonde for
hwuch þing mon him beates þenne ne dar he nawt eft (M. 326)

31 liðelich *crossed out between* swa *and* liðerliche 32 lað-ðe *probably for* lað-e

do ꝥ ilke. Alswa beat wið þi tunge i schrift þe hund of f. 80vb helle anan riht. ⁊ he wile beo feard eft to | do þe þucke. Hwa is swa fol ꝥ ho seis bi hund ꝥ fretes leðer. abid til to marhen. ne beat tu him nawt ȝette? Ah anan rihtes beat. Beat. beat anan rihtes. Nis þing iþis world ꝥ smertes us swa sare.' as him dos ꝥ beatin-ge. Nihene þinges beon ꝥ ahten hihen to schrift. Þe pine ꝥ okeres. for sunne is te deo-ueles feh ꝥ he ȝiues to gaule ⁊ to oker of pine. Ex usuris ⁊ iniquitate redimet animas eorum And eauer se mon lis lengre in his sun.' ne.' se þe Gauel waxes of pine in purgatorie oðer her oðer in helle. Þat oðer þing is. ꝥ Ieremie seis. Alieni comederunt robur eius. þe muccle ⁊ te reowfule lure ꝥ he loses. ꝥ na þing ꝥ he dos.' nis godd licwurðe. Þe þridde is deað ꝥ he ne wat hweˈðer he schal þat ilke dai fer-liche astoruen. Ecclesiasticus. fili ne tardas conuerti ad dominum nescis enim quid pariat uentura dies. Þe feorðe is secnesse ꝥ he ne f. 81ra mai þenche wel bute ane of | his uuel. ne speken as he schulde bo-te grane for his warche. ⁊ grun-te mare for his stiche þen for hi-se sunnes. Ecclesiasticus. Sanus confiteberis ⁊ ui-uens. Þe fifte þing is þe muccle schome. ꝥ hit is after fal to lie longe. ⁊ hure under þe schucke. Surge qui dormis. Þe sixte is te wunde. ꝥ eauer wursnes upon honde. ⁊ strengre is to healen. Prin-cipiis obsta sero medicina paratur Þe seueðe is uuel wune ꝥ lazre bitacnes. ꝥ stanc se longe he hauede ileien iþe eorðe. o hwam ure lauerd remde. as te godspel telles. ⁊ resede ⁊ mengde him seluen ⁊ ȝeide lude up on him. Þeose fowr þinges he dide ear he him rearde. for to scheawen hu strong hit is for to risen of uuel wune ꝥ rotes in his sunne. Sainte marie (M. 328) Lazre stanc of fowr dahes. Hu stinkes ta þe sunefule of fowr ȝer oðer fiue? Quam difficile surgit quem moles male consuetudinis premit. O Deus. seis. Seint Austin hu armliche he rises ꝥ vnder wune of sunne haues ileien longe. Þe ahteðe þing is ꝥ seint gregorie seis. Peccatum |

6 *A space sufficient for two or three letters before* Nihene, *which has a large capital in black and red* 10 sun.' ne.' *for* sun-ne.' 16 tardas *for* tardes 26 lei *expuncted after* he

quod per penitentiam non diluitur. mox suo pondere ad f. 81rb aliud trahit. ꝥ is. Sunne ꝥ nis sone ibet:ʼ drahes anan an oðer. ⁊ tat eft te þridde. ⁊ swa euch an cundles mare ⁊ wurse cundel þen oðer. And ten þe selue moder Se mon deppre wades iþe deoueles lei mure:ʼ se mon cumes up latere Þe niheðe reisun is. Se he ear bi ginnes her to don his penitence:ʼ se he haues to bete lasse in pine of purgatorie. Þise beon nu nihene reisuns. ⁊ monie ma þer arn for hwi schrift ah to beon imaked ai on hihðe.

Schrift ah to beon eadmod as te puplicanes was nawt as te pharisews was ꝥ talde his godde-des. ⁊ scheawde þe hale forð. þa he schulde hauen unwrihen hise wun-des. for þi he wende unhealed as ure lauerd him self telles ut of þe temple. Eadmodnesse is ilich þise cwointe herloz. Hare gute feaster. Hare flowinde cweaise. ꝥ ha putten eauer forð. ⁊ ȝif hit is aterliche:ʼ ho scheawen hit aterluker iriche mennes sihðe ꝥ ho hab-ben reowðe of ham ⁊ ȝiue ham god | þe raðere. Huiden hare hale clað ⁊ don on f. 81va alre uuemaste fiteres al to torne. O þis ilke wise ead-mod⸗nesse eadiliche bigiles ure lauerd ⁊ biȝetes of his god wið (M. 330) seli truandise. Hudes eauer hire God. scheawes forð hire pouerte. putes forð hire canker wepende ⁊ granende bifore godes ehne. hailses meaðlesliche. on his der-ue passiun. on his deorwurðe blod. on hise fif wundes. on his mo-der teares. O þe pappes ꝥ he seac þe milc ꝥ him fedde. On al his halhene luue. Oðe deore driwe-rie ꝥ he haues to his deorewur-ðe spuse. ꝥ is to cleane sawle. On his deað o rode. for hire to biȝe-tene. wið þus anwil hailsinge Ropes after sum help to wrecche mesaise. to leache þe seke wið to healen hore cancre. And ure lauerd ihailset swa:ʼ ne mei for reo-wðe werne hire. ne sw⟨e⟩amen hire wið wearne. Nomeliche swa as he is unimete large. ꝥ him nis na þing leuere. þen ꝥ he muhe finde acheisun for to

7 *An incompleted* p *expuncted after* don 14 a-wei *expuncted after* unhealed 24 *Three letters* (*perhaps* sul- *or* ful-) *partially erased after* ehne. *at line-end* 32 sw⟨e⟩amen: e *interlined with a stroke*

ȝiuene. Ah hwa se ȝelpes of his god. as don ischr-ifte f. 81vb þeose prude. hwat ned is ham | to helpen? Moni haues asc̣wuch manere to seien hire sunnes ꝥ hit wurð a dearne ȝelp. ⁊ huntin-ge after hereword of mare hali-nesse.

Schrift schal beo schomeful. Bi ꝥ te folc of israel wende ut þurh þe reade sea. ꝥ was read ⁊ bitter is bitacnet ꝥ we moten þurh rudi schome. þat is isoð schrift ⁊ þurh bitter penitence passe to heuene. God riht is wite crist ꝥ us schome bifore mon.ʼ þen we forȝeten þe schome þen we diden þe sunne. bifore Godes sihðe. Nam omnia nuda sunt ⁊ aperta oculis eius ad quem nobis sermo. for ꝥ is. Al is na'ket seið Seint pawel ⁊ open to his sihðe. wið hwam we schulen reke-nen all ure deades. Schome is te maste dal as Seint Austin seið of ure penitence. Vere-cundia est maxima pars penitentie. And Seint Bernard seið. ꝥ na deorewur-ðe ȝimstan ne delites se muchel mon to bihalden.ʼ as dos godes ehe þe rude of þe sunefule mon-nes neb. ꝥ riht seis hise sunnes. Vnderstond wel þis word. Schrift is a sacrament. And euch sacrament | f. 82ra (M. 332) haues an ilicnesse utewið of ꝥ hit wurches innewið. as hit is in fulloht. þe waschinge wiðuten.ʼ bitacnes þe wasch⸗inge of þe saw-le ụṭẹ⟨inne⟩ wið. Alswa ischrift. þe cwi-ke rude of þe neb dos to under stonden ꝥ te sawle. ꝥ was blac ⁊ bla. ⁊ nauede bute dead heow.ʼ haues icḥaht cwik heow. ⁊ is iruded feire.

Schrift schal beo dred ful ꝥ tu seie wið Seint Ierome Quotiens confessus sum.ʼ uideor michi non esse con⸗fessus. Ase ofte as i am sc-hriuen.ʼ eauer me þunches me vn-schriuen for euer is sum forȝe-ten of þe totagges. for þi seis Seint Austin. Ve laudabili hom-inum uite si remota misericordia discutias eum. ꝥ is. Þe beste mon of al þe world ȝif ure lauerd dem-de him al after rihtwis⸗nesse. ⁊ nawt after merci.ʼ wa schulde him iwurðen. Sed

3 asc̣wuch: w (*wyn*) *altered from* h 5–6 nesse. *preceded by a paragraph mark in red is written at the end of the line below after* Schrift schal, *which is followed by a separating colon* 23 ụṭẹ⟨inne⟩ wið: inne *interlined*

misericordia superexal-tat iudicium. ah his merci to-ward us weies eauer mare þen rihte narewe

Schrifte schal forþi beo hopeful. hwa se seis al ꝥ he con. ⁊ dos al ꝥ | he mai Godd ne bides na mare Ah hope ⁊ f. 82rb dred schulen ai beo ifeiet to Gedere. þis for to bitacne. I þe alde lahe was ihaten ꝥ te twa grin-delstanes ne schulde na mon twinne. Þe neðere ꝥ lis eauer stille ⁊ beores heui charge.ʼ bitacnes fearlaic ꝥ teies mon fram sunne ⁊ is iheueget her wið heui ⁊ hard for to be cwit of hardre. Þe uuere stan bitacnes hope. ꝥ eornes ⁊ turnes ⁊ stures hire i Gode wer-kes eauer wið trust of muche mede. Þeose twa mon ne schal ne twinne. ne parti fram oðer for as Seint Gregorie seis. Spes sine timore luxuriat in presumpcionem Timor sine spe degenerat in desperacionem. Dred wið uten hope makes mon untrusten. And hope wið uten dred makes ouertrusten. Þeose twa vnþeawes vntrust ⁊ ouerˈtrust arn þe deoueles tristres. þer ꝥ wrecche beast selden atstur-tes. Tristre is þer mon luttes wið þe greahunz for to kepe þe hare. oðer tildes þe nettes (M. 334) a-ȝain him. Toward an of þeo-se twa.ʼ is al ꝥ he sletes. for þer | arn hise greahunz. þer arn hise nettes. vntrust f. 82va ⁊ ouertrust arn of alle sunnes nest te ȝates of helle. wið dred wið uten hope.ʼ þat is wið untrust was caymes schrift ⁊ iu-dases. for þi ho forferden. wið hope wið uten dred. ꝥ is wið ouer trust is tis unselies sahe. ꝥ seis i þe saw-ter. Secundum multitudinem ire sue non queret. Nis nawt quod he Godd swa grim as ȝe him maken. Na he seið dauid. ȝeoi he. ⁊ seis tenne. prop-ter quid irritauit impius deum ? Dixit enim in corde suo non requiret. On alre earst he calles þe ouertrusti vnbileaued. þe vnbileaued wið hwat gremes he Godd al mihti ? wið ꝥ he seis as he seis. Nule he nawt swa narewliche deme as ȝe fortelleð. ȝeoi sikerliche wi-le he. Þus þeose twa vnþeawes arn euenet to grimme robberes. for ꝥ an ꝥ is ouertrust.ʼ reaues godd his rihte dom ⁊ his rihtwisnesse. þe oðer. ꝥ is untrust.

2–3 *In the MS.* rihte narewe *finishing the paragraph is written at the end of the line below after* Schrifte, *which is followed by a separating colon* 4 Godd: G *altered from some other letter* reaues him his milce. ⁊ swa ho arn vmbe to for do Godd self. for Godd ne mi-hte beo wið uten rihtwisnesse. ne [f. 82vb] wið uten milce. Nu þenne hwucche | vnþeawes arn euening to þeose. ꝥ wilen godd forcwellen on hore fule wi-se ? ȝif þu art to trusti ⁊ haldes godd to nesche for to wreke sunne Sunne likes him bi þi tale. Ah bihald hu he wrec on his ehe engel ꝥ þohte of prude. Hu he wrec in Adam þe bite of an appel. Hu he bisenc-te sodome ⁊ Gomorre. were ⁊ wif ⁊ wenchel. þe nomecuðe burh-es. al a muche schire dun in to h-elle grunde. þer as is nu þe rea-de sea ꝥ na þing cwikes nis inne. Hu he in noees flod al þe world a-drencte. bute ahte i þe arche. He he in his [(M. 336)] ahne folc israel his derling. hu grimli he wrec him as ofte as ho gulten. Dathan ⁊ A-byron. Chore. ⁊ hise feres. þe oðre alswa ꝥ he sloh bi feole þusandes ofte for hare gruc⸗chinge ane. On oðer half loke ȝif þu art vntrusti of his unimete milce. hu lihtliche. ⁊ hu sone sente peter after ꝥ he hauede forsaken him. ⁊ tat for a cwene word:ʼ was wið him isahtnet. Hu þe þeof o rode ꝥ hefde ai iliued [f. 83ra] uuele. in astart hwile ouer eode at him his milce | wið a feir speche. Forþi bitwene þise twa. vntrust ⁊ ouertrust hope ⁊ dred schuln beo ai ifeiet to gederes

Schrift ȝet schal beo wis. ⁊ to wis mon imaket of uncuðe sunnes. noht to ȝunge preostes. ȝunge iseie of wit. ne to sot alde.‸ Bigin earst at prude. ⁊ sech alle þe bohes ter of. as ho arn þruppe iwriten. hw-ich falle to þe. Þrafter alswa of onde. ⁊ Ga swa dunewardes birawe aðat to þe laste. ⁊ drah to Gedere al ꝥ team under þe moder.

Schrift ah to beo soð. ne lih þu nawt o þe self. for Seint Austin seið. Qui causa humilita-tis mentitur. fit quod prius ipse non fuit id est peccator. ꝥ seis on him self þurh to muche eadmodnesse. he is i-maked suneful þah he ear nere Seint Gregorie seið þah. Bonarum men-tium est

11 rea-de *for* dea-de 22–23 *In the MS.* to gederes *finishing the paragraph is written at the end of the line below after* Schrift ȝet, *which is followed by a separating colon* 32 les *omitted after* seis

culpam agnoscere vbi culpa non est. Cunde of god herte is to feared of sunne þer as nan nis ofte oðer weie swiðre hire sunne sumcher þen hire þurte. weien hit to litel is ase uuel oðer wurse. þe middel wei of mesure is eauer gul- dene. | Drede we us eauer. for ofte we wenen to do a lutel f. 83rb uuel ⁊ don a great sunne. Ofte wel to do. ⁊ don al to wunder. Seie we þenne wið Seint Ansel|me. Etiam (M. 338) bonum nostrum ita est aliquo modo corruptum. ut possit non placere. aut certe displicere deo. Paulus. Scio quod non est in me. hoc est in car|ne mea bonum. Na god in us. nis of us. vre god is godes. Ah sunne is of us. ⁊ ure ahne. Godes god hwen ich hit do. quod he Seint Anselme swa o sum wise min vuel hit for gnei-es. oðer ich hit do vn- gladli. oðer to earli oðer to late. oðer lete wel þrof þah na mon hit nute. o-ðer walde ꝥ he hit wiste. oðer ȝem-lesliche do hit. oðer to unwisli-che. to muchel. to lutel. þus eauer sum uuel mongles him wið god ꝥ godes grace ȝiues me. ꝥ hit mei lutel like godd. oðer misliken ofte. Seinte marie. hwen þe hali mon seide þus bi him seluen. hu we hit muhen witerliche seie bi us wr-ecches

Schrift ah to be willes. ꝥ is. williche. un-freinet. nawt idrahen of þe as tin unþonkes. hwil þu const seggen | oht:' sei al una⟨s⟩ket. Mon ne sch-al aske nan:' bote for f. 83va ned ane for of þe askinge mei uuel falle. bute hit beo þe wisere. On oðer half. moni mon abides for to schriue him aðat te ne-de tippe. Ah ofte him lihen hise wrenches. ꝥ ne mai he hwen he wile. ꝥ nalde hwen he mihte. Na mare madschipe nis. þen sette godd terme. as tah grace were his. to nimen up o grace þrin iþe terme as he him self sette. Nai belamj nai. þe terme is in go-des hond. ⁊ nawt iþi baundun Hwen godd bedes hit te:' reach to baðe honde. for wið drahe he his hond:' þu maht loken after. Ȝif uuel oðer oðer þing neodes te to schrift. lo hwat Seint Austin seið. Coacta seruitia deo non placent Seruises

1 *The curve of a letter* (c ?) *expuncted after* god 2 beon (*or* beo) *omitted after* to 20–21 *In the MS.* ecches *preceded by a paragraph mark in green is written at the end of the line below after* Schrift ah to, *which is followed by a separating colon* 23 una⟨s⟩ket: s *interlined*

(M. 340) inedde·ʼ ne cwemen nawt ure lauerd. þah noðelatere. betere is o þenne no. Nuncquam sera est penitentia si tamen uera. Nis nea-uer to late penitence ꝥ is soðˈliche imaket. He f. 83vb seis eft him seluen. Ah betere is dauid seis. Reflo-|ruit caro mea ⁊ ex uoluntate mea confitebor ei. ꝥ is. Mi flesch is ifluret. bicumen al ọ neowe. for ich wile schriue me. ⁊ herie willes. Wel he seið fluret. to bi-tacne wilschrift. Eadmod⸗nesse ⁊ abstinence. culure vnlaðnes-se. ⁊ oðre swuche uertuz arn fei-re in godes ehe. ⁊ swete igodes nase smell⸗ende flures. In canti-cis. flores apparuerunt in terra nostra. Of ham make his her-berhe innewið þe seluen. for hise delices he seið. beon þer for to wu-nien. Et delicie mee esse cum filiis hominum. In libro sapientie

Schrift ah to beo ahne Na mon ne schal ischrift wreie boten him seluen. as forð as he mei. Þis iseie. forþi. þat swuch cas swuch auenture biti-des to sum mon oðer sum wummon. ꝥ he ne mai nawt fulliche wreien him seluen. bute he wreie oðre. Ah bi nome noðelatere ne nempne he na mon þah þe schrift fader wel wite toward f. 84ra hwam hit turne. Ah amunec oðer apreost. nawt | wilȝam ne Walter þah þer ne beo nan oðer

Schrift schal beo stedefast. to halde þe penitence. ⁊ leaue þe sunne. ꝥ tu seie to þe preost. I haue stude⸗fa-stliche iþoht ⁊ in heorte þis sunˈne to leaue. ⁊ to do þe penitence Þe preost ne schal nawt aske þe ȝif þu wult þeðen forð for h-aten. Inoh is ꝥ tu seie. ꝥ tu hit haues on heorte treoweli to don-ne. þurh godes grace. And ȝif þu falles ter in·ʼ ꝥ tu wilt an-an riht risen þurh godes help (M. 342) ⁊ cumen aȝain to schrifte. Va-de. ⁊ amplius noli peccare. Ga quod ure lauerd. ⁊ haue wil ꝥ tu n-ult sunehe na mare. Þus ne askede he nan oðer sikernesse

Schrift ah for to beo biþoht bifore longe. of fif þinges wið þi þoht Gedere þine sunnes of alle þine ealdes. of childhed of ȝuheðe hed. gedere al to Ge-deres. þrafter

21–22 *In the MS.* nan oðer *finishing the paragraph is written at the end of the line below after* Schrift schal, *which is followed by a separating colon* 26 þi sunne (*or* sinne) *omitted after* for h-aten

Gedere alle þe stu-des ꝥ tu in wunedest ⁊ þench ȝeorne hwat tu dudes in euch stude sunderliche ⁊ in euch ealde. | Þrafter sech al ut ⁊ trudde þine sunnes bi þine fif wittes. f. 84rb Þrafter bi alle þine limes. I hwuch þu hauest isunehet meast oðer oftest. O last sunderliche bi daies. ⁊ bi tides. Nu ȝe hauen alle ihaued as i vnderstonde þe sixtene stucches ꝥ ibihette to dealen. ⁊ alle ihaue to broken ham ow. as mon dos to childre ꝥ muhten wið unbroken bread deie for hunger. Ah me is ꝥ wite ȝe. moni crumme to fallen Seches ham ⁊ Gederes. for ho arn sawle fode. Þulli schrift ꝥ haues tus þase sextene stuc-ches:ʼ haues ꝥ ilke muccle ma-ht. ꝥ i ear seide. Þreo on us sel-uen. deore⸗wurðe ouer gold hord ⁊ ȝimmes of inde. ¶Mine leue childre þe fifte dale ꝥ is of schrift. limpes to alle men illiche. forþi ne wundre ȝe ow nawt ꝥ i toward ow nomeliche naue nawt ispeken iþis dale. Haues þah to owre biheoue þis lutle last ende. Of alle cuðe sunnes as of prude. of great heorte | of ḥonde. of wraððe. of slawðe of ȝemles. of idel f. 84va word of untohe'ne þohtes. of sum idel heringe of sum fals gladinge. oðer heui murninge. of ypocresce. of mete oðer of drunch. to muchel oðer to lutel. of grucchinge of grim (M. 344) che-re. of silence ibroken. of seate lon-ge at windohe. of vres mis seide wið uten ȝeme of herte oðer in untime. of sum fals word. of swa-re. of plahe. of inschake lahtre of schede crumes oðer ale. of lete þinges mulen. rusten oðer forrotien. claðes vnsewet. birai-net. vnwaschen. Broke scale o-ðer disch. oðer biseo ȝemlesliche ani þing ꝥ mon wið fares oðer ahte to ȝemen. of keruin-ge. of hurtinge þurh vnbiseh'enesse. of alle þe þinges ꝥ beon j þis riwle ꝥ arn misnumene of alle swuche þinges schriues ow euch wike eanes at te leaste for nan se lutel þing nis of þeo-se ꝥ te deouel naues breues on his rolle. Ah schrift hit scrapes of. ⁊ makes him to leosen mu-|chel of his hwile. f. 84vb Ah ⟨al⟩ ꝥ schrift ne schrapes of:ʼ al he wile o domes dai

14 dale *expuncted and crossed out between* fifte *and* dale 15 nawt: n *altered from some other letter* 24 inschake *for* ischake 27 ȝe *expuncted after* ꝥ 32 breues *for* breued *or* breuet 34 al *interlined with a stroke*

rekene ⁊ rede ful witerliche for to biclepe þe wið. a word ne schal þer wanten. Nu þenne ireade ȝiues him to writen þe leaste ꝥ ȝe eauer muhen. for na mester nis him leuere. And hwat se he wri-tes beos abuten to scrapen of clan-liche. for wið na þing ne muhe ȝe matin him betere. To euch preost mai anker schriuen hire of swuche uterliche sunnes ꝥ alle bifalleð. Ah ful trust ho sch-al beo o þe preostes godleic ꝥ ho allunge scheawe to hu hire stonde abuten flesches fondin-ges. ȝif ho is swa ifondet bute in deaðes dute. Þus þah me þun-ches ꝥ ho mei seie. Sire flesches fondinge ꝥ ihaue oðer haue haued Gas to forð up on me. þurh mi þeafunge. I am of'dred lest i Ga driuende oðer hw-iles mine fol þohtes ⁊ fule vmbe stunde. as tah i huntede after likinge. I mihte þurh godes
f. 85ra (M. 346) strengðe schaken ham ofte of | me. ȝif ich were cwicliche ⁊ stale'wurðeliche abuten. I am offeard sare ꝥ te delit i ꝥ þoht ga to forð ofte. ⁊ laste to longe. swa ꝥ hit cume neh skiles ȝeatinge. Ne dar iꝥ ho deopluker. ne witerlicher schriue hire to ȝung preost her abuten. Ah to hire ahne schrift-fader. oðer to sum lif hali mon ȝif ho mai him haue. culle al þe pot ut. þer speowe ut al þe wun-der wið fule wordes ꝥ fulðe after ꝥ hit is. swa ꝥ ha drede ꝥ ho hur-te hise eares ꝥ heres hire sunnes. Ȝif ani ancre nat nawt of þ-ulliche þinges. þonke ȝeorne iesu crist. ⁊ halde hire idrede. Þe deouel nis nawt dead ꝥ wite ȝe þah he slepe. Lihte Gul-tes tus anan bi ow seluen. And tah scheawes ham ischrift hwen ȝe þenchen on ham as ȝe speken wið preost. For þe least of alle. so-ne se ȝe vnder ȝeten hit.' fal-les bifore owre auter. o cros dun to þe eorðe. ⁊ seis. Mea culpa. I Gulte. mearci lauerd. þe preost ne þarf þrafter for na gult bute hit beo þe grattre leien oðer |
f. 85rb schrift on ow. þen ꝥ lif ꝥ ȝe leaden after þis riwle. Ah after þe abso-lutium he schal þus seien. Al þe God ꝥ tu eauer dost. ⁊ ꝥ uuel ꝥ tu þoles for þe luue of iesu crist

12 þeafunge: a *altered from some other letter* 22 tuke al to wundre *omitted after* is. 26 *A space sufficient for two letters before* Lihte, *which has a thick black capital* betes *omitted after* Gul-tes 29 seis: e *altered from some other letter* (s?) 33 abso-lutium *for* abso-lutiun

inwið þine ancre wahes:ʼ al i eniunȝe þe. al ileie up o þe iremissiun of þeo-se ⁊ forȝeouenesse of alle þine sunnes. And tenne sum litles hwat he mai leggen on ow. as asalme oðer twa. Pater nostres. Auez. tene oðer twelue. Disciplines eche to ȝif him like. After þe totagges ꝥ arn iwriten þer uppe:ʼ he schal þe sunne demen mare oðer lasse. A sunne ful for ȝeoue-liche mai wurðe ful deadliche þurh sum uuel totagge ꝥ lis þer bisiden. Efter (M. 348) schrift falles to speken of penitence. ꝥ is dead bote. And swa we hauen ingong ut of þe fifte dale in to þe sexte

Al is penitence ⁊ strong penitence ꝥ ȝe eauer drehen. al ꝥ ȝe eauer don of god. Al ꝥ ȝe þolien. is ow mar-tirdom iswa derf ordre. for ȝe arn niht ⁊ dai up o godes rode | bliðe muhe ȝe beo þer of. for as sente f. 85va pawl seis. Si compati-mur corregnabimus. As ȝe scot-ten wið him of his pine on eorðe:ʼ ⁊ ȝe schulen scotte wið him of his blisse in heuene. forþi seis Seint Pawel. Michi absit gloriari nisi in cruce domini nostri iesu cristi. And hali chirche singes. Nos opor|tet gloriari in cruce domini nostri. iesu cristi. Al ure blisse. ⁊ ure gladinge m-ot beon in iesu cristes rode. Þis word nomeliche limpes to recluses hwas blisse ah to beon allunge igodes rode. Ich wile biginnen of herre. ⁊ lihte swa her to nimes nu god ȝeme. for al mest is sein Bernarde sentence.

Þreo manere of men of Godes icorene liuien on eorðe. þe ane muhen beo to gode pilegrimes ieuenet. þe oþre:ʼ to deade. þe þridde:ʼ hengede wið hare gode wil o iesu cristes rode. Þe forme:ʼ beon gode. þe o-ðre arn betere. þe þridde:ʼ beste of alle. To þe forme gretes sen-te Peter inwardliche. Obsecro uos tanquam aduenas ⁊ peregrinos | vt abstineatis uos a carnali-bus desideriis f. 85vb que militant aduersus animam. Ich hailse ow he seis as elþeodi ⁊ pilegrims ꝥ ȝe wið halden ow wið flesches lu-stes. ꝥ weorren aȝain þe sawle. Þe gode pilegrim haldes eauer his rihte wai forðward. þah he seo oðer here idele gome-nes ⁊ wundres bi þe waie:ʼ he ne wið stondes nawt as foles don.

28 to *omitted before* hengede

(M. 350) Ah haldes forð his rute ⁊ hihes toward his giste. he ne beres na Gersum. bute his spense gnedeliche. ne claðes bute ane þa ꝥ him to nedes. Þise arn hali men ꝥ tah ho beo iþe world:' ho beon þrin as pilegrims. ⁊ wið god liflade ⟨gan⟩ toward te riche of heuene. And seien wið þe apostle. Non habemus hic manentem ciuitatem sed futuram inquirimus. ꝥ is. Naue we na wuning her:' ah we sechen oðer. Arn bi þe leste ꝥ ho mu-hen ni ne halden na tale of worldliche froure þah ho beon iþe worldliche f. 86ra weie. as iseide of pilegrim. Ah hauen hore heorte | eauer toward heuene. ⁊ ahen wel to habben. for oðre pilegrims gan wið muche swinc to sechen ane santes banes. As sein Iames oðer sein Giles. Ah þe pilegrims ꝥ gan toward heuene:' ho gan to beon isanted ⁊ to finden godd self. ⁊ alle hise hali halhes liuiende iblisse. ⁊ schulen liuie wið ham iwinne buten ende. Ho finden iwis sein Iulienes in ꝥ weifare-nde men ȝeornli bisechen

Nv arn þise gode. Ah ȝet arn oðre betere. for allegate pi-legrims as i ear seide. al Gan ho eauer forðward. ni ne bicumen burhmen iþe worldes burh:' ham þunche sum cher god of ꝥ ho seon bi þe weie. ⁊ atstonden sumdel þah ho ne don wið alle And monj þing ham falles to hw-er þurh ho arn ilette. swa þat mare harm is. Sum cumes la-te ham. sum neauer mare. Hwa is tenne skerre ⁊ mare ut of þe world þen pilegrims. ꝥ is to seie þen þa men ꝥ f. 86rb hauen worldlich þing. ⁊ ne luuen hit nawt. ah | ȝiuen hit as hit cumes ham. ⁊ Gan untrusset lihte as pilegrims toward heuene. Hwucche arn betere þen þise? Godd wat ta arn betere. ꝥ te apostel spe-kes to ⁊ seis In his epistle. Mor-tui estis ⁊ uita uestra abscondita est cum Christo in deo. Cum autem appar-uerit uita uestra:' tunc (M. 352) uos appa-rebitis cum ea in gloria. Ȝe arn deade. owre lif is ihud wið crist. hwen he ꝥ is owre lif adaies ⁊ springes as te dahing after nihtes þeosternesse. ⁊ ȝe schulen wið him springen schenre þen þe sunne in to eche blisse. Þa

5 gan *in margin after* liflade *at end of line* 18 *Directing* n *in margin before two-line capital* 20 burhes *crossed out after* iþe 32 ea *for* eo

nu ꝥ arn þus deade. hare lif⟨lade⟩ is her-re. for pelegrim eiles monihw-at. Þe deade nis nawt of þah he lie vnburiet ⁊ rotie buuen eorðe. preise him. laste him Do him schome. sei him schome al him is iliche lef. Þis is a seli deað ꝥ makes cwic mon þus oðer cwic wummon ut of þe worlde. Ah sikerli hwa se is tus dead in him seluen. godd liues in his heorte for þis is ꝥ te apostle seis. Viuo | ego iam non [f. 86va] ego viuit autem in me christus. Ich liue nawt ichǫ ah crist li-ues in me. And is as tah he seide worldliche speche worldliche sihðe. ⁊ euch worldlich þing i finden me dead. Ah ꝥ tat limpes to crist. ꝥ iseo ⁊ here. ⁊ wurche in cwic⸗nesse. Þus is euch riht religi-us dead to þe worlde. ⁊ cwic in crist. Þis is an heh staire. Ah ȝet is an þah herre. And hwa stod eauer þrin? Godd wat he ꝥ seide þus. Michi autem absit gloriari nisi in cruce domini nostri iesu christi. per quam michi mundus crucifixus est. ⁊ ego mundo. Þis is tat iseide þruppe. Crist me schilde for to haue ani blisse iþis world bute iesu cristes rode mi lauerd. þurh hwam ꝥ world is me unwurð. ⁊ iam vnwurð hire. as wari ꝥ is onhonget. A lauerd hehe stod he ꝥ spec oþise wise. And tis is ancres staire ꝥ ho þus seie. Michi absit gloriari ⁊ cetera. Ina þing ne blisse i me. bute in godes rode. ꝥ iþolie wa ⁊ am itald unwurð as Godd was o rode. Lokes nu ȝeorne hu þis | staire is herre þen ani of þoðre Þe pile⸗ [f. 86vb] grim iþe worldes wei þah he Ga forðward toward te ham of heuene. he seis ⁊ heres un-nait. ⁊ spekes umbe hwile. wr-aððes him for wohe. And monj þing ma letten him of his iur'nee. Þe deade nis na mare of schome þen of menske. of hard' ten of nesch. for he ne-feles nowðer. And for þi ne of earnes he nowðer wa ne winne Ah he ꝥ is o rode. ⁊ haues blisse þrof. he wendes schome to Go'men. ⁊ wa in (M. 354) to winne. ⁊ of serues forþi huire ouer huire. Þise arn þa ꝥ neauer narn glade iherted bute hwen ho þolien sum wa o-ðer sum schome wið iesu crist on his rode. for þis is þe selhðe on eorðe hwase mai for godes luue habbe

1 lif⟨lade⟩: lade *in margin marked for insertion after* lif
18 i *or* in *omitted after* bute
27 ma *probably for* mai

schome ⁊ tene. Þus lo rihte ancres narn nawt ane pile⸗grims. ne ȝet nawt ane deade. Ah arn of þeose þridde. for al hore blisse is for to beon honget sariliche ⁊ scho-m⸗ f. 87ra fulliche wið iesu on his rode | Þeose muhen bliðe wið hali chirche singen. Nos oportet gloriari ⁊ cetera. Þis is as iseide ear. Hwat se beo of oðre ꝥ hauen hore blisse. summe in flesches likinge. Summe iworldes dweole. Summe in oðres uuel. we moten nede blisse in iesu cristes rode. ꝥ is ischome ⁊ in wa ꝥ he droh orode. Moni walde sum-mes weis þolie flesches hard-schipes. ah beo itald for unwurð ne schome ne mihte ho þolien Ah ho nis bute halfun-ge up o godes rode. ȝif ho nis igreiðet to þolien ham baðe Vilitas ⁊ asperitas. Vilte ⁊ asprete. Þeose twa. Schome ⁊ pine. as sein Bernard seis arn þe twa laddre stelḷes ꝥ arn iriht up to þe heuene. ⁊ bitweone þeose steles arn alle gode þeawes as tindes ifestnet bi swucche mon climbes to þe blisse of heuene for ꝥ dauid hafde þeose twa steoles of þis laddre. þah he king were he clamb upward ⁊ seide balde'liche to ure lauerd. Vide humi-| f. 87rb litatem meam ⁊ laborem meum. ⁊ dimitte uniuersa delicta mea. Bihald quod he ⁊ seo min eadmodnesse ⁊ mi swinc ⁊ for ȝif me alle mine sunnes Noates wel þise twa wordes ꝥ dauid feis somen. swinc ⁊ eadmod-nesse. Swinc ipine (M. 356) ⁊ iwa isar ⁊ isorhe. Eadmodnesse toȝein woh of schome ꝥ mon drehes. ꝥ is itald unwurð. Baðe þeose bi-hald ʺquod ḥẹ dauidʺ in me godes derling Ich haue þeose twa laddre steles Dimitte uniuersa delicta mea. leaf quod he bihinde me ⁊ warp awai fra me alle mine Gultes. ꝥ i ilihtet of hore heuinesse lihtliche stihe up to heuene bi þisẹ ladder. Þeo-se ilke twa þinges. ꝥ is wa ⁊ scho'me ifeiet to Gedere arn helies hweoles. ꝥ weren furene. ⁊ bearen him up to parais. þer he liues ȝette. fur is hat ⁊ read. Iþe hea-te is understonden euch wa ꝥ eiles flesch. Schome:ʾ bi þe reade. Ah wel mai dohen. ho beon her hwe-olinde as þe hweoles ꝥ ouerturnen sone. ne lasten f. 87va nane hwile. Þis | ilke ec is bitacnet bi cherubines sword

15 twa *expuncted after* þeose 25–26 bi-hald ʺquod ḥẹ dauidʺ in me *marked for transposition* 28 warp: p *altered from* d

bifore paradise ȝates. ꝥ was of lohe. ⁊ hweolinde ⁊ turninde ab-uten. Ne cumes nan into parais. b-ote þurh sar ⁊ schome. ꝥ ouertur-nes lihtliche ⁊ ouergas sone. And nes godes rode wið his deorewurðe blod irudet. ⁊ ireadet ? for to sche-awen on him self. ꝥ pine ⁊ sorhe ⁊ sar schulen wið schome beon iheowet. Nis hit writen bi him factus est obediens patri usque ad mortem. mortem autem crucis. ꝥ is. he was buh'sum to his fader. nawt ane to deað. ah to deað orode. Þurh ꝥ he seide earst. Dead:' Is pine vn-derstonden. Þurh ꝥ he seide þrafter Dead o rode:' is schendlac bitac-net. for swuch was godes deað o rode pineful ⁊ schomeful ouer oðre. Hwa se eauer deies in godd ⁊ o Godes rode:' þose twa he mot þolien schome for him ⁊ pine. schome iclepie eauer to beo itald vnwurð. ⁊ beggen as an herlot ȝif ned is his liuneð ⁊ beo o-ðres beodemon as ȝe arn leue childre. ⁊ þolien ofte daunger | f. 87vb of swuch oðer hwile ꝥ mihte beon owre þral. Þis ꝥ eadi schome ꝥ ich of spekie. pine ne trukes ow nawt. Iþeose twa þinges ꝥ al penitence is in b⟨l⟩isses ow ⁊ gladies. for (M. 358) aȝain þeose twa beos ow twa fald blisse iȝarket Aȝain schome:' menske. Aȝain pine:' delit ⁊ reste buten ende Ysaias. In terra inquid sua duppli-cia possidebunt. Ho schulen seið ysaie in hore ahne lond weal-den twa fald blisse. Aȝaines twa fald wa ꝥ ho her drehden. In hore ahne lond seis ysaie. Super epistolam Iacobi. Mali nichil habent in celo. boni uero nichil in terra. for alswa as te uuele nab-ben na lot in heuene:' ni þe Go-de nabben na lot in eorðe. In hare ahne lond ha schulen weal-den blisse twafald. ꝥ is twa cun-ne mede. aȝaines twa fald sorhe. as tah he seide. Ne þun-che ham na feorliche þah ho her þolien. as in uncuðe londe. ⁊ in un-cuð earde bi⸗tweonen unþeode:' schome baðe ⁊ sorhe. for swa | f. 88ra dos moni gentil mon ⁊ wummon ꝥ is vncuð in uncudðe. Mon mot swinke ute. ⁊ at hame resten. And nis he wicke kniht ꝥ seches reste iþė feht. ⁊ eise iþe place ? Mili-tia est

13 hab *expuncted and crossed out after* mot 17 Þis *for* Þis is *or perhaps* Ꝥ is 19 b⟨l⟩isses: l *interlined with a stroke* 22 duppli-cia: c *resembles* t *in MS.*

uita hominis super terram. Al þis lif is a feht as Iob witnesses. Ah after þis feht her. ȝif we wel fehten.ʼ menske ⁊ reste abides us at hame in ure ahne lond ꝥ is heuenriche. lokes nu hu witerliche ure lauerd self hit witnesses. Cum sederit filius hominis in sede magestatis sue sedebi'tis ⁊ uos iudicantes. Bernardus. In sedibus.ʼ quies imperturbata In iudicio.ʼ honoris eminen'tia commendatur. Hwen isitte for to demen. seis ure lauerd ȝe schulen sitten wið me. ⁊ de-me wið me al þe world þat schal beo idemet. kinges ⁊ keisers. knihtes ⁊ clerkes Iþe seate.ʼ is reste ⁊ eise bit-acnet aȝain þe swinc ꝥ is her. I þe menske of þe dom þat ho schullen demen.ʼ is heh- f. 88rb schipe menskeful ouer al un-|derstonden. aȝain schome ⁊ lahschipe ꝥ ho her for godes luue mildeliche þoleden.

Nis ter nu þenne bute þo-lie gladliche for bi godd self is iwriten. quod per penam igno'miniose passionis peruenit ad gloriam resurrectionis. ꝥ is. þurh schendful (M. 360) pine. he com to glo-rie of blisful ariste. Nis na sel'cuð þenne ȝif we wrecche sunne'fule þolien her pine. ȝif we wiln o domes dai blisful ari-sen. ⁊ tat we muhen þurh his grace ȝif we us self willen. Quoniam si complantati fuerimus similitudini mortis eius. simul ⁊ resurrectionis erimus. Sente pawel sahe is ꝥ seis swa wel eauer ȝif we beon iimpet to þe ilic-nesse of godes deað.ʼ we schulen of his ariste. ꝥ is to seie. ȝif we liuien ischome ⁊ in pine for his luue. ihwucche twa he deide.ʼ we schulen beo iliche his blis-seful ariste. ure bodi briht as his world wið eten ende. f. 88va As sente Pawel witnesses. Saluatorem | expectamus qui reformabit corpus hu-militatis nostre. configuratum corpori claritatis sue. Let oðre acemen ⟨hore⟩ bodi ꝥ eornen bifore hond. Abide we ure healend ꝥ schal acemen ures after his ahne. Si conpatimur ⁊ corregnabimus. Ʒif we þolen wið him.ʼ we schuln blisse wið him. Nis tis godd foreward. Wat crist nis he nawt god felahe ni treo-we. ꝥ nule scotten iþe lure. as eft iþe biȝeate. Glosa. Illis

5 magestatis *sic* 27 eten *for* uten 30 hore *in margin* (*in darker ink but probably the same hand*) *before* bodi *at beginning of line*

solis pro-dest sanguis Christi qui uoluptates deserunt ⁊ corpus affligunt. Godd schedde his blod for alle. Ah ham ane hit is wurð ꝥ fleon flesches li-kinge. ⁊ pinen hom self. And is tat ani wunder ? Nis godd ure heaued. ⁊ we hise limes alle ? And nis euch lime sar wið sorhe of þe heaued. his lime þenne nis he na-wt. ꝥ naues warche vnder swa sare warchende heaued. Hwen þe hea-ued sweates wel. þe lime ꝥ ne swea-tes nawt. nis hit uuel tacne ? Hwen he ꝥ is ure heaued swette blodes sweat to ure secnesse. to tur-nen us of þe lond uuel ꝥ alle londes | leien on. f. 88vb ⁊ lien ȝet monie:ʹ þe lime ꝥ ne sweates nawt in swinc|ful pine for his luue. Deuleset hit leaues in his secnesse. ⁊ nis ter bote forcoruen hit þah hit þunches godd sar. for betere is fin-ger of þen hit eauer warche. Cwe-mes he nu wel godd ꝥ tus bilimes him of him self þurh ꝥ he nule sweaten ? Oportebat christum pati. ⁊ sic intrare in gloriam suam. (M. 362) Seinte marie merci. hit moste swa beon hit seis. Crist þolie pine ⁊ p-assiun. ⁊ swa habben ingong in to his riche. Swa ⁊ nan oðer weie. ⁊ we wrecche sunefule wil-len wið eise stihe to heuene. ꝥ is swa hehe buuen us. ⁊ swa swiðe muche wurð. ⁊ mon ne mai na-wt wið uten swinc a lutel cote reare. ne nawt twa þwongede schon habbe wið uten bune. Oðer we arn cangede ꝥ wenen wið lih-te scheapes buien eche blisse. ⟨o⟩þer hali halhes ꝥ bohten hit swa deore. Nes sente peter ⁊ seint Andrew þer fore istraht o rode ? Sein laurenz o þe gridel. ⁊ | laðlese meidnes þe pappes itoren of. to hwiðered f. 89ra ohweoles. haue-des bicoruen. Ah ure sotschipe is sutel. ⁊ ho weren like to þise ȝeape childre ꝥ ha-uen riche faderes. ꝥ willes ⁊ waldes to teren hore cla-ðes for to haue newe Vre alde curtel is te flesch ꝥ we of Adam ure eldefader habben. Þe newe we schulen vnderstonde of godd v-re rihte fader. Iþe ariste o domes dai. hwen ure flesch schal blikien. schenre þen þe sunne. ȝif ꝥ hit is her to torn wið

24 ⟨o⟩þer: o *added in space between columns before* þer *at beginning of line* 29 weren: *in the MS. a* ¼*-in. space between* we *and* ren *marks the beginning of a cut* (¼ *to* ½ *in. wide and 3 in. long*) *running obliquely across the page, mended with a strip of parchment left blank on both sides* 31 is *perhaps altered from* u

weane ⁊ wið wond⟨r⟩e-ðe. Of þeo ꝥ hore curtles to teren oþise wise.' seis ysaie. De-feretur munus domino exer-cituum a populo diuulso ⁊ dilacerato a populo terribili. A folc to limet ⁊ to torn. A folc he seis fearlich schal to ure lauerd make present of him seluen. folc to limed ⁊ to torn wið strong lifla-de. ⁊ wið hard. he cleopes folc fear-lich for þe feond is of swuch offruht ⁊ offeard. forþi f. 89rb ꝥ Iob was þullich | he menede of him ⁊ seide. Pellem pro pelle. ⁊ cetera. Ꝥ is. he wile ȝiue fel for fel. þe alde for þe newe. As tah he seide. Ne Geines me nawt to asa-ilȝen him. for he is of ꝥ torne folc ꝥ teores his alde curtel ⁊ to rendes (M. 364) þe alde pilche of his deadliche flesch for ꝥ undeadlich ꝥ iþe newe ariste schal schine seuenfald brih-tre þen þe sunne. Eise ⁊ flesches este beoð þise deoueles merkes. Hwen he seos þise merkes imon oðer wummon.' he wat te castel is his. ⁊ Gas baldeliche in þer he seos iriht up swuche baneres as mon dos icastel. I ꝥ torne folc he misses hise merkes ⁊ seos in ham iriht up godes banere. ꝥ is. hard-schipe of lif. ⁊ haues muche dred trof as ysaie wit-nes.

Me leue sire seis sum ⁊ is hit nu wisdom to don swa wa hire seluen? And tu ȝeld me ondswere of twa men hweðer is wisere. Ha arn baðe seke. þe an forgas al ꝥ he luues of metes ⁊ of drinkes. ⁊ drinkes bittre sa-braz for to acoueren heale. ꝥ oðer folhes al his wil ⁊ forðes hise f. 89va lustes | aȝain hise ⟨secnesse⟩ ⁊ loses telif sone. Hweðer is wisere of þeose twa? Hweðer is betere his ahne freond? Hweðer luues him self mare? And hwa nis sec of sunne. Godd for ure sunnes dra-nc attri drinch orode. ⁊ we nuln nawt bittres bite for us seluen? Nis ter nawiht trof. Siker-liche his folhere mot wið pine of his flesch folhen his pine. ne wene nan wið este. to stihen to þe steorres.

Me sire seis sum eft. wile godd se wrakefulliche wreken up o sunne? Ȝea mon. for lo hu he hit

1 wond⟨r⟩e-ðe: r *interlined with a stroke* 19–20 nes., *preceded by a paragraph mark in green, is written at the end of the line below after* Me leue sire seis sum, *which is followed by a separating colon. Directing* m *written above two-line capital* 25 secnesse *written above* lustes, *which is crossed out after* hise; hise (*left unaltered*) *for* his

hates swiðe. Hu walde þe mon beate ꝥ þing self. hwer se he hit funde. ꝥ for muchel hatinge. beote þrof þe schadewe. ⁊ al þat hafde þer to ani licnesse? Godd fader al mihti. hu beot he bitterliche his deorewurðe sune. iesu crist vre lauerd. ꝥ nauede sunne. buten ane ꝥ he ber flesch ilich ure ꝥ is ful of sunne. ⁊ we schulden beon isparet. ꝥ beren on us | his sune deað. Þe wepne ꝥ sloh him. ꝥ is ure sunne. (M. 366) f. 89vb
And he nefde nawt of sunne bute sch-adewe ane. Was i ꝥ ilke schadewe swa schome-liche ituket. swa sorh'fulliche ipinet. ꝥ ear hit com þer to for þe þreatinge ane þrof:ʼ he bed his fader are. Tristis est anima mea usque ad mor⸗tem. Pater mi si possibile est transeat a me calix iste. Sare quod he me grises aȝain mi pine. Mi fader. ȝif hit mai beo:ʼ spare at tis time Þi wil þah ⁊ nawt min eauer beo iforðet. His deorewurðe fader for þi ne for ber him nawt ah leide on him swa bitterli-che ꝥ he bigon to ȝeien. wið reowðfule steuene. Heloy heloy. lama zabatani. Mi Godd. mi godd. mi deorewur-ðe fader. haues tu al forwar-pen me. þin anlepi sunne? þu beates swa harde? for al þis | ne lette he nawt. Ah beot swa longe. ⁊ swa f. 90ra
swiðe grimliche. ꝥ he starf o rode. Disciplina pacis mee super eum seið ysaie. Þus ure beatinge feol on him. for he dide him bitwene us ⁊ his fader ꝥ þrat'te us for to smiten. as moder ꝥ is reowful dos hire bitwene hire child ⁊ te sturne wraðe fader hwen he hit wile beaten Þus dude vre lauerd iesu crist kepte on him deaðes dunt for to sch-ilde us ter wið. Agraced beo his milce. Hwer se muche dunt is hit bultes aȝain up o þa ꝥ ter neh stonden. Soðliche hwa se is neh him ꝥ kepte þe heuie dunt hit wile bulen on him. ne nule he neauer meanen him. for ꝥ is te preoue ꝥ he stondes neh him. And liht is te bultinge to þolien for his luue. ꝥ vndertoc þe heuie dunt. us for to borhen fram þede-ueles botte iþe pine of helle. ℂ Ȝet seis moni mon. Hwat is godd te betere þah ipine for his

8 *A* ¼-*in. space between* adewe *and* ane *marks the top of the reverse side of a mended cut; see* 131/29 19 sunne (*MS.* sūne) *for* sune ? *repeated in error* 21 mee *for* nostre 28 hit *expuncted after* ꝥ 30 bulen *for* bulten 33 *A paragraph mark in black in margin before* Ȝet *at beginning of the line*

f. 90rb luue? Leoue mon ⁊ wummon. Godd þun-|ches god of ure god. Vre God is ȝif we don ꝥ tat we ahen. Nim ȝeme of þis essaumple. Amon ꝥ were feor ifaren. ⁊ mon com ⁊ talde him ꝥ his deore spuse se swi-ðe murnede after (M. 368) him. ꝥ ho wið uten him delit nauede in na þing Ah were for þoht of his luue. leane ⁊ helhewet. nalde him betere liken þen ꝥ mon seide him ꝥ ho gleo-wede. ⁊ Gomenede. ⁊ wedde wið oðere men ⁊ liuede idelices? Alswa ure lauerd ꝥ is te sawle spuse ꝥ seos al ꝥ ho dos þah he hehe sit-te. he is ful wel ipaiet ꝥ ho murne after him. ⁊ wile hihe toward hire mucheles te swidðre wið ȝeoue of his grace. oðer fecchen hire al-linge to him to glorie ⁊ to blisse þurhwuniende. Ne gra'pi hire nan to nesche. ne to softe-liche hire seoluen to bi charren. Ne schal ho for hire lif. witen hire cleane. ne halde hire riht hire chastete. wið f. 90va uten twa þinges. As seint Ailreade wrat to his suster | ꝥ an is pinsinge in flesch wið fasten wið wecchen wið disci-plines wið hard weringe. hard lehe wið vuel. wið muccle swinkes Þe oðer is herte þeawes. Deuoci-un. Reowful-nesse. luue. Eadmod-nesse. ⁊ oðre swuche uertuz. Me si-re þu onsweres me. Selles godd his grace? nis grace wel to ȝiuen? Mine leoue childre þah clennes-se of chastete ne beo nawt bi-meded at godd ah beoð ȝiuen grace.' vngraciuse stonden þer to ȝaines ⁊ maken ham unwurðe to hal-den swa heh þing ꝥ nullen swinken þer-fore bliðeliche þolien. Bitwe-ne delices ⁊ eise. ⁊ flesches este. hwa was eauer chaste? Hwa bredde eauer inwið hire fur ꝥ ho ne brende? Pot ꝥ walles. nule hit beo ouer laden. oðer cald water casten in oðer brandes wið drahene? Þe wam-be pot ꝥ walles of metes ⁊ mare of drinkes. is se neh nehhebure to ꝥ fule itohe lime ꝥ ho deales ter wið þe brune of hire heate Ah monj mare harm f. 90vb is arn | se flesch wise. ⁊ swa ouerswiðe ofdred leste hire

1 *A ⅜-in. space between* ches *and* god *in the first of five lines affected by a cut (about ⅜ in. wide and 1⅛ in. long), mended with a strip of parchment left blank on both sides* 13 cra (*abbreviated*) *expuncted before* gra'pi *and* g *altered from* p 17 *A ⅜-in. space between* in *and* flesch *in the first of five lines to be affected by a mended cut; see l.* 1 27 *The stroke of some letter expuncted after* este. 33 hire *sic*

heauet warche. leste hore licome febli to swiðe. ⁊ wites swa hire heale. ꝥ te Gast unstr-engðes. ⁊ secnes isunne. And ta ꝥ schulden ane leche hare sawle wið heorte bi⸗ [(M. 370)] reowsinge. ⁊ flesches pinsinge.ʼ bicumen fisiciens ⁊ licomes leches. Dide swa Seint Agaz ꝥ onswerede ⁊ seide to ure lauerdes sonde. ꝥ brohte salue o godes halue to healen hire pappes. Medicinam carnalem corpori meo nunquam adibuj. ꝥ is. fles-chliche medicine ne dide i nea-uer to mi bodi. Naue ȝe herd tel-len of þe þre hali men. bute ꝥ an was iwuned for his calde mahe to nutten hate speces. ⁊ was or-nere of mete ⁊ drinc þen þe twa oðre. þah ho weren seke. ne no-men neauer ȝeme hwat was hal hwat unhal to ete. ne to drin-ke. ah nomen eauer forðriht hwat se godd ham sende. ne maden ha neauer strengðe of gingiur ne of ȝedewal. ni of clows de gi-lofre. A dai as ho þre weren | ifolen up o slepe. ⁊ lei bitwene þeose twa þe [f. 91ra] þridde ꝥ iseide. Com þe cwen of heuene. ⁊ twa meidnes wið hire. ꝥ an as hit were ber a letewarie. ꝥ oðer.ʼ of gold a stic-ke. Vre lauedi wið þe sticke nom ⁊ dide in anres muð of þe letewa-rie. ⁊ te meidenes eoden forðre to þe midliste. Nai quod ure laf-di. he is his ahne leche. Gas ouer to þe þridde. Stod an hali mon of feor biheld al þis ilke. Hwen sec mon haues at hond þing ꝥ wile do him god.ʼ he mai hit wel notien. Ah beo þrefter se angerˈful nis nawt godd cweme. Godd ⁊ hise disciples speken of sawle lechecraft. Ypocras ⁊ Galien of licomes heale. Þe an ꝥ was b-est ileared of iesu cristes leche-craft. seide ꝥ flesches wisedom is deað of þe sawle. Prudentia mor-tis. ⁊ cetera. Procul odoramus bellum As Iob seis. Swa we dreden flesches uuel ⟨ofte⟩ ear þen hit cume.ʼ ꝥ sawle uuel cumes up. ⁊ we þolen sawle uuel for to atstarte flesches uuel. | As tah hit were betere. to þole Gal-nesse brune. [f. 91rb] þen heaued warch oðer grucching of mis tohen wombe. And hweðer is betere in secˈnesse to beo godes freo child.ʼ þen iflesches heale to beo þrel under sunne. And tis ne [(M. 372)]

8 adibuj *for* adhibuj   11 þah: þ *perhaps altered from* w (*wyn*)
28 Prudentia mor-tis *for* Prudentia carnis mors   30 ofte *interlined with two strokes*

seie inawt swa ꝥ wisdom eauer ⁊ mesure. ne beon oueral
iloket ꝥ moder is ⁊ nu-rice of Gode þeawes. Ah we
callen ofte wisdom ꝥ nis nan. for soð wisdom is don eauer
sawle heale bi-fore flesches heale. And hwen mon ne mai
nawt baðe somen halden:ʾ cheose ear licomes hurt. þen
þurh to strong fondinge. sawle þro-winge. Nichodemus
brohte to smeren ure lauerd an hundreð weies hit seis
of mirre. ⁊ of aloes ꝥ arn bitere speces. ⁊ bitacnen bittre
ṣp̣ẹc̣ swinkes ⁊ flesches pin-singes. Hundreð is ful tale. ⁊
notes perfectiun ꝥ is. ful dede. for to scheawe ꝥ mon schal
ful do flesches pine ase forð as eauer þin euene mai
f. 91va þolien. I þe weaie | is bitacnet mesure ⁊ wisdom ꝥ euch
mon wið wisedom weie hwat he muhe don. ne beo nawt
⟨se⟩ swiðe igast. ꝥ he for ȝeome þe bodi. ne eft se tendre
of his fles-ch:ʾ ꝥ hit iwurðe untohen ⁊ ma-ke þe gast
þeowe. Nu is al þis mast iseið of bitternesse uttewið of
bitternesse inwið seie we her sumhwat. for of þise tw⟨a⟩
bitternesses awacnes swetnesse. her ȝet iþis world nawt
ane in heuene As iseide riht nu ꝥ nichodemus brohte
smirles to ure lauerd Alswa þreo maries brohten deo-re⸗
wurðe aromaz his bodi for to smerien. Nimes god ȝeme
Þase þreo maries bitacnen þreo bitternesses. for þis
nome Ma-rie. ase marath ⁊ marith ꝥ ich spec þruppe of:ʾ
speles bitter-nesse. Þe earste bitternesse is isun-ne bi⸗
reowsinge. ⁊ idead bote. hwen þe sunneful is earst iturnd
to ure lauerd. ⁊ tis is understonden bi þe earste marie.
f. 91vb marie mag-|dalener. And bi god riht. for ho in muche
bireowsinge ⁊ bitternesse of herte:ʾ leafde hire sunnes. ⁊
turnde to ure lauerd. Ah forþi ꝥ sum mihte þurh to
muche bit-ternesse fallen in to vnhope. Mag'dalene ꝥ
(M. 374) speles tures hehnes-se:ʾ is to marie ifeiet. þurh hwat is

1 oueral *and the first words in the following four lines indented to avoid a cut in the parchment left unrepaired* 10–11 mon . . . þin *sic* 14 se *in margin before* swiðe *at beginning of line* 16 iseið *for* iseid 17 twa: a *interlined to crush in the word before the edge of the cut that affects this and the next four lines; see line* 1 *above* 19 heuene: *an indistinct final* e *crushed in above at the edge of the cut; then* e *repeated at the other side* 27 mag-dalener (er *abbreviated in MS.*) *for* mag-dalene

bitacnet hope of heh mede. ⁊ of heuene blisse. ꝥ oðer bitternesse is in wrastlinge ⁊ in wragelinge. aȝaines fondin-ges. ⁊ tis is bitacned bi þe oðer marie. marie Iacobi. for Ia'cob speles wrastlere. Þis wrast-linge is ful bitter to monie ꝥ arn ful forð iþe weie toward heue-ne. for þa ȝet te fondinges ꝥ arn þe deueles swenges. waggen oðer hwiles. ⁊ moten wrastlen aȝain wið strong wiglinge. for as Seint Austin seið. Pharao contemp-tus surgit in scandalum. Hwil eauer israeles folc was in egypte vnder pharaones hond:ʼ ne ledde he neauer ferd ter on. Ah þa hit fle-ah fram him:ʼ þa wið al his streng|ðe wende he f. 92ra þrafter. Forþi is eauer bitter feht neod aȝaines pha-raon. ꝥ is aȝain þe deouel. for as ezechiel seis. Sanguinem fugi-es ⁊ sanguis persequetur te. fleo sunne ⁊ sunne wile eauer folhen after. Inoh is seid þruppe hu þe Gode nis neauer siker of alle fon-dinges. Sone as he haues ꝥ an ouercumen:ʼ kepe anan an oðer. Þe þridde bitternesse is longinge toward heuene. ⁊ I þe ende of þis world hwen ani is se hehe ꝥ he haues herte re-ste oneuent vnþeawes weor-re. ⁊ is as in heuene ȝates. ⁊ þunches bitter alle worldliche þin-ges. And þis þridde bitternesse is under⸗stonden Bi marie Salo-me þe þridde marie. for Salo-me speles pes. And teo ȝet ꝥ hauen pes ⁊ reste of cleane inwit:ʼ hauen in hore herte bitter'nesse of lif ꝥ wið haldes ham fram blisse ꝥ ham longes to. fram godd ꝥ ham luues. Þus lo in ewch | estat rixles bitternesse. earst iþe bigin⸗ f. 92rb ninge hwen mon sahtnes wið godd. I forð gong of god lif ⁊ iþe laste ende. Hwa is tenne o godes half ꝥ wilnes iþis world eise oðer este ? Ah nimes nu ȝeorne ȝeme mine leue chil-dre hu after bitternesse kumes swetnesse. bitternesse biȝete. for as te godspel telles. þeose þre maries bohten (M. 376) swete smellin-de aromaz to smeren ure la'uerd. Þurh aromaz ꝥ is swete. is vnderstonden swetnesse of deuot herte. þeose maries hit bohten ꝥ is. þurh bitternesse. mon cumes to swetnesse. Bi þis nome ma-rie:ʼ nimes eauer bitternesse. Þurh maries bone was atte neoces water

1 mede *altered from* merite, ri *being expuncted and* t *changed to* d
18 ende *probably for* ennui

iwent to win. ꝥ is to vnder-stonden. þurh bone of bitter⸗nes- ꝥ mon drehes for godd˙/ þe heorte ꝥ was wattri smelles ni ne felde na sauur of godd na mare þen iwater˙/ f. 92va schal beo went in to win. ꝥ is schal finde smech | in him swete ouer alle wines. forþi seis. Salomon. Vsque in tempus susti|nebit patiens ⁊ postea redditio iocunditatis. ꝥ is. þolemodli-che þole bitter ane hwile. ⁊ he schal sone þrafter haue ȝeold of blisse. And Anne I tobie seis bi ure lauerd. Qui post tempesta-tem tranquillum facit. Et post lacri-macionem ⁊ fletum exultationem infundit. ꝥ is. Iblesced be þu lauerd ꝥ makes stille after strong. ⁊ after wopi wattres˙/ ȝeldes bliðe murh-ðes. Salomon. Esuriens etiam amarum pro dulci sumet. Ȝif þu after þe swete of hungred˙/ þu m-ost earst witerliche biten o þe bittre. In canticis. Ibo michi ad montem mirre. ⁊ ad colles thuris. I wile Gan ha seis Godes dere spuse to Reche-les hul bi þe dun of mirre. lo hwuch is te wei to recheles swet-nesse. bi mirre of bitternesse. And eft i ꝥ ilke luue boc. Que est ista que ascendit per desertum f. 92vb sicut uirgula fu-mi ex aromatibus mirre ⁊ thu-|ris? Nu meanes hire sum ꝥ ho ne mei hauen na swetnesse of godd ne swetnesse wið innen. ne forwun-dre ho hire nawt. ȝif ho nis ma-rie. for ho hit mot buggen wið bitternesse wið uten. Nawt wið euch bitternesse. for sum Gas fram⸗ward Godd. As ewch worldli-che sar. ꝥ nis for sawle heale. for þi ⟨in⟩ þe Godspel of þe þreo maries is writen. þise weis. Vt uenientes vngerent iesum. non autem rece⸗den-tes. Þeose maries hit seis. þa-se bitternesses weren (M. 378) cumende to smeren ure lauerd. Þase arn cumende to smeren ure lauerd ꝥ men þoles for his luue ꝥ stre-ches him toward us as þing ꝥ ismeret is. ⁊ makes him nesche ⁊ softe to hondlen. And nes he him self reclus in maries wombe. Þose twa þin-ges limpes to ancre. nareweðe ⁊ bitternesse. for wambe is narew wuninge þer ure lauerd f. 93ra wes re-clus. ⁊ tis word marie as is ofte | iseid speles

1–2 bitternes- *for* bitternes-se 3 smelles *probably for* smechles 11 strong *probably for* storm 14 art *omitted before* of hungred˙/ 26 in *interlined*

bitternesse. ʒif ʒe þenne i narew stude þolen bitternesse.ʼ ʒe arn hise felahes. Recluses as he was imaries wombe. Beo ʒe ibunden inwið þe fowr large wahes ⁊ he in his naẉrewe cradel. Inai-let o rode. Istanene þruh biclu-set hetefaste. Maries wombe ⁊ tis þruh weren hise ancre huses Inowðer nes he worldlich mon ah was as ut of worlde. for to ische-awen ancres. ꝥ ho ne schulen wið þe world na þing naue meane ʒif þu onswerest me. Ah he wen-de ut of baðe. ʒe wende ut al-swa of baðe þine ancre huses as he dide wið ute bruche. ⁊ leaf ham baðe hale. ꝥ schal beo hwen þe Gast wendes ut on ende wið ute bruche ⁊ wemme. Of þise twa hu-ses. ꝥ an is te licome. þoðer is te utter hus ꝥ is al þe utter wal abuten þe castel

Al ihaue seid of flesches pin-singe nis nawt for ow ah for sum ꝥ schal rede þis inohraðe ꝥ grapes hire to softe. Noðeles | ʒunge impes mon Gurdes wið þorˈnes. leste (f. 93rb) beastes freten ham hwil ꝥ ho arn merewe. ʒe arn ʒunge impes iset igodes orcheard. Þor-nes arn þe hardschipes ꝥ ihaue speken of. ⁊ ow is ned ꝥ ʒe beon biset wið ham abuten. ꝥ te beast of helle hwen he snakeres toward ow (M. 380) for to biten on ow hurte him oþe scharpschipe ⁊ schunche aˈʒainwardes. Wið al þis hardschip beos glade ʒif litel word is of ow. ʒif ʒe beon unwur-ðe. for þorn is scharp ⁊ vnwurð wið þase twa beos gurde. ʒe ne ahen nawt to vnnen ꝥ ani word beo of ow na mare þen of deade And beos bliðe iherted ʒif ʒe þolen daunger of sluri þe cokes cnaue ꝥ wasches disches iþe cu-chine. þenne be ʒe dunes ihehet to þe heuene. for lo hu ꝥ lauedi spekes i ꝥ luue boc. Venit dilectus meus saliens in montibus transiliens colles. Mi leof cumes ho seis lea-pinde o þe dunes ouer⸗leapende hul-les. Dunes.ʼ bitacnen þa.ʼ ꝥ leaden | hehest (f. 93va) lif. Hulles arn þe lahre Nu seis ho ꝥ hire leof leapes i þe dunes. ꝥ is. totredes ham. De-fules ham. þoles ꝥ mon totredes ⁊ toke ham al to wunder. Schea-wes in ham hise ahne troden ꝥ mon trudde him in ham. ⁊ finde hu he was totreden as his trode scheawes. Þine arn þe hehe

13 al *for* as 14 *Directing* a *in margin before two-line capital*
22 gla *and a curve of letter* d *expuncted after* þis 36 Þine *for* Þise

du-nes. As munz of muntgiw. du-nes of armenie. þe hulles arn þe lahere. Þeos as te lafdi seis hire self. ouer leapes. ne trustes him nawt on ham. for hore feblesce ne mihte nawt þolien. swich to tredinge. ⁊ he leapes ouer ham. for beores ham ⁊ forhuhes aðat ho waxen herre. fram hulles to du-nes. His schadewe hure ouergas ⁊ hules ham hwil he leapes ouer ham. ꝥ is. Sum ilicnesse he leis on ham of his lif on eorðe. as tah hit were his schadewe. Ah þe du-nes vnderfos þe trodes of him seluen. ⁊ scheawes in hore lif hwuch his lif was. hu ⁊ hwer he eode ihwuch vilte. ⁊ wa. he ladde his lif on eorðe. Swuch adun was | f. 93vb te Gode Pawel. ꝥ seide. Deicimur sed non perimus. Mortificacionem iesu in corpore nostro circumferentes ut (M. 382) ⁊ uita iesu icorporibus nostris manifestetur. Alle wa quod he. ⁊ alle schome we þolien. Ah ꝥ is ure selhðe. ꝥ we be-ren on ure bodi iesu cristes dead-licnesse. ꝥ hit suteli in us hwuch wes his on eorðe. Godd hit wat he ꝥ tus dos.' he preoues his luue toward ure lauerd. luues tu me ? cuð hit. for luue wile scheawen him wið uttre werkes. Gregorius Probatio dilectionis exhibitio est operis. Item. Amor omnia facilia reddit. Ne beo neauer þing se hard ꝥ luue ne lihtes hit. ⁊ softes ⁊ swetes. Hwat þolies mon ⁊ wum-mon for fals luue. ⁊ ful luue. ⁊ mare walden þolien ? Hwat is mare wunder. ꝥ siker luue ⁊ treowe. ⁊ ouer alle oðre swete. ne mei meistren us se forð as dos ꝥ luue sunne ? Nawt forþi iwat swuch ꝥ beores baðe to Gedere heui brunie ⁊ heire. ⁊ b den wið irn. middel. þeh f. 94ra ⁊ armes wið brade þicke bandes swa ꝥ te | swat ter of is passiun to þoli'en. fastes. wakes. swinkes. And crist hit wat he meanes him ꝥ hit ne greues him nawt. ⁊ bi-des me ofte teachen him sum hwat wið hwat he mihte his ⟨licome⟩ deruen. Deuleset. ȝet he wepes to me wiuene sarest ⁊ seis godd for ȝetes him for þi ꝥ he ne sendes him na mu-che secnesse. Al ꝥ is bitter for vre lauerdes luue al him þunches swete. Godd hit wat ꝥ makes luue. for

17 lif *omitted after* his 27 b den *for* bunden: *two letters lost because of a small tear* 32 licome *in margin to replace* bodi, *crossed out at beginning of line* wiuene *probably for* monne

as he seis me ofte. for naþing ꝥ mihte don uue-le wið him. þah he wið þe for lorene wurpe him in to helle:ʹ ne mihte he neauer him þun-ches. luuien him þe lasse. Ȝif ani mon oht swuch þing ortreowes bi him:ʹ he is ma-re mat þen þe þeof inumen wið þeofðe. Iwat swuche wim-men ꝥ þolien lutel lasse. Ah nis bute þonki godd þe strengðe ꝥ he ȝiues ham. ⁊ icnawen ead-modliche ure wacnesse. lu-| ue hore god. ⁊ swa hit is ures. for as Seint gregorie seis. of f. 94rb swa mu-che strengðe is luue. ꝥ hit ma-kes oðres god. wið uten swinc ure ahne. Nu me þunches we arn icumen in to þe seueðe dale ꝥ is al of luue. ꝥ makes schir heorte.

Sente pawel witnesses ꝥ alle uttre hardschipes alle (M. 384) flesches pinsinges. ⁊ licomliche swinkes:ʹ al is as nawt aȝain luue ꝥ schires ⁊ brihtes teherte. Excercitatio corporis ad modicum ualet. Pietas autem ualet ad omnia. ꝥ is. licomliche bisischipe is to lutel wurð. Ah swete ⁊ schir herte. is god to alle þinges. Si lin-guis hominum loquar ⁊ angelorum Item. Si tradidero corpus meum ita ut ar'deam. Item. Si distribuero omnes fa-cul⸗ tates meas in cibos pauperum caritatem autem non habeam nichil michi prodest. Þah icuðe he seis monnes leodene ⁊ engles. Þah i dude o mi bodi al þe pine ⁊ passiun ꝥ bodi mihte þolie. Þah iȝeue | poure al ꝥ i ahte. ȝif f. 94va inauede lu-ue þer wið to godd ⁊ to alle men in him ⁊ for him:ʹ al were hit spilt. for as te hali abbot Moyses seide. al þe wa ⁊ al þe hard ꝥ we þolen on flesch ⁊ al þe god ꝥ we eauer don. Al-le swuche þinges narn buten as lomes to tile wið þe heorte. Ȝif axe ne curue. ne spitel staf ne dul-ue. ni þe ploh ne erede. hwa kep-te ham to halden? Alswa as na mon ne luues lomes for ham self ah dos for þe þinges ꝥ mon wur-ches wið ham. Alswa na flesches derf. nis to luue bot forþi þat godd te raðere þiderward loke wið his grace. ⁊ make þe herte schir ⁊ of briht sihðe. ꝥ nan ne mei habben wið mongling of vn-þeawes. ni wið eorðliche

1 godd *probably omitted after* ꝥ 3 he: h *altered from* t
4 oht: o *altered from* e 14 Excercitatio *for* Exercitatio
21 monnes *for* monne *or* mennes 34 habben *at the apex of a triangular strip of parchment mending a cut is slightly indented*

(M. 386) luue of worldliche þinges. for þis luue weorres swa þe ehne of þe heorte ꝥ ho ne muhen icnawe godd. ni gladien of his sihðe. Schir her-te As Seint Bernard seið makes twa þinges. ꝥ tu al ꝥ tu dos. do hit owðer for luue ane of f. 94vb godd | oðer for oðres god ⁊ for his biheo-ue. Haue in al ꝥ tu dos an of þise twa ententes oðer baðe. for þe latere falles in to þe forme. Haue eauer schir herte þus:ʼ ⁊ do al ꝥ tu wult. Haue weari herte. ⁊ al þe sitis uuele. Omnia munda mun-dis. Coinquinatis uero nichil est mundum. Apostolus. Item Augustinus. Habe caritatem ⁊ fac quicquid uis. Voluntate ui-delicet rationis. for ouer alle þin-ges beos busie to habben schir heorte. Hwat is schir heorte Ich hit haue seid ear. ꝥ is. ꝥ ȝe na þing ne wilnen. ni luuien bute godd ane. ⁊ ta ilke þinges for godd ꝥ helpen ow toward him. for godd iseie luuie ham. ⁊ nawt for ham seluen. As is mete ⁊ clað mon oðer wummon ꝥ ȝe arn of igo-ded. for as Seint Austin seis. ⁊ spe-kes tus to ure lauerd. Minus te a-mat qui preter te aliquid amat quod non propter te amat. ꝥ is. lauerd lesse he luues te. ꝥ luues oht bute te þe. bote he luue hit for þe Schirnesse f. 95ra of heorte is godes | luue ane. I þis is al þe strengðe of alle religiuns. þe ende of alle ordres. Plenitudo legis est dilec-tio. luue filles te lahe seis Seint pawel. Quicquid precipitur in so-la caritate solidatur. Alle godes heastes as Seint Gregorie seis arn in luue rotet. luue ane schal beo leid iseinte miheles weie. þeo ꝥ meast luuien:ʼ schulen beo meast iblisset. nawt ta ꝥ leaden hardest lif. for luue hit ouer weies luue is heouene stiward. for his muchele freolaic. for ho ne wið haldes na þing. Ah ȝiues al ꝥ ho haues. ⁊ ec hire seluen elles ne kepte godd of nawt tat hires were.

Godd haues ouer gan ure luue on alle cunnes wise He haues muchel idon us. ⁊ mare bihaten. Muche ȝift (M. 388) of drahes luue. Me al þe world he ȝef us in Adam ure fader. ⁊ al ꝥ is iþe world he warp under ure fet. beastes ⁊ fuheles f. 95rb ear we weren forgulte. Omnia subie|cisti sub pedibus

1 weorres *for* wores 8 weari *probably for* wori 20 bute te *with line-division between words, for* bute

eius oues ⁊ boues vniuersas insuper ⁊ pecora campi. Volucres celi ⁊ pisces maris qui perambulant semitas maris. And ȝet al ꝥ is as is þruppe iseid seruen þe gode to saule biheoue ȝet te uuele serues eorðe. Sea. ⁊ sunne. He dẹ⟨i⟩de mare. ȝef us n-awt ane of his. ah dide al him seluen. Swa heh ȝeoue nes neauer ȝiuen to swa lahe wrecches. Apostolus Christus dilexit ecclesiam ⁊ dedit semet sẹịpsum pro ea. Crist seis sein pawel luuede swa his leofmon. ꝥ he ȝef for hire þe pris of him seluen. Ni-mes nu god ȝeme. for hwi mon him ah to luuien. Erst as mon ꝥ wohes. As king ꝥ luuede a laf-di of feorene londe. He sende hise sondes biforen. ꝥ weren þe patriarches ⁊ te prophetes of þe alde testament wið lettres isealed. On ende he com him seluen. ⁊ brohte þe godˈspel as lettres iopenet. ⁊ wrat wið his ahne blod saluz to his leofˈmon luue gretinges. for to wohe hire wið ⁊ hire luue wealden. Her to falles a tale. a hulet forbisne A lafdi was wið hire fan biset | al abuten. hire lond al destruet ⁊ ho alˈpoure f. 95va inwið an eorðene castel. A mihti kinges luue was tah biturn up on hire swa vn-imete swiðe. ꝥ he for wohlac sende hire hise sondes an after oðer. ⁊ ofte somen monie. Sen-de hire beawbelez baðe feole ⁊ faire. Sucurs of liueneð help of his hehe hird to halden hire castel. Ho underfong al as an un rechelesẹ ⁊ swa was hard ihertet ꝥ hire luue ne mihte he neauer beo þe neor-re. Hwat wiltu mare. He com him self on ende. Scheawde hi-re his faire neb. as he ꝥ wes of alle men feherest to bihalden Spec se swiðe swetliche ⁊ spek wordes se murie ꝥ ha (M. 390) mihten deade arearen to liue. wrohte feole wundres. ⁊ dide muccle maistries biforen hire ehesih-ðe. Scheawde hire his mihte Talde hire of his kinedom. bead to make hire cwen of al ꝥ hạ⟨e⟩ ahte. Al þis ne halp nawt. | nas tis f. 95vb hoker wunder? for ho nes nawt wurðe for to beo his þuftin. Ah swa his deboneirte wið luue hefde ouercumen him ꝥ he seide on ende. Dame þu art weorret. ⁊ tine fan

3 seruen *for* serues 5 dẹ⟨i⟩de: i *interlined* 20 biturn *sic* 32 hạ⟨e⟩: e *interlined* 35 Dame: *the upper part of* D *is covered by a smudge of gold paint, which is smeared here and there over f.* 95v

arn stronge. ꝥ tu ne maht nanes weies wið uten mi su-curs atfleon hore hondes. ꝥ ho ne don þe to schome deað Ich wile for þe luue of þe. ni-me þis fiht up on me. ⁊ swa rudde þe of ham ꝥ ti deað sechen. I wat tah to soðe ꝥ ischal bitwene ham nime de-aðes wunde. ⁊ i hit wile herte-liche for to ouer Ga þi heorte Nu þenne biseche i þe for þe lu-ue ꝥ icuðe þe. ꝥ tu luue me hure after ꝥ ilke dede deaðe:' hwen þu naldes liues. Þe king dude al þus. Rudde hire of h-ire fan. ⁊ was him self to wun-dre toket. ⁊ siðen slein on ende Þurh miracle aras tah fram deaðe to f. 96ra liue. Nere þis ilke lafdi of uueles cunnes cunde | ȝif ho ouer alle þinge ne luuede him þrafter. Þis king is iesu godes sune. ꝥ al o þise wise wohe|de ure sawle ꝥ deueles hefden biset. And he as noble wohere after monie messagers ⁊ feo-le goddedes. com to preouen his luue. ⁊ scheawe þurh cniht|schipe ꝥ he was luuewurðe as weren sumhwile cnihtes wu-net for to donne. Dide him itur⸗ne|ment. ⁊ hauede for his leoues luue his scheld ifeht as kene cniht on euch half iþurlet. His scheld ꝥ wreah his godhed was his licome ꝥ was isprad o rode. brad as scheld buuen in hise istrahte armes. narew bineo-ðen as ꝥ an fot after monnes wene iset oþat oðer. ꝥ tis scheld naues (M. 392) sides:' is for bitacninge ꝥ hise disciples ꝥ schulden stonde bi him ⁊ haue ibeon hise sides:' fluhen fram him ⁊ leafden him as fremde. As te godspel seið Relicto eo omnes f. 96rb fugerunt. Þis sch-eld is ȝiuen us aȝein alle temp-|tatiuns. As Ieremie witnesses Dabis scutum cordis laborem tuum. Et Psalmista. Scuto bone uoluntatis tue coronasti nos. Nawt ane þis scheld ne schildes us fram alle uueles:' Ah dos ȝet mare. Crunes us in heuene. Scuto bone uoluntatis coronasti. Lauerd seið dauid wið þe scheld of þi gode wil þu haues us icrunet. Scheld he seis of god wil. for willes he þo-lede al ꝥ he þolede. ysaias Oblatus est quia uoluit. Me lauerd tu seist. hwer to ne mihte he wið lesse gref haue irud us fram helle ? Ȝuse iwis ful lihtliche ah he nalde. hwi ? for to bitaken us euch bitellinge aȝain him

12 *A space sufficient for two letters is left before* Þis, *which has a thick black capital*

of ure luue ꝥ he se deore bohte. Mon buies lihtliche þing ꝥ mon luues lutel. He bohte us wið his blod. Derre pris nes neauer for to drahen of us ure luue to-ward him ꝥ costnede him se deore. In scheld arn þre þinges. þe treo ⁊ te leðer. ⁊ te litinge. Alswa was iþis schild þe treo of þe rode. þe leðer of ″licome″ godes. þe litinge | of þe f. 96va reade blod ꝥ heowede hire se feire. Eft þe þridde reisun. After ke-ne cnihtes deað mon henges ichirˈche his scheld on his muneginge Alswa is tis scheld. ꝥ is te crucifix in chirche iset iswuch stude. þer mon mei sonḍest seo hit. for to þenche þerbi o iesu cristes cnihtẹschipe. ꝥ he dide o rode. His leofmon bihalde þron hu he bohte hire luue. lette þurlen his scheld. openen his side to scheawen hire his heorte. to sch-eawen hire openli hu inwaldli he luˈuede hire ⁊ ofdrahen hire heorte Fowr heaued luues mon findes in þis world. Bitwene Gode felahes. Bitwene mon ⁊ wummon. Bitwene wif ⁊ hire child. Bitwene licome ⁊ sawle. Þe luue ꝥ iesu crist haues to his leofmon (M. 394) ouergas þise fowre passes ham alle. Ne telles mon him god fere ꝥ leis his wed igiwrie to cwiten ut his fere? Godd al mihti leide him self for us igiwerie. ⁊ di-de his deorewurðe bodi to acwiten us his leofmon of giwr̤iene hond Neauer fere swuch fordede ne dide for his fere. Muche luue is ofte bitwene mon ⁊ wummon. Ah þah ha were iweddet to him:ʼ ha muhte | iwurðe swa unwrast. f. 96vb ⁊ se longe ha muhte forhoren hire wið Oðre men ꝥ tah ha walde aȝain cume:ʼ he ne kepte hire nawt. forþi crist luues mare. for þah þe sawle his spuse for hore hire wið þe feond under heaued sunne. feole ȝeres ⁊ dahes:ʼ his merci is hire eauer ȝa-rew. hwen ha wile cumen ham ⁊ leaten þe deouel. Al þis he seis him self þurh Ieremie. Si dimise-rit uir uxorem suam. ⁊ cetera. tu autem forni= cata es cum multis amatoribus tamen reuertere ad me dicit dominus. ȝet he seis al dai þu ꝥ haues se un-wreastli don. biturn þe ⁊ cume a-ȝain:ʼ welcume schal tu beo me. Immo ⁊ occurrit filio prodiˈgo uenienti. ȝet he eornes

6 ″licome″ godes *marked for transposition*   22 us *for* ut
26 Oðre: O *altered from some other letter*

aȝain hire ȝain cume hit seis. ⁊ war-pes aṛnan armes abuten hire swire. Hwat is mare milce ? ȝet her gladfulre wunder. ne beo neauer his leof forhored wið se monie deadliche sunnes. sone se ho cumes aȝain to him:' he ma-kes hire neowe maiden. for as Seint Austin seis. Swa muchel is bitwe-ne godes neohleachinge ⁊ mon-nes to f. 97ra wummon. ꝥ monnes nehlea-|chinge makes of meiden wif. ⁊ Godd makes of wif meiden. Restituit inquid Iob genus integrum. Gode wer'kes. ⁊ treowe bileaue. þeose twa þinges arn meidenhad isawle. Nu of þe þridde luue ꝥ is bitwe-ne wif ⁊ hire child. Child ꝥ hefde swuch uuel ꝥ him bihofde bað of blod ear hit were ihealet. Muche þe moder luuede hit ꝥ walde hit þis bað maken. Þis dide (M. 396) ure la-uerd us ꝥ weren seke of sunne. ⁊ swa isuled ter wið ꝥ na þing ne mihte ne healen us ne cleansen. bute his blod ane. for swa he hit walde. his luue makede us bað þrof. ibles-ced beo he eauer. Þreo baðes he grei-ðede to his deore lefmon for to was-chen hire in ham se hwit ⁊ se feir ꝥ ho were wurðe hise cleane clup-pinges. Þe earst bað is fulloht Þe oðer arn teares inre oðer uttre. after þe forme bað ȝif ho fuiles hire. Þe þridde bað is iesu cristes blod ꝥ halhes baðe þoðre as Seint Iohan seis i þe apocalipse. Quj dilexit nos ⁊ lauit nos in sanguine suo. ꝥ he luues us mare þen ani moder dos child:' he hit seis | f. 97rb him self þurh ysaie. Nunquid potest mater obliuisci filii uteri sui. Et si illa obliuiscatur ego non obliuiscar tui Mai moder he seis for ȝeten hire child. ⁊ toh ho do:' ine mei þe for ȝete neauer. And seis te reisun after In mani- bus meis descripsi te. I haue he seis depeinted te inwið mine honde. swa he dide wið read blod up oþe rode. Mon cnuttes his girdel to haue þoht on a þing Ah ure lauerd for he nalde neauer forȝeten us:' dide merke of þurlin-ge in ure munehinge in baðe twa hise hondes. Nu of þe feorðe luue. Þe sawle luues te licome swiðe wið alle. ⁊ taḥ⟨t⟩ is eðscene iþe twinninge. for leoue freond beoð sarie hwen ho schulen twinnen. Ah ure lauerd williche to twinne-de his sawle fram his bodi. for to feien ures baðe

3 hit *expuncted after* beo 35 taḥ⟨t⟩: t *interlined*

to Gederes world buten ende iþe blisse of he-uene. Þus lo iesu cristes luue toward his deore spuse. ꝥ is. hali chirche oðer cleane sawle. passes alle. ⁊ ouercumes þe fowr meste luues ꝥ mon ifindes on eorðe. Wið al þis luue ȝette he wohes hire oþise wise

Þi luue he seis oðer hit is to ȝiue allunge. oðer hit is to (f. 97va) sellen. oðer hit is to reauen ⁊ to nimen wið strengðe. (M. 398) ȝif hit is for to ȝiuen. hwer mah'tu biteon hit betere þen up o me? Nam i þinge feireste? Nam i kinge richest? Nam i hehest icunnet? Nam i weore wisest? Nam i monne hendest? Nam i þinge freoest? for swa mon seis bi large mon ꝥ ne con nawt halde. ꝥ he haues te honde as mine arn iþurlet Nam i alre þinge swetest? Þus alle þe reisuns hwi mon ah to ȝiue luue þu maht finden in me. Nomeliche ȝif þu luues chaste cleannesse for nan ne mai luue me bute ho hire halde. Ȝif þi luue nis nawt to ȝiuen. ah wult ꝥ mon buggen hire. hu oðer wið oðer luue oðer wið sumhwat elles. Mon selles wel luue for luue. And swa mon ah to selle luue ⁊ for na þing | elles. ȝif þin (f. 97vb) is swa to sellen ihaue boht hire wið luue ouer alle oðre. for of þe fowr maste luues ihaue icud to-ward te þe measte of ham alle. Ȝif þu seist þu nult nawt lete þron swa liht chea-pe. ah wult ȝette mare:' nemp-ne hwat hit schule beon. Set-te feor oþi luue. þu ne maht nempne se muchel:' ꝥ i nule ȝiue þe mare. wultu cast-les. kinedomes. wiltu weal-den al þe world? Ich wile do þe betere. make þe wið al þis cwen of heuene riche. þu schalt te self beo seouenfald brih-tre þen þe sunne. Nan uuel ne schal neohhe þe. Na þing ne schal sweame þe. Na win-ne ne schal wonte þe. Al þi wil schal be iwroht in heue-ne ⁊ in eorðe. ȝea ⁊ in helle. Ne schal neauer heorte þen-che swuch selhðe. ꝥ i nule ȝi-ue þe for þi luue vnimeteli-che. vneuenliche. vnendeli|che mare. Al cressuse weole. (f. 98ra) Ab'salones schene wlite. ꝥ as ofte as he euesede him. salde his euesin-ge. þe her ꝥ he carf of for twa hundreð sicles of seluer. Asaeles swiftschipe. ꝥ straf wið heortes

5 wise, *preceded by a paragraph mark in black, is written below the last line of the column at the end* 17 buggen (*MS.* buggē) *for* bugge

ofurn. Sampsones strengðe ꝥ sloh a þusand of hise fan al at a time. ⁊ ane bute fere Cesares freolaic. Alisandres hereword. Moysese heale. Nalde amon for an of þise (M. 400) ȝi-ue al ꝥ he hefde ? ⁊ al somen aȝain mi bodi. nis nawt wurð anelde. Ȝif þu art se swiðe wod ⁊ swa ut of þi witte. ꝥ tu þurh nawt to leosen forsakest swuch biȝeate wið alle cunne selhðe:ʼ lo i halde her hatel sword uuen oþi heauet to deale lif ⁊ saw-le. ⁊ to bisenchen ham baðe. in to þe fuir of helle. to beo þer deoueles hores schendfulliche ⁊ sorhfulliche world buten ende. Onswere nu ⁊ were þe ȝif þu const aȝain me. oðer ȝeate me þi luue þat i ȝerne f. 98rb se swi-|ðe. nawt for min ah for þin ah-ne muchele gode. Lo þus ure lauerd wohes. Nis ha to hard iherted ꝥ a þulli wohere. ne mei to his luue turne. ȝif ha wel þenches þeo-se þreo þinges. Hwat he is ⁊ hwat ho is. ⁊ hu mẹ⟨u⟩⸗chel is te luue of se heh as he is:ʼ toward se lah as ho is. for þi seis te salmewrih-te. Non est qui se abscondat a calo-re eius. Nis nan ꝥ muhe atluti-en ꝥ ho ne mot him luuien. Þe soðe sunne iþe vndertid was forþi istohen on heh oþe hehe rode. for to spreaden oueral hate luue gleames þus nedful he wes. ⁊ is aðet tis dai to entenden his luue in his leoues heorte. And seið Iþe godspel. Ig-nem ueni mittere in terram et quid uolo nisi ut ardeat ? Icom to brin-gen he seis fur in to eorðe. ꝥ is. bearˈninde luue in to eorðlich heorte And hwat ȝerne ich elles bute ꝥ hit blasie ? wlech herte is him lað. as he seis þurh Seint Iohan I þe Apocalipse. Vtinam frigidus esses aut calidus. f. 98va sed quia tepidus es:ʼ | incipiam euomere de ore meo. Ich walde he seis to his lefmon ꝥ tu weˈre imi luue oðer allunge cald oðer wið alle hat. Ah for þi ꝥ tu art as wleach bitwene twa noðer cald ni hat:ʼ þu makes me to (M. 402) wla-tien. ⁊ wile speowe þe ut bute þu wurðe hattre. Nu ȝe hauen herd mine leue sustre hu ⁊ forhwi godd is swiðe to lu-ue. for to ontenden ow wel:ʼ Gederes wude þer to

3 Nalde, *beginning a line, has a thick black capital with a red stroke and simple flourishes in red extending over five lines in the margin* 15–16 mẹ⟨u⟩chel: u *interlined* 21 entenden *for* ontenden 32 *A space sufficient for two or three letters before* Nu, *which has a thick black capital*

wið þe poure wumˈmon of sarepte þe burh. ꝥ spe-les ontendinge. Regum in″. En inquid colligo duo ligna. La-uerd quod ho to helie þe hali prophete lo. i Gedere twa treos. Þeose twa treos bitacneð ꝥ a treo ꝥ stod up riht. ⁊ tat oðer ꝥ eode þwert ouer of þe deore rode. Of þease twa treos ȝe schulen ontende fur of luue inwið owre heortes Biseos ofte toward ham. Þenches ȝif ȝe ne ahen eaðe to luuien þe king of blisse. ꝥ toward ow swa spreades hise armes. ⁊ buhes as to beode cos dunewardes his hea-ued. Sikerliche ich segge hit. ȝif | þe soðe helye. f. 98vb ꝥ is ure lauerd godd al mihti findes ow þise treos bisiliche Gederinde.ʼ he wile wið ow gestne. ⁊ monifalden in ow his deorewurðe grace. As helie dide hire lifnið. ⁊ Gest-nede wið hire. ꝥ he ifond te twa treos Gederinde i sarep-te. Greckes fur is maked of read monnes blod. And tat ne mai na þing bute migge ⁊ sond ⁊ eisil as mon seis acwen-chen. Þis grickes fur is te lu-ue of iesu crist ure lauerd. And ȝe hit schulen makie of read monnes blod ꝥ iesu crist ireadet wið his ahne blod o þe deore rode. And was inread cunde-liche alswa as mon wenes. Þis blod for ow isched up oþe twa treos.ʼ schal maken us ⁊ ow sa-rep⸗tiens. ꝥ is ontendet wið grickes fur. ꝥ as Salomon seis. nane wattres. ꝥ arn worldliˈche tribulatiuns. nane tempta-ciuns nowðer inre ne uttre ne muhen þis luue acwenchen Nu nis tenne on ende bute | witen ow warliche wið f. 99ra (M. 404) al hit acwen-ches. ꝥ beoð. migge. ⁊ sond ⁊ eisil as i ear seide. Migge is stink of sunne. Osond ne growes na God. ⁊ bitacnes idel. Idel acal-des ⁊ acwenches tis fur. stires ow cwicliche ai in gode dedes. ⁊ tat schal heaten ow ⁊ ontenden þis fur aȝein þe brune of sunne for al swa as tat an nail driues tat oðer.ʼ Alswa þe brune of godˈes luue.ʼ driues brune of ful-luue ut of þe heorte. Þe þridde þing is eisil. ꝥ is sur heorte of nið oðer onde. Vnderstondes tis word. Þa þe niðfule giwes offreden ure lauerd þis sure present up o þe rode. þa seide he ꝥ rewðfule word. Con⸗summatum est. Neauer quod he ear nu ne was i ful

2 Regum in″ *marked for transposition* 14 ifond *followed by the unfinished curve of some letter* 31 ut *omitted after* driues

ipinet Nawt þurh ꝥ eisil. ah þurh ⟨hore⟩ ondfule nið ꝥ tat eisil bitac-nes ꝥ ho him diden drinken ⁊ is ilich as tah amon hefde longe iswun-ken. ⁊ failȝede after sar swink | f. 99rb on ende of his huire. Alswa ure lauerd mare þen twenti ȝer tile-de after hore luue. ⁊ for al þis sare swink wilnede na þing bute lu-ue to hure. Ah iþe ende of his lif. ꝥ was as iþe euentid hwen mon ȝeldes wercmen hore daies hure.ˀ loke hu ho ȝulden him. for pi-ment of his luue. Eisil of sur nið ⁊ Galle of onde. O quod ure lauerd ta. Con-summatum est. Al mi swinc on eorðe. Al mi pine o rode. ne sweames me. ne ne derues me nawiht aȝain þis. ꝥ i þus biteo al ꝥ i don habbe Þis eisil ꝥ ȝe beoden me. þis sure hure þurh fulles mi pine. Þis eisil of sur herte ⁊ of bitter þonc ouer alle oðer þinges.ˀ acwenches grickesch fur. ꝥ is te luue of ure lauerd And hwa se hit beores ibreoste toward mon oðer wummon.ˀ ho is giwes make. f. 99va ho offres godd tis eisil. ⁊ þurh fulles onont hire | iesues pine o rode. Men warpes gric-kesch fur up on hise famen. ⁊ swa mon ouercumes ham. ȝe schulen don alswa. Hwen godd reares ow of ani fa ani weorre. hu ȝe hit schulen warpe.ˀ Salomon hit tea-ches Si esurierit inimicus tuus ciba illum. Si sicierit.ˀ potum da illi. sic enim carbones ardentes congeres super caput eius. Þat is. ȝif þi fa (M. 406) hungres.ˀ fed him. to his þrust.ˀ ȝif him drinke. ꝥ is to vnder stonden. ȝif he after þin harm haues hunger oðer þrust.ˀ ȝif him fode of þine beodes ꝥ godd do him are. ȝif him drinc of teare wep for his sunne. þus tu schalt seis Salomon rukelen on his heaued bearninde gledes. ꝥ is to seie. þus tu schalt ontenden his herte to luue þe. for heorte is in hali writ bi heaued understonden. O þulli wise wile Godd seggen at te dome Hwi luuedes tu þe mon oðer þe wummon. Sire ho luueden me. ȝea he wile seie f. 99vb þu ȝuldes ꝥ tu ahtes. her ne ah i þe nawt mu|cheles to ȝelden. Ʒif þu maht onsweren. Sire iluuede ham for þi luue. ꝥ luue he ah þe for hit was ȝiuen him. ⁊ he hit wile

1 hore *in margin to replace* ꝥ, *expuncted at beginning of line* 3 failȝede: *a blot over* i *makes it look like* f 10 on: o *probably altered from* e 33 ȝuldes *for* ȝulde

ȝelden Migge is as iseide ꝥ cwenches grickesch fur:ˀ stinkende ″luue ″flesches. ꝥ cwenches gastlich luue. ꝥ grickes fuir bitacnes Hwat flesch was on eorðe se swe-te. ⁊ se hali as was iesu cristes fle-sch. And tah he seide him self to hise dere disciples. Nisi ego abiero paraclitus non ueniet ad uos. Þ is. Bute iparte fram ow:ˀ þe hali Gast ꝥ is. min ⁊ mi faderes luue. ne mai nawt cume to ow. Ah hwen ibe fram ow:ˀ iwile senden him ow. Hwil iesu cristes ahne desciples. hwil ꝥ ho fleschliche luueden him neh ham:ˀ for eoden þe swet-nesse of þe hali Gast. ne ne mihten baðe habbe to Gederes:ˀ demes ow seluen. nis he wod o-ðer heo ꝥ luues to swiðe hire ahne flesch. oðer ani mon oðer wummon fleschlich. Swa ꝥ ho ȝer-|ne to swiðe f. 100ra hire sihðe ⁊ hire speche oðer his:ˀ ne þunche hire neauer wunder þah hire wonti þe hali gastes froure. Cheose nu euch an of eorðlich elne. ⁊ of heuenlich to hweðer ho wilen hal-den. for owðer ho mot leten for iþis tweires mong-linge. ne mei ho neauer mare schirnesse of her-te. ꝥ is as we seiden ear þe god ⁊ te strengðe of alle religiuns. ⁊ in ewch ordre. luue makes hire schir. Griðful ⁊ cleane. luue haues amaisterie bifore alle o-ðre. for al þat ho ruines al ho (M. 408) turnes to hire. ⁊ makes al hire ahne. Quemcunque locum calcauerit pes uester. pes uidelicet amoris:ˀ uester erit. Deore walde monj mon bu-ien a swuch þing. ꝥ al ꝥ he roan þer wið:ˀ al were his ahne. And ne seide i þruppe feor. Ane þurh ꝥ tu luuest. þe God ꝥ is in an oðer wið þe ruininge of þi luue þu makes wið uten oðer swink hire God tin ahne. As Seint Gre-|gori witnes. Loke nu hu f. 100rb muche god þe ondfule leoses. strech þi luue to iesu crist:ˀ þu haues him al wunnen. Run him wið ase mu-che luue as tu haues sum mon oðer wummon sumchar. he is tin ahne to do wið al ꝥ tu wilnes. Ah hwa luues þing ꝥ leaues hit for wel lasse þen hit is wurð. Nis godd bettre uneuenlich þen al ꝥ is iþe world? Charite ꝥ is cherte of leof þing. ⁊ of deore. Vnde-re ho makes godd ⁊ to unwurð wið alle. ꝥ for ani worldliche lu-ue:ˀ his luue manges. for

2 ″luue ″flesches *marked for transposition* 16 wilen *for* wile 18 habben *omitted after* mare

na þing ne con luue riht:' bute he ane. Swa ouerswiðe he luues luue ꝥ he makes hire his euening. ʒet-te dari seie mare. he makes hire his meister. ⁊ dos al ꝥ ho bides:' as tah he nede moste. Mai ipreoue þis? ʒea witerliche Ich bi hise ahne wordes. for þus he spekes to moyses ꝥ monne mast him luuede. In numeri. Di-misj iuxta uerbum f. 100va tuum. Non dicit | preces. Ich hafde quod he imunt to wreke mi wraððe o þis folc. Ah þu seis i ne schal ⟨nawt⟩. þi word beo iforðet Mon seis ꝥ luue bindes. witerliche luue bindes swa ure lauerd. ꝥ he ne mai do na þing bute þurh luues leue. Nu preoue her of for hit þunches wunder. ysaias. Domine non est qui consurgat ⁊ teneat te. Lauerd wiltu smiten seið ysaie weilawei þu maht wel. nis nan ꝥ te haldes. As tah he seide. ʒif·ani luuede þe riht ha mihte þe ⟨halde⟩ ⁊ wearne þe to smiten. In Genesi Ad Loth. Festina ⁊ cetera. Non potero ibi quicquam facere. (M. 410) donec egrediaris illinc. ꝥ is. þa ure la-uerd walde bisenche sodome þer loth his frend wes inne. Wend quod he ut ward. for hwil þu art bimong ham. ne mei ich nawt don ham. Nes tis wið luue i bunden? Hwat wultu mare? luue is his chaumberlein. his conseiler. his spuse. þat he f. 100vb ne mej nawt wið heole. Ah telles hire | al ꝥ he þenches. In Genesi. Num ce-lare potero abraham que gesturus sum. Mai ich quod ure lauerd heo-lien Abraham þing ꝥ iþenche to don? Nai onane wise. Nu con he luue ꝥ tus spekes ⁊ tus dos:' to alle ꝥ him treoweliche luues ⁊ leues. Þe blisse ꝥ he ʒarkes ham. as ho is uneuenliche to alle worldes blisses:' Alswa ho is untaleliche to alle worldliche tunges. ysaias. Oculus non uidit deus absque te. que preparasti diligen'tibus te. Et apostolus. Oculus non iudit nec auris audiuit Ðe hauen of þase blisses elles hwer iwriten. Þis luue is te riwle ꝥ riwles te he-rte Confitebor tibi in directione id est in regulatione cordis. exprobr-atione malorum. Generacio que non direxit cor suum ⁊ non est creditus cum Deo spiritus eius. Þis is te lauedi riw-le. Alle þe oðre seruen hire. ⁊ ane for hire sake

8 nawt *interlined with two strokes* 15 halde *interlined with a stroke* 34 exprobr-atione *for* exprobr-atio

mon ah ham to luuien. lutel strengðe imake of ham. for-hwi ꝥ teose beon deore-|wurðliche iloket. Haues ham her [f. 101ra] schortliche iþe ahteðe dale.

Biforen on earst iseide ꝥ ʒe ne schulden nawt as iuu bihaten for to hal-de nan of þe uttre riwle. ꝥ ilke iseie ʒette. ne nane ne write ich ham bute ow ane. Iseie þis for þi ꝥ oðre ancres ne seie nawt ꝥ i þurh mi- maisterie make hom newe riwle Ne bidde inawt ho [(M. 412)] halden hom And ʒe ʒette moten chaungen hwen se eauer ʒe wiln.ʼ þise for betere. Aʒain þinges ꝥ beon biforen of ham is lutel strengðe. Of sihðe. ⁊ of spe-che. ⁊ of þe oðre wittes is inoh seid. Nu is tis te laste dale as ibihet on earst to dealet ⁊ isundret o litle seouen stucches.

Mon letes te lasse of þe þ-ing ꝥ mon haues ofte. for þi ne schule ʒe beon bute as ure breðre beon ihusled inwið þe tweolf moneð fiftene siðe. Eanes.ʼ midwinter dai. ij.ʼ twelfte dai. | iij.ʼ Condelmessedai. iiij.ʼ [f. 101rb] sunen-dai imidwai bitwene ꝥ ⁊ astre oðer vre lauedies dai ʒif hit is neh þe sunendai for þe heh-nesse. v.ʼ Ester dai. vi.ʼ þe þridde sunendai þrefter. vij.ʼ hali-þuresdai. viij.ʼ witsunendai. ix.ʼ Midsumer dai. x.ʼ Seinte ma-rie dai magdalene. xj.ʼ þe as-sumciun. xij.ʼ þe natiuite. xiij.ʼ sente miheles dai. xiiij.ʼ Alle halhenedei. xv.ʼ sente Andre-wes dai. Aʒain alle þeose beos clanliche ischriuene. ⁊ takes disciplines. neauer þah of mon buten of ow seluen. ⁊ for Gasị an dai owre pitaunce. ʒif oht ilim-pes mislich ꝥ ʒe ne beon nawt ihuslet iþise iseide tearmes.ʼ beos hit te neste sunendai. Oðer ʒif ʒe oðer terme is neh.ʼ abi-des til þenne. ❡ Ʒe schulen eten fram aster til þe hali rode dei. þe latere iþe heruest.ʼ euche dai twies bute fridaies ⁊ imbring | dahes. ʒong dahes ⁊ vigiles in þose dahes. ni [f. 101va] iþe aduenz ne schule ʒe ete na hwit. bute ned hit makie. Þoðer half ʒer fa-stes al.ʼ bute sunedahes ane. ❡ Ʒe ne schulen eten flesch ne seim bute ⟨in⟩ muche secnesse. oðer hwa se is ouer feble. Pota|ge eotes bliðeliche. ⁊ wunes ow to lute drunch. ❡ Ne faste ʒe na dai to bred ni to watere bute ʒe habben leue. ❡ Sum anker makes hire

8 mi- *probably for* mi-ne 34 in *interlined*

(M. 414) bord wið hire Gestes utewið. ꝥ is to mu-che frenschipe. for of alle orˈdres þenne is hit uncumeluˈkest. ⁊ meast aȝain ancres ordre. ꝥ is dead to þe world. Mon haues iherd ofte ꝥ deade spe-ken wið cwike. Ah ꝥ ho eten wið cwike. ne fondi ȝette nea-uere. ¶ Ne make ȝe naˈne gestninges. ni tille ȝe to owre ȝate nane vncuðe harloz f. 101vb þah þer nere nan | oðer uuel bute hore meaðelese nowse.' hit walde letten oðer hwi-le heuenliche þohtes. Ne limpes nawt to ancre of oðres monnes almesse to maken hire large Nalde mon lahhen abeggere to bisemare ꝥ laðede mon to feaste? Marie ⁊ marthe baðe weren sustre. Ah hare lif sun-drede. Ȝe ancres hauen inu-men ow to maries dale ꝥ ure lauerd self herede. Maria op-timam partem elegit. Marthe m-arthe quod he þu art in muche baret. Marie haues ichosen betere. ⁊ ne schal hire na þing reauen hire dale. Husewifschi-pe is marthe dale. Maries dale is stillenesse ⁊ reste of alle worldes noise. ꝥ na þing ne lette hire to here Godes steuene. And lokes hwat Godd seis. ꝥ na þing schal ow reaue þis dale. Marthe haues hire f. 102ra mester letes hire iwurðe. ȝe | sitte wið marie stan stille at Go-des fet. ⁊ hercnes him ane. Mar-the mester is to fede poure ⁊ schr-ude as hus lauedi. Marie ne ah nawt to entermeten hire þer of. Ȝif ani blames hire.' godd self weres hire. As hali writ witnes On oðer half nan anker ne ah to take bute gnedeliche ꝥ to hi-re nedes. Hwer of þenne mai ho maken hire large? Ho schal liue bi (M. 416) almesse ase narewlich as ho eauer mai. ⁊ nawt Gederen for to ȝiuen. ho nis na husewif. Ah is a chirche anker. Ȝif ho mai sparien ani poure schiue.' sen-de ham dearneliche ut of hire wanes. Vnder semblaund of god.' is ofte ihulet sunne. And swa schulden þise riche ancres ꝥ tilien oðer hauen rentes isette. don to poure nehhebures dearneli-che hore almesse. Ne wilne nan to habbe word of large anker. ne f. 102rb for to ȝiue muchel.' ne beo nan þe gredire for to hab-|be mare. Beo gredinesse rote of hire bitternesse.' alle beon þe bohes bittre ꝥ of hire spruten. Bidden hit for to

12 maries: *a dot over first downstroke of* m 30 semblaund: b *altered from* p 31 *Two (?) letters erased after* swa

ȝiuen hit. nis nawt ancres rihte. Of ancres curtai-sie of ancres largesce is icumen ofte sunne ⁊ schome baðe on ende Wepmen ⁊ children ꝥ arn iswunken for ow.ʼ þah ȝe sparen hit on ow self.ʼ makes ham to eten. Na mon biforen ow bute he haue nede. ne laðe ȝe to drinke. Na-wiht ne ȝerne ȝe ꝥ mon telle ow hende ancres.

At gode frend nimes al ꝥ ow to nedes hwen ho beoden hit ow. for na bode ne nime ȝe nawt wiðute nede ꝥ ȝe ne cac-che þe nome of Gederinde ancres. Of mon ꝥ ȝe mis leuen nowðer ne nime ȝe ne lasse ne mare. nawt swa muchel ꝥ beo arote of ginguire. Mu-chel ned schal driuen ow for to bidden anj þing. þah ead-modliche scheawes to owre | leue frend owre mesaise ¶ Ʒe ne f. 102va schulen haue na beast bu-te cat ane. Ancre ꝥ haues ahte.ʼ semes betere huse wif as marthe was. ne nanes weies ne mai ho beo marie wið griðfulnesse of heorte. for þenne mot ho þenchen of þe kues foddre. Of þe heordes huire. (M. 418) Olcne þe haiward. Wa-rien hwen he puindes hire. ⁊ ȝel-de þah þe harmes. Ladli þing is wat crist hwen mon makes in tu-ne man of ancres ahte. Nu ⟨þah⟩ ȝif ani mot nedinge ha-ue hit loke ꝥ hit na mon ne eile ni ne harme. ni ꝥ hire þoht ne beo nawt ter on ifestnet. An-ker ne ah nawt to haue þat utward drahe hire heorte ¶ Na chaffare ne driue ȝe. Anker ꝥ is chapmon ho cheapes hire sawle þe chapmon of helle. ¶ Nawt ne wite ȝe in owre hus oðer mon-nes þinges. ne ahte ne claðes Nawt te chirche uestemenz ne þe chaliz bute strengðe hit ma-ke. oðer muchel eie. Of swuch lo|kinge is muchel bifallen ofte f. 102vb siðe. ¶ Inwið owre wahes ne lete ne lete ȝe na wepmon slepen. ¶ Ʒif muche ned wið alle makes to breke owre hus. hwil hit eauer is ibroken haues ter inne wið ow a wum-mon of cleane lif daies ⁊ nih'tes. ¶ For þi ꝥ na mon ne seo ow. ne ȝe ham.ʼ wel mai duhen of owre clað beo hit hwit beo hit blac. bute hit beo vnorne. Warm ⁊ wel

8 bode: d *altered from* t 11 ginguire *for* gingiure 18 olcne *for* olhtne *or* oltne (?) 20 þah *in margin to replace* þenne, *crossed out in red at beginning of line before* ȝif 29 ne lete *incorrectly repeated* 32 *A space sufficient for two letters before* For, *which has a large red capital.* 33 seo *for* seos

iwr-aht. felles wel iteawet. ⁊ hab-bes ase monie as ow to nedes to bedde ⁊ to rugge. ¶ Nest flesch ne schal nan werie lin-nene. bute hit beo of harde ⁊ of greate heordes ¶ Stamin were hwa se wile. hwa se nule:ʼ beo wið uten. ¶ Ȝe schuln in an hatter ⁊ Gurd liggen. ¶ Ne were nan irn. ne haire. ne ylespiles felles. ne ne bea-te hire þer wið. ne wið schur-ge ileadet. wið holin. ne wið breres ne f. 103ra (M. 420) blodeke hire seluen | wið uten schirches leaue. ni ne ni-me at eanes to feole disciplines ¶ Owre schon beon greate ⁊ warme ¶ I sumer ȝe hauen leaue bare fot to Gan ⁊ sitten. ¶ Hose wið uten uampez ligge in hwa se like. Sum mon inohraðe weres te brec of haire ful wel icnotten þe strapples dun to þe fet ilaced ful faste. ¶ Hab-bes warme cappes. hwase wile beon isehen of alle ꝥ hire cumen to. þah ho atiffen ham nis na muche wunder. Ah to godes ehne ho is luf-sumer ꝥ is for þe luue of him un-tiffet wið uten. ¶ Ring ni bro'che nabbe ȝe ni gurdel imembret ni gloues. ne na swuch þing ꝥ ow ne deah to habben. ¶ Eauer me is leuere se ȝe don grattere werkes. ¶ Na þing ne schule ȝe ȝeouen bute ȝe hauen chirches leaue. ¶ Hel-pes wið owre ahne swinc se forð se ȝe (M. 422) muhen to schruden ow seluen ⁊ ta ꝥ ow seruen. ¶ As sein Iero-me leares. ne beo ȝe neauer idel. for anan rihtes te f. 103rb feond bedes hire his werc:ʼ ꝥ igodes werc ne swinkes | ⁊ tuteles anan toward hire. for hwil he seos hire bisi:ʼ he þe swike þenches tus. for nawt ischulde nu cume to hire. ne mai ho nawt ȝeme nu to lustnen mi lare. of Idelnesse wakenen muchele flesches fondinges. Iniquitas sodo-me "panis ⁊ ocium" saturitas. ꝥ is. Sodome cweadschipe com of idel-nesse. ⁊ of ful wambe. Irn ꝥ lis stille Gederes sone rust. Water ꝥ ne stures nawt:ʼ raðliche stinkes. ¶ Ancre ne schal nawt forwurðe scolemei-ster. ne turnen ancres hus to childre-ne scole. ¶ Ȝe ne schulen senden lettres. ne underfon lettres. ne wri-ten bute leaue. ¶ Ȝe schulen beo idodded iþe ȝer fiftene siðe. ⁊ fowr siðe ileten

8 schirches *sic*; *cf.* chirches *l.* 20 *below* 13 icnotten *for* icnotted 29 "panis ⁊ ocium" saturitas *marked for transposition* 33 scl *crossed out after* childre-ne

blod. ⁊ oftre ȝif ned is. Hwa se mai wel beo wið uten.' ich hit mai þolien. ¶ Hwen ȝe arn ileten blod.' ȝe ne schulen do þreo daies na þing ꝥ ow greues. Ah tal|kes to owre seruanz. ⁊ wið þeaw-fule tales.' schurtes ow to Gederes ¶ Ȝe muhen swa don ofte. hwen ow þunches heuie. oðer arn for sum | worldliche þing sari oðer seke. Swa wisliche f. 103va wites ow in owre blod|letinge. ⁊ haldes ow iswuch reste ꝥ ȝe longe þrafter muhen i go-des seruise þe monluker swinken. And alswa hwen ȝe felen ani secnes-se. Muche sotschipe hit is to lose for an dai.' tene oðer twelue. (M. 424) ¶ ⟨Wasches⟩ ow hwer se ned is.' as ofte as ȝe wiln. Anker ꝥ naues nawt neh hond hire fode. beos bisi twa wimmen. An ꝥ leaue eauer at hame. An oðer ꝥ wende ut hwen ned driues. And tat beo ful vnorne. oðer feir ealde. Bi þe wei as ho Gas.' Ga seiende hire beodes. Ni ne halde na tale wið mon ne wið wummon. ni sitte ne stonde bute þe leaste ꝥ ho mei.' ear þen ho ham cume. ¶ Nohwi-der elles ne Ga.' bute þider as mon sendes hire. wið ute leaue ne ete ho ne ne drinke ute. Þe oðer beo eauer inne. ne wið ute þe ȝate ne Ga wið ute leaue. ¶ Baðe beon obe-dient to hore dame in alle þing bute | in sunne ane. ¶ Na f. 103vb þing nabben ꝥ ho hit nute. ni vnderfo na þing. ne ne ȝiue nowðer wiðuten hire leue. ¶ Na mon ne leten in. ni þe ȝungre ne speke wið na wep-mon wið ute leue. ¶ Ne Ga noht ut of tune wið uten siker fere ne ne ligge ute. ¶ Ȝif ho ne con o boke.' segge bi pater nostres ⁊ bi Auez hire ures. ⁊ wurche ꝥ mon bides hire wið uten grucchin-ge. ¶ Habbe eauer hire eares opene toward hire lafdi. ¶ Nowðer of-þe familiers ne beo fram hire lafdi ni ni bringe nowðer to hire ide-le tales. ne newe tiðinges. ne bi-twenen ham self ne singen. ni ne speken nane world-liche speches ne lahhen swa ne pleien ꝥ ani mon ꝥ hit sehe. mihte to uuel turnen hit. Ouer alle þinge leasin-ges

11 Wasches *in margin to replace* Was, *expuncted at beginning of line before* ow. *A paragraph mark in margin before* ȝe wiln *and a space sufficient for two letters before* Anker, *which has a large red capital* 12 beos *for* beon 13 *Three (?) letters erased between* ꝥ *and* leaue 14 of *probably omitted after* oðer 20 þe ȝate *crossed out between* wið ute *and* leaue 29 beo *for* beore

⁊ luðere wordes hatien ¶ hore her beo icoruen ¶ lah
lokinge habben. ¶ Eiðer ligge ane. ¶ Ho ne schule
cusse na mon. ne cuð mon. ne cunnesmon. ni for na cudðe
f. 104ra cluppen. ¶ Ni loke faste o na mon | ne toggle wið ne
(M. 426) pleien. ¶ Hare wede beo of swuch schape. ⁊ al hore
aturn swuch ꝥ hit beo eðsce-ne hwer to ho beon iturnde
¶ Ha-re lates loken warliche. ꝥ mon ne edwite ham in
hus. ne ut of hus ¶ On alle wise forbeoren to wradðen
hore dame. And as ofte as ho hit don:ʼ ear ho drinken
oðer eten:ʼ makien hire venie o cneos dun bifore hire. ⁊
seggen. Mea culpa And vnderfo þe penitence ꝥ ho leis
up on ham lutende hire lahe. Þe anker ꝥ ilke gult neauer
mare þr-after ne upbreide for na wradðe. bute ʒif ho eft
sones falle iþat ilke. Ah do hit allunge ut of hire heorte.
¶ Ȝif ani strif rises bi-twenen ham utewið:ʼ þe anker
make eiðer to make oðer venie o cneos dun to þe eorðe.
⁊ eiðer rihte up oðer. ⁊ cussen on ende. And te Anker
leie on eiðer sum penitence. Mare up o ꝥ ilke ꝥ greatluker
gulte. Þis is a þing witen ho wel ꝥ is godd leuest.
f. 104rb Saht|nesse ⁊ somentale. ⁊ te feond laðest. for þi he is
eauer umben to reare sum ladðe. Nu seos te swike wel.
ꝥ hwen fur is wel o brune. ⁊ mon wile ꝥ hit Ga ut:ʼ mon
sundres te brondes. ⁊ he dos hond to ꝥ ilke Luue is iesu
cristes fuir ꝥ he wile ꝥ blasie in owre heorte. And te
deo-uel blawes for to puffen hit ut Hwen his blast ne
Geines nawt:ʼ he bringes up sum word. oðer sum oðer
hwat hwer þurh ho to hur-ren. eiðer framward oðer. ⁊ te
hali gastes fur cwenches hwen þe brondes þurh wradðe
beon isun-dret. Forþi halde ham iluue faste to Gederes.
⁊ ne beo ham nawt of hwen þe feond blawe. nomeli ʒif
monie beon ifest to Gedere. ⁊ wið luue ontendet. Þah
anker on hire seruanz for openliche Giltes leie penitence:ʼ
to preost no ðe latere schriuen ham ofte. Ah eauer þah
wið leaue. ¶ Ȝif ho ne cunen noht te mete graces:ʼ seggen
f. 104va in hore stude pater. noster. biforen ⁊ | Aue maria. After
mete alswa ⁊ Cre-do mare. And seggen þus on ende.
(M. 428) fader. sune. hali gast. an al mihti godd ʒiue ure lauedi

1 *A small paragraph mark in black in margin after* hore *at line-end*

his grace. se len-gre se mare. ⁊ leue hire ⁊ us baðe nime god ende. for ȝelde alle ꝥ us god don. ⁊ milce hore sawle. ⁊ ꝥ us god idon hauen. hore sawle. ⁊ alle criste-ne sawle. ❡ Bitwene meal ne gru-se ȝe nawt. nowðer fruit. ne oðer hwat. ni drinke bute leaue. ⁊ te leaue beo liht in al ꝥ nis sunne. At te mete.' na word oðer lut. ⁊ ta stille Alswa after þe ancres cumplie aðet prime. ni do þing ne seggen. hwer þ-urh hire silence muhe beo destur-bet. ❡ Nan ancres seruante ne ah bi rihte to asken iset hu-re. bute mete ⁊ clað ꝥ ho mai flutte bi ⁊ godes milce. Ne mis leue nan godd hwat se tide of þe anker ꝥ he hire trukie. Þeo ꝥ arn wið uten. ȝif ho seruen þe an-ker alswa as hom ahen.' hore hu-re schal beo þe eche blisse of heo-uene. hwa se haues ehe of hope toward se heh hure.' gladli wile | ho f. 104vb seruen. ⁊ lihtliche alle wa ⁊ alle tene þolien. wið eise. ne wið este ne bueð mon nawt blisse.

Ȝe ancres ahen þis laste lutle stucche. rede to owre seruanz euche wike eanes. til ꝥ ho hit cunnen. And muche ned is ꝥ ȝe to ham nimen god ȝe-me. for ȝe muhen muche þurh hom beo igodet ⁊ wursnet. On oðer half ȝif ho sunehen þurh owre ȝemeles.' ȝe schule beo bicleopet þrof bifore þe hehe deme. for þi as ow is muche ned ⁊ hom ȝette mare.' ȝeornliche leares ham to halden hare riwle. baðe for ow.' ⁊ for ham seolf. liðe-liche ⁊ luueliche. for swuch ah wummones lare of religiun to beon. luuelich. ⁊ liðe. ⁊ seldscene-sturne. Baðe is riht ꝥ ho ow dreden ⁊ luuien. Ah ꝥ ter beo eauer mare of þe luue þen of dre-de. þenne schal hit wel faren. Mon schal heolde eoli ⁊ win baðe in wundes after godes lare. Ah ma-re of softe eoli þen of bitende win | ꝥ is. ma of liðe wordes þen of suhien-de. f. 105ra for þer of cumes þinge best ꝥ is. luue eie. Lihtliche. ⁊ (M. 430) swetelich for ȝiues ham hore Gultes hwen ho ham arn cnawe. ⁊ bihaten bote. Ase forð as ȝe muhen ba-ðe of drinch ⁊ of mete. Of claðes ⁊ of oðer þing. ꝥ ned of flesch askes.' beos large toward ham. þah ȝe narewe beon ⁊

12 hom *for* ho   17 *Directing* ȝ *in margin before two-line capital*   28 heolde *probably for* healde *through influence of* eoli
33 cnawe: n *perhaps altered from* w (*wyn*)

harde to ow seluen Swa dos ꝥ wel blawes. wendes te narewe of þe horn toward his ahne muð. ⁊ utward tewide. And ʒe do alswa. As ʒe wiln ꝥ owre beo-des bemen wel ⁊ dreamen i drih-tines eare. Nawt ane to owre anres. Ah to alle folkes heale. As ure lauerd leue þurh þe grace of him self ꝥ hit swa mote.

O þis boc redes hwen ʒe arn eise. euche dai lesse oðer mare. Ich hopie hit schal beon ow ʒif ʒe hit reden ofte swiðe bi-heoue. þurh godes grace. Elles ich hafde uuele bitohen muche hwi-le. Me were leuere deuleset to do me toward rome. þen for to bi ginnen hit eft for to
f. 105rb donne. Ȝif | ʒe finden ꝥ ʒe don alswa as ʒe reden. Þonkes godd ʒeorne. Ȝif ʒe ne don nawt:ʼ biddes godd are. And beos umben þer onuuen ꝥ ʒe hit bettere halden. after owre mihte. fader sune. hali gast. an al mihti godd wite ow in his warde. he gladie ow ⁊ froure ow mine leue sustre. And for al ꝥ ʒe for him drehen oðer dreh'den. ni ʒiue ow neauer lasse huire þen al to Gedere him seluen. Beo he ai ihehet fram worlde in to worlde a on ecnesse. Amen

Ase ofte as ʒe hauen red oht o þis boc:ʼ Gretes ure lauedi wið an. Aue. for him ꝥ swanc her abuten.

12 don: d *probably altered from* t

THE LANHYDROCK FRAGMENT

Bodleian MS. Eng. th. c. 70

EDITED BY

A. ZETTERSTEN

INTRODUCTION

BODLEIAN MS. Eng. th. c. 70 consists of a single leaf of parchment, measuring about 198 × 135 mm. It contains a fragment of the *Ancrene Riwle* and corresponds to pp. 138/25–142/24 in James Morton's edition (1853) of MS. Cotton Nero A. XIV. The written space is now about 170 × 100 mm. (originally about 170 × 115 mm.), with 34 lines on each side. The pricks employed as a guide in ruling the lines can be seen at the outer edge.

In some ways the leaf is in a very bad state. A written space of about 15 mm. has been cut off at the inner edge, so that the beginnings of the lines are missing on f. 1^{r} and the endings on f. 1^{v}. About half-way down, on the same edge, a large piece of parchment has been worn away where the leaf was folded. Thus about one-third of lines 18–21 on both the recto and verso are missing. There is also apparent 'shine-through' in several places. Severe rubbings and a great number of wrinkles and cracks in the parchment make parts of f. 1^{v} particularly difficult to read. Lines 18–21 on f. 1^{v} were, for example, omitted by Professor A. S. Napier, who edited the fragment in 1898.[1] He wrote of these lines that 'only faint traces of single letters are here and there visible'.[2] With the help of ultra-violet rays more letters have been identified than was possible in Napier's time.

The text is carefully written in a clear, amply spaced, cursive hand. It belongs to the first part of the fourteenth century. Professor Napier concluded in his edition of the fragment that the handwriting was of about 1330–40.[3] Mr. Neil Ker has told me that he would ascribe the manuscript to the first half of the fourteenth century. The catalogue of the Bodleian Library also gives the date as the first part of that century. It may be observed that the bow at the top of *a* is closed on the lower bowl of the letter. *c* and *t* are clearly distinguished: the vertical stroke of *t* is always seen above the cross-bar. Two signs are used for *r*. The

[1] A. S. Napier, 'A Fragment of the Ancren Riwle', *Journal of Germanic Philology*, ii (1898), pp. 199–202.

[2] Op. cit., p. 201.

[3] Op. cit., p. 199.

r with stem extending below the line is regularly employed except after *o*, in which case we find the 2-form of *r*. The *sigma* type of *s* is used only initially and finally. The long *s* is regularly used medially and in a few cases also initially and finally. *y* is always dotted. The abbreviations are normal. The Tironian nota for *ant*[1] is crossed.

The marginal notes in Latin are in the main hand. *mixne* (f. 1r/29) is glossed *dunchul*, which is interlined in the main hand. A guide letter *þ* is written in the outer margin (f. 1v/9) in thinner strokes. A space is left in the text for a two-line initial, but the initial has not been put in. *u* in *l*[*u*]*pe* (f. 1r/10) is written over an erasure in darker ink and possibly in a different hand. Apparently the same ink is used to touch up the two loops of *a* in [*h*]*a* (f. 1r/25).

Of the corrections in spelling, the most common ones are the erasures of *h* in *ha* and of final *ch*, *e*, and *n* in several words. Before each of the three examples of *if* in the text there is a space for a letter which may possibly have been erased.

The manuscript was found by Mr. W. H. Allnutt, an assistant at the Bodleian Library, who catalogued the library at Lanhydrock, Bodmin, Cornwall, in the late nineteenth century. Allnutt was in correspondence with Lord Robartes at Lanhydrock as early as 1881[2] and probably went to Lanhydrock about 1885–7.[3] The manuscript was used as a wrapper of an octavo-sized book with f. 1v as the outer side and lines 18–21 as the 'spine' of the book. The word *Dialogue* is written vertically in the outer margin between lines 19 and 21 on f. 1v. This hand is datable in the late sixteenth or the early seventeenth century.

The fragment was shown in the late 1890's to Professor A. S. Napier, who transcribed it and finally edited it in 1898.

Allnutt assembled in a guard-book the fragments of manuscripts which had been used as pastedowns and wrappers. Most of them came from books collected by Hannibal Gamon in the early seventeenth century. Gamon was rector of Mawgan-in-Pyder,

[1] The unabbreviated form *Ant* is found on f. 1v/4.

[2] Cf. Bodleian MS. Eng. Misc. f. 30, which contains a daybook kept by W. H. Allnutt during his employment in the Bodleian Library 1881–96, pp. 17 and 32.

[3] Viscount Clifden kindly tells me this in a letter of 1961.

Cornwall, and chaplain to the first Lord Robartes at Lanhydrock.[1]

The fragment of the *Ancrene Riwle* was gummed by Allnutt into a paper frame by means of a 12-mm. broad transparent tape. It formed no. 145 in the guard-book. On top of the paper frame Allnutt wrote, apparently in the late 1890's: '145. XIV century. Fragment of the "Ancren Riwle" or "Rule for Anchoresses", edited in 1853 for the Camden Society by James Morton. The contents of this fragment are to be found page 138, line 25–page 142, line 24 of Morton's printed text.'

In the twentieth century the manuscript has been referred to as 'the Lanhydrock fragment', 'Lord Robartes' fragment', or 'Napier's fragment'.

On 24 December 1959 the fragment was presented to the Bodleian Library by the owner, Viscount Clifden.[2]

For assistance of various kinds in connexion with this edition I am indebted to Viscount Clifden, Lanhydrock, Bodmin; Professor Olof Arngart, University of Lund, Sweden; Mr. John Bromwich, Cambridge; Mr. R. W. Burchfield of the Early English Text Society, Oxford; Dr. R. W. Hunt and his helpful staff at the Bodleian Library, Oxford; and Mr. Neil Ker, Oxford.

In this transcript of the Lanhydrock fragment the rules laid down for the editing of the English manuscripts of the *Ancrene Riwle* have been observed, with the following exceptions. Erasures have been indicated in the text by means of a point or points within square brackets according to the number of letters erased. An erased letter which can, however, be identified has also been enclosed in square brackets. The lineation of the original has been preserved. The damage done to the inner edge has been represented by three dots at the beginning or at the end of each line. There seems to have been an encroachment as wide as six to eight letters on the manuscript in each case.

[1] Cf. *Dictionary of National Biography* and N. R. Ker, *Fragments of Medieval Manuscripts used as Pastedowns in Oxford Bindings, with a Survey of Oxford Binding* c. *1515–1620*, Oxford Bibliographical Society, New Ser., vol. v (Oxford, 1954), p. xvi, n. 1.

[2] The rest of the guard-book was sold at Sotheby's on 10 June 1963, lot 132, and is now Bodleian MS. lat. misc. b. 17.

ANCRENE RIWLE

Bodleian MS. Eng. th. c. 70

f. 1r . . . ⁊ þorou þt ilke lymynge louie[n] it so swiþe ⸍
(M. 138, l. 25) . . . forte queme it in is foule kund[.]./ geþ out of hi-
. . . hye hefneli[. . .] cunde. ⁊ forte payen þis fleisch./
. . . þþeþ hire schuppare þt schuptte hire after him sulf
(M. 140) . . . kyng ⁊ keyser of erþe ⁊ of hefne. wondur ouer
. . . er ⁊ hokerli[. .] wonder./ þt so vnymete lou þing
. . . il . wel ni nouʒt seiþ seint Austyn schal dra-
. . . in to sunne so vnimete hei þing as soule is. þt
. . . austin clepeþ. fere summum. þt is welni hext þing./
. . . e god one. Ac god nolde not þt [h]a l[u]pe in to pru-
. . . ne wilned[.] to clymbe ⸍ ⁊ fulle as dude lucifer
. . . e was wiþoute charg[.]. ⁊ teyʒede forþi aclot of
. . . i erþe to hire. as me deþ þe cubbel to þe cou ⸍
. . . oþer best./ þt is to rechind[.] ⁊ rengyng[.] aboute[n].
. . . þt Iob seiþ. Qui fecisti ventis id est spiritibus./
. . . louered he seiþ þou hast imaked foþere to feþere.
. . . heuie fleisch þt draweþ þe soule donward.
. . . e of hire./ it worþ ful liʒt.
. . . d is ⁊ briʒtore þon þe sonne ⸍
. . . hire ne nedraweþ hire to swiþe
. . . e cund[.]. leoue sustren for his loue þt [h]a
. . . ch to./ bereþ hire menske. lete ʒe not þt lowe
. . . ch maystre hire to swiþe. [h]a is in vncuþþe
. . . . iput in aprison. bitund in aqualmhous. ⁊ nis
. . . eþsene of wch dignit[.]e [h]a is. hou hei is
. . . cund[.]. ne wuch aschal þunche ʒut in hir oune
. . . e. þt fleisch is her at home. as erþe þt is
. . . erþe. ⁊ is for þi quynte ⁊ quyuer. as me
. . . þt cure is kene on is oune mixne. ⟨id est dunchul.⟩
. . . haueþ to muche maistrie weilawei o monie.
. . . c ancre as ichabbe er iseid./ auʒt[.] to ben al gost-
. . . if a wole wel flen as brid þt haueþ lutel fleisch
. . . e feþeren. Nout one ʒut þis./ ac schewe[.] þt ate-
. . . wel hire foule vntowe fleisch. ⁊ strengþeþ ⁊ deþ

i reson yt ilke lemynge loue · it so obeye · indecens
forte queme it i is foule kuds · gret ont of hi copulacio
þe hefnch [illegible] euide · & forte payen yis fleisth ·
ver hi schuppai yt schupte hi aftr hi sulf
kyng & keyser of erye & of hefne · bond ouer
& i hoferti bone · yt so unymete lou yis
il · wel in nouzt sey seint Austyn schal spa
& to sume so unmete lyn yis as soule is · yt
Austin clepet · fers sumu · yt is wel in heyt yis · De dignitate
e god one · Ac god wolde not yt a lupe i to yi anime ·
e welnes to clymbe · & fulle as dude lucifer
e was brizte chaps · & teyrede for yi sclot of
erye to hi · as me sey ye cubbel to ye cou
of best · yt is to rechinid & penging abonte ·
yt Job sey · Qui fecisti ventis i spiritibus ·
loued he sey you hast maked fo ye to feye ·
lowe fleisch · yt ofiber ye soule seulkais ·
[illegible] hi · it wore ful lizt · Felix est per
[illegible] & bristore · yon ye sone q felici copulatur
[illegible] hi · ne nedt [illegible]er hi to obeye
[illegible] leaue sustre for his loue yt [illegible]
[illegible] beyer hi menske · lete ze not yt loue
[illegible] maystre hi to obeye · a is i vncuyye Dominus tecum
[illegible] i aspon · luuns i aqualmhous · & my qi aduena ·
[illegible] sone of wch signite & is · hou her is
[illegible] · ne wuch aschal yiche zet i his oune
[illegible] yt fleisth is her at home · as erye yt is
[illegible] · & is for yi quynte & quyti · as me
i · buchul ·
yt custe is kene on is oune mixne ·
[illegible] to mucha maystrie walke o morne ·
[illegible] as ichabbe er iseid · Augt to ben al gost Descendit ad
[illegible] awole wel flen as bris yt hauet litel fleisth nattud sua ·
[illegible] feyen · Noit one zet yis · Ac schelbe yt are
[illegible] hi foule untowe fleisth · & strengyer & [illegible]

mērke to þe [illegible] soule . schewe [illegible]
[illegible] þis [illegible] his forþisne . & [illegible]
beodes [illegible] strengþe to [illegible] . & [illegible]
[illegible] of sinne [illegible]
[illegible]
[illegible] foul [illegible] is
[illegible] [illegible] bello [illegible] . [illegible]
[illegible] & [illegible]
[illegible] þe [illegible]
[illegible] for [illegible] chirche [illegible]
[illegible] to be of [illegible]
[illegible] is [illegible]
[illegible] hol
[illegible]
[illegible] iclepeð .
chirche [illegible]
[illegible]
[illegible]
[illegible]
[illegible]
[illegible]
[illegible] of [illegible]
[illegible] chirche [illegible]
[illegible] falle [illegible]
[illegible]
[illegible] coming
[illegible]
iclepeð . [illegible] half . [illegible]
[illegible]
[illegible]
[illegible]
[illegible] his soule [illegible]
[illegible]
[illegible]

menske to þe wor   soule. schewe[.] ȝu . . . f. 1v
amot þis þorou hire forbisne. ⁊ þorou h . . .
beodes ȝiue strengþe to oþere.' ⁊ ophold[.] hem . . .
ane   þe dung[.] of sunne // Ant for þi . . . (M. 142)
an   þt he   d yeuened ancre t . . .
lican. he euened hire o niȝtfoul þt is v . . .
euesyng[.]. Similis fact sum pellicano solitudinis. Fact . . .
sicut nicticorax in domici o.
E niȝtfoul iþe euesyng[e] bitockneþ rec . . .
þt wonieþ for þi vnder chirche euesy . . .
þt [h]a vnderstond[.] þt a auȝt[e] to be of so h . . .
lif. þat al holichurche. þ is cristenefolk . . .
uye ⁊ wreoþi vpon ham ⁊ hei hold . . .
vp. wiþ here lif holynesse   hore god . . .
For þi is ancre. ancre icleped.   . . .
chirche iancred as ancre vnder sch   . . .
forte hold[.] þt schip.' þt   ne   . . .
hit ne ouerwar als   . . .
schip iclep   nc   . . .
heo it hol þt of es   . . .
taciones it ne o warpe. E   . . .
þis aforward boþe þorou nome of ancre . . .
þorou þt a woneþ vnder þe chirche. as . . .
vnderstipe hire if a wold fallen. if ab . . .
forward.' loki wan [h]a lie ⁊ hou contynue . . .
for [h]a ne stunteþ neuere. Anc e wonung . . .
hire nome crieþ euere þis forw d t wa . . .
slepeþ. // On oþer half. þe n   foul fleþ . . .
niȝte. ⁊ biȝit iþe sterre liȝte   fode. al . . .
ancre fleo wiþ contemplacion. þt is wiþ he . . .
⁊ wiþ holi bonen.' bi niȝt toward hefne . . .
ȝite bi niȝt hire soule fode. Bi niȝt a . . .
a re to be waker ⁊ bisili[. . .] aboute go . . .
biȝete. for þi comeþ anon þerafter. Vigilau . . .

NOTES

f. 1^{r}

1. n *erased after* louie. Indecens copulacio. *in outer margin.*
2. *A letter erased after* kund.
3. *Left part of* h *in* hye *gone.* *Three letters erased after* hefneli.
4. *Left part of first* þ *in* þþeþ *gone.*
5. *The scribe used the abbreviation mark for* ur *instead of the expected mark for* er *in* wondur.
6. *Two letters erased after* hokerli.
9. De dignitate anime. *in outer margin.*
10. *Right part of a letter visible before first* e. h *erased before* a. u *in* l[u]pe *written over an erasure in darker ink and possibly in a different hand.*
11. *A letter erased after* wilned.
12. *A letter erased after* charg.
13. *Only right part of* ị *before* erþe *visible under transparent tape.*
14. *A letter erased both after* rechind *and* rengyng. *Contraction sign over* e *in* aboute *erased.*
16. louered *sic, with* e *after abbreviation mark for* er.
17. *Short horizontal stroke (probably from* þ^{t}*) before* heuie. *Lower parts of* isc *in* fleisch *gone.*
18. *Two illegible letters at the edge under tape.* f *in* of *imperfect owing to tape and hole in parchment.* Felix esse potest qui felici copulat *in outer margin.* *Hole in parchment where* p *in* copulat *was written.*
19. is *crumpled owing to tape and hole in parchment.*
21. *Upper part of first* e *gone.* *Upper part of* c *in* cund[.] *gone.* *A letter erased after* cund. h *erased before* a.
23. h *erased before* a. Qualiter anima est hic quasi aduena. *in outer margin.*
25. *A letter erased between* t *and* e *in* dignit[.]e. *Thin line connecting* t *and* e *drawn over the erasure.* h *erased before* a. *The two loops of* a *touched up in darker ink.*
26. *A letter erased after* cund.
27. *Right part of a letter (probably* h*) faintly discernible before* e *under tape.*
28. *Left part of first* e *in* erþe *gone.*
29. id est dunchul. *interlined in the main hand.*

30. *Only right part of* h *in* haueþ *visible under tape.*
31. *Only right part of* c *before* ancre *visible under tape.* *A letter erased after* auȝt. Descendit ad materiam suam. *in outer margin.*
32. *Space for a letter (possibly erasure) before* if *under tape.*
33. *A letter (probably* n) *erased after* schewe.

f. 1ᵛ

1. *Space for about five letters after* wor. *Left part of a letter visible after* r. *A letter erased after* schewe. *Left part of a letter (probably* t) *visible after* ȝu *under tape.*
2. r *in first* þorou *imperfect owing to hole in parchment.*
3. *Lower parts of* st *in* strengþe *gone.* *A letter erased after* ophold.
4. *Only faint traces of* e *in* ane *visible.* þe *indistinct.* *Between* ane *and* þe *about six letters gone.* *Faint traces of three letters (probably* fal) *after* ane. *Lower part of* g *in* dung[.] *gone.* *A letter erased after* dung. *Punctuation mark consisting of two parallel diagonal lines after* sunne.
5. *Between* an *and* yeuened *only faint traces of about fifteen letters.* þᵗ he *and* d *only partly legible.* *Space for two or three letters after* ancre.
6. h *in* he *indistinct.* *Only faint traces of last* e *in* euened *discernible.* *Upper part of* d *gone.* *Upper part of* h *and most of* r *in* hire *gone.* *Traces of a letter before* o. ȝ *in* niȝtfoul *only faintly visible.* *Only left part of* v *visible after* is *under tape.*
7. *A letter erased after* euesyng. *Space for a contraction sign for* us *after* fact. t *in* Fact *only partly legible under tape.*
8. *Space for two letters after* domici.
9. Quare reclusa comparatur nicticoraci. *in outer margin.* *Space left for two-line initial.* *Guide letter* þ *in outer margin in thinner strokes.* e *erased after* euesyng.
10. *Right part of* y *in* euesy *gone.*
11. h *erased before* a. *A letter erased after* vnderstond. e *erased after* auȝt.
12. *Lower parts of* oli *in* holichurche *not visible.* *Space for* ᵗ *after* þ.
13. *Irregular stroke between* v *and* p *in* vpon *which looks like a 2-shaped* r. *The scribe possibly intended to write a double* p. *Lower part of second* ꝫ *not visible.* *Space for a letter (probably erasure) after* hold *under tape.*

14. ly *in* holynesse *only partly legible.* *Space for about three letters after* holynesse. d *in* god *only faintly visible under tape.*

15. Quare sub domicilio. *in outer margin.* *Left part of* F *incomplete.* *Faint strokes which might be from* ꝫ *visible under tape.*

16. *Lower parts of* sch *covered by tape.*

17. *A letter erased after* hold. *Faint traces of four or five letters after* þ[t] *under tape. Only* ne *legible.*

18. *Only upper parts of* hit ne ouerwar *visible.* *Two illegible letters after* ouerwar. a *and* s *in* als *only partly legible.*

19. Dialogue *written vertically in outer margin in a hand of the late sixteenth or early seventeenth century.* iclep *and* nc *only faintly visible.* *Between* iclep *and* nc *space for about eight letters.* *Traces of a letter after* nc.

20. þ[t] *and* es *only faintly visible.* *Space for two letters both after* hol *and before* of. *Space for a letter between* of *and* es. *Four or five illegible letters after* es.

21. ne *in* taciones *only partly legible.* o warpe *indistinct.* *Space for a letter after* o. E *and lower parts of two letters faintly visible under tape.*

22. b *in* boþe *only partly legible.* ancre *only faintly visible under tape.*

23. i *in* chirche *only partly legible.*

24. rstip *in* vnderstipe *imperfect.* *Short stroke (possibly contraction sign for* n) *over final* e *in* vnderstipe. *Space for a letter (possibly erasure) before both inst. of* if. *Space for a letter (probably erasure) after* wold. n. *in* fallen. *only faintly visible (probably erasure).* *Faint traces of a letter (probably* r) *after* ab.

25. h *erased before* a. *Space for a letter (probably erasure) after* lie. *Only right part of contraction sign for* con *visible.*

26. h *erased before* a. *Only faint traces of* c *and* e *in* Anc e. *Traces of letter after* wonung *under tape (probably erasure).*

27. *Right part of* h *in* hire *indistinct.* *Space for two letters after* forw. d *only partly legible.* *Faint traces of two letters before* t. *Left part of a letter (probably* n) *visible after* wa.

28. Alia proprietas nicticoracis. *in outer margin.* *Punctuation mark consisting of two parallel diagonal lines after* slepeþ. *Traces of three letters before* foul.

29. *Space for three letters after* liȝte. *Left part of a letter* (*probably* s) *visible under tape.*
30. o *only faintly visible after* fle. *Space for a letter after* fleo. s *in* is *indistinct.* w *in* wiþ *only partly legible.*
31. *Lower part of* ꝛ *not visible.*
32. *Right part of* a *under tape gone.*
33. *Space for two letters between* a *and* re. *Three letters erased after* bisili. *Traces of a letter* (*probably* s) *after* go *under tape.*
34. et *in* biȝete *and* r *and* i *in* for þi *indistinct.*

Early English Text Society

OFFICERS AND COUNCIL

Honorary Director
PROFESSOR NORMAN DAVIS, M.B.E.
Merton College, Oxford

J. A. W. BENNETT
PROFESSOR BRUCE DICKINS, F.B.A.
A. I. DOYLE
PROFESSOR P. HODGSON
MISS P. M. KEAN
N. R. KER, F.B.A.
C. T. ONIONS, C.B.E., F.B.A.
PROFESSOR J. R. R. TOLKIEN
PROFESSOR D. WHITELOCK, F.B.A.
PROFESSOR R. M. WILSON
PROFESSOR C. L. WRENN

Honorary Secretary
R. W. BURCHFIELD
40 Walton Crescent, Oxford

Bankers
THE NATIONAL PROVINCIAL BANK LTD.
Cornmarket Street, Oxford

THE Subscription to the Society, which constitutes full membership, is £2. 2*s*. a year for the annual publications, from 1921 onwards, due in advance on the 1st of JANUARY, and should be paid by Cheque, Postal Order, or Money Order crossed 'National Provincial Bank Limited', to the Hon. Secretary, R. W. Burchfield, 40 Walton Crescent, Oxford. Individual members of the Society are allowed, after consultation with the Secretary, to select other volumes of the Society's publications instead of those for the current year. The Society's Texts can also be purchased separately from the Publisher, Oxford University Press, through a bookseller, at the prices put after them in the List, or through the Secretary, by members only, for their own use, at a discount of 2*d*. in the shilling.

The Early English Text Society was founded in 1864 by Frederick James Furnivall, with the help of Richard Morris, Walter Skeat, and others, to bring the mass of unprinted Early English literature within the reach of students and provide sound texts from which the New English Dictionary could quote. In 1867 an Extra Series was started of texts already printed but not in satisfactory or readily obtainable editions. At a cost of nearly £35,000, 159 volumes were issued in the Original Series and 126 in the Extra Series before 1921. In that year the title *Extra Series* was dropped, and all the publications of 1921 and subsequent years have since been listed and numbered as part of the Original Series. Since 1921 some ninety volumes have been issued. In this prospectus the Original Series and Extra Series for the years 1867–1920 are amalgamated, so as to show all the publications of the Society in a single list. In 1955 the prices of all volumes issued for the years up to 1936 and still available, were increased by one-fifth.

LIST OF PUBLICATIONS

Original Series, 1864–1963. Extra Series, 1867–1920

(One guinea per annum for each series separately up to 1920, *two guineas from* 1921)

O.S. 1. **Early English Alliterative Poems,** ed. R. Morris. *(Out of print.)* 1864
2. **Arthur,** ed. F. J. Furnivall. *(Out of print.)* ,,
3. **Lauder on the Dewtie of Kyngis, &c.,** 1556, ed. F. Hall. *(Out of print.)* ,,
4. **Sir Gawayne and the Green Knight,** ed. R. Morris. *(Out of print, see* O.S. 210.) ,,
5. **Hume's Orthographie and Congruitie of the Britan Tongue,** ed. H. B. Wheatley. 5*s.* 1865
6. **Lancelot of the Laik,** ed. W. W. Skeat. *(Out of print.)* ,,
7. **Genesis & Exodus,** ed. R. Morris. *(Out of print.)* ,,
8. **Morte Arthure,** ed. E. Brock. *(Reprinted* 1961.) 25*s.* ,,
9. **Thynne on Speght's ed. of Chaucer,** A.D. 1599, ed. G. Kingsley and F. J. Furnivall. *(Out of print.)* ,,
10. **Merlin,** Part I, ed. H. B. Wheatley. *(Out of print.)* ,,
11. **Lyndesay's Monarche, &c.,** ed. J. Small. Part I. *(Out of print.)* ,,
12. **The Wright's Chaste Wife,** ed. F. J. Furnivall. *(Out of print.)* ,,
13. **Seinte Marherete,** ed. O. Cockayne. *(Out of print, see* O.S. 193.) 1866
14. **King Horn, Floriz and Blauncheflur, &c.,** ed. J. R. Lumby, re-ed. G. H. McKnight. *(Reprinted* 1962.) 30*s.* ,,
15. **Political, Religious, and Love Poems,** ed. F. J. Furnivall. *(Out of print.)* ,,
16. **The Book of Quinte Essence,** ed. F. J. Furnivall. *(Out of print.)* ,,
17. **Parallel Extracts from 45 MSS. of Piers the Plowman,** ed. W. W. Skeat. *(Out of print.)* ,,
18. **Hali Meidenhad,** ed. O. Cockayne, re-ed. F. J. Furnivall. *(Out of print.)* ,,
19. **Lyndesay's Monarche, &c.,** ed. J. Small. Part II. *(Out of print.)* ,,
20. **Richard Rolle de Hampole, English Prose Treatises of,** ed. G. G. Perry. *(Reprinted* 1920.) 7*s.* ,,
21. **Merlin,** ed. H. B. Wheatley. Part II. *(Out of print.)* ,,
22. **Partenay** or **Lusignen,** ed. W. W. Skeat. 7*s.* 6*d.* ,,
23. **Dan Michel's Ayenbite of Inwyt,** ed. R. Morris. *(Out of print.)* ,,
24. **Hymns to the Virgin and Christ; The Parliament of Devils, &c.,** ed. F. J. Furnivall. *(Out of print.)* 1867
25. **The Stacions of Rome, the Pilgrims' Sea-voyage, with Clene Maydenhod,** ed. F. J. Furnivall. *(Out of print.)* ,,
26. **Religious Pieces in Prose and Verse,** from R. Thornton's MS., ed. G. G. Perry. 6*s.* *(See under* 1913.) ,,
27. **Levins' Manipulus Vocabulorum, a rhyming Dictionary,** ed. H. B. Wheatley. 14*s.* ,,
28. **William's Vision of Piers the Plowman,** ed. W. W. Skeat. A-Text. *(Reprinted* 1956.) 20*s.* ,,
29. **Old English Homilies** (1220–30), ed. R. Morris. Series I, Part I. *(Out of print.)* ,,
30. **Pierce the Ploughmans Crede,** ed. W. W. Skeat. *(Out of print.)* ,,

E.S. 1. **William of Palerne** or **William and the Werwolf,** re-ed. W. W. Skeat. *(Out of print.)* ,,
2. **Early English Pronunciation,** by A. J. Ellis. Part I. *(Out of print)*. ,,

O.S. 31. **Myrc's Duties of a Parish Priest,** in Verse, ed. E. Peacock. *(Out of print.)* 1868
32. **Early English Meals and Manners: the Boke of Norture of John Russell, the Bokes of Keruynge, Curtasye, and Demeanor, the Babees Book, Urbanitatis, &c.,** ed. F. J. Furnivall. *(Out of print.)* ,,
33. **The Book of the Knight of La Tour-Landry,** ed. T. Wright. *(Out of print.)* ,,
34. **Old English Homilies** (before 1300), ed. R. Morris. Series I, Part II. *(Out of print.)* ,,
35. **Lyndesay's Works,** Part III: The Historie and Testament of Squyer Meldrum, ed. F. Hall. *(Out of print.)* ,,

E.S. 3. **Caxton's Book of Curtesye,** in Three Versions, ed. F. J. Furnivall. *(Out of print.)* ,,
4. **Havelok the Dane,** re-ed. W. W. Skeat. *(Out of print.)* ,,
5. **Chaucer's Boethius,** ed. R. Morris. *(Out of print.)* ,,
6. **Chevelere Assigne,** re-ed. Lord Aldenham. *(Out of print.)* ,,

The Original and Extra Series of the 'Early English Text Society'

O.S. 36. **Merlin,** ed. H. B. Wheatley. Part III. On Arthurian Localities, by J. S. Stuart Glennie. (*Out of print.*) 1869
37. **Sir David Lyndesay's Works,** Part IV, Ane Satyre of the thrie Estaits, ed. F. Hall. (*Out of print.*) ,,
38. **William's Vision of Piers the Plowman,** ed. W. W Skeat. Part II. Text B. (*Reprinting.*) ,,
39. **The Gest Hystoriale of the Destruction of Troy,** ed. D. Donaldson and G. A. Panton. Part I. (*Out of print.*) ,,
E.S. 7. **Early English Pronunciation,** by A. J. Ellis. Part II. (*Out of print.*) ,,
8. **Queene Elizabethes Achademy, &c.,** ed. F. J. Furnivall. Essays on early Italian and German Books of Courtesy, by W. M. Rossetti and E. Oswald. (*Out of print.*) ,,
9. **Awdeley's Fraternitye of Vacabondes, Harman's Caveat, &c.,** ed. E. Viles and F. J. Furnivall. (*Out of print.*) ,,
O.S. 40. **English Gilds,** their Statutes and Customs, A.D. 1389, ed. Toulmin Smith and Lucy T. Smith, with an Essay on Gilds and Trades-Unions, by L. Brentano. (*Reprinted* 1963.) 55*s.* 1870
41. **William Lauder's Minor Poems,** ed. F. J. Furnivall. (*Out of print.*) ,,
42. **Bernardus De Cura Rei Famuliaris,** Early Scottish Prophecies, &c., ed. J. R. Lumby. (*Out of print.*) ,,
43. **Ratis Raving,** and other Moral and Religious Pieces, ed. J. R. Lumby. (*Out of print.*) ,,
E.S. 10. **Andrew Boorde's Introduction of Knowledge, 1547, Dyetary of Helth, 1542, Barnes in Defence of the Berde, 1542–3,** ed. F. J. Furnivall. (*Out of print.*) ,,
11. **Barbour's Bruce,** ed. W. W. Skeat. Part I. 14*s.* ,,
O.S. 44. **The Alliterative Romance of Joseph of Arimathie,** or **The Holy Grail:** from the Vernon MS.; with W. de Worde's and Pynson's Lives of Joseph: ed. W. W. Skeat. (*Out of print.*) 1871
45. **King Alfred's West-Saxon Version of Gregory's Pastoral Care,** ed., with an English translation, by Henry Sweet. Part I. (*Reprinted* 1958.) 30*s.* ,,
46. **Legends of the Holy Rood, Symbols of the Passion and Cross Poems,** ed. R. Morris. (*Out of print.*) ,,
47. **Sir David Lyndesay's Works,** ed. J. A. H. Murray. Part V. (*Out of print.*) ,,
48. **The Times' Whistle,** and other Poems, by R. C., 1616; ed. J. M. Cowper. (*Out of print.*) ,,
E.S. 12. **England in Henry VIII's Time:** a Dialogue between Cardinal Pole and Lupset, by Thom. Starkey Chaplain to Henry VIII, ed. J. M. Cowper. Part II. (*Out of print,* Part I is E.S. 32, 1878.) ,,
13. **A Supplicacyon of the Beggers,** by Simon Fish, A.D. 1528–9, ed. F. J. Furnivall, with **A Supplication to our Moste Soueraigne Lorde, A Supplication of the Poore Commons,** and **The Decaye of England by the Great Multitude of Sheep,** ed. J. M. Cowper. (*Out of print.*) ,,
14. **Early English Pronunciation,** by A. J. Ellis. Part III. (*Out of print.*) ,,
O.S. 49. **An Old English Miscellany,** containing a Bestiary, Kentish Sermons, Proverbs of Alfred, and Religious Poems of the 13th cent., ed. R. Morris. (*Out of print.*) 1872
50. **King Alfred's West-Saxon Version of Gregory's Pastoral Care,** ed. H. Sweet. Part II. (*Reprinted* 1958.) 30*s.* ,,
51. **Þe Liflade of St. Juliana,** 2 versions, with translations; ed. O. Cockayne and E. Brock. (*Reprinted* 1957.) 25*s.* ,,
52. **Palladius on Husbondrie,** englisht, ed. Barton Lodge. Part I. 12*s.* ,,
E.S. 15. **Robert Crowley's Thirty-One Epigrams, Voyce of the Last Trumpet, Way to Wealth, &c.,** ed. J. M. Cowper. (*Out of print.*) ,,
16. **Chaucer's Treatise on the Astrolabe,** ed. W. W. Skeat. (*Out of print.*)
17. **The Complaynt of Scotlande,** with 4 Tracts, ed. J. A. H. Murray. Part I. (*Out of print.*) ,,
O.S. 53. **Old-English Homilies,** Series II, and three Hymns to the Virgin and God, 13th-century, with the music to two of them, in old and modern notation, ed. R. Morris. (*Out of print.*) 1873
54. **The Vision of Piers Plowman,** ed. W. W. Skeat. Part III. Text C. (*Reprinted* 1959.) 35*s.* ,,
55. **Generydes,** a Romance, ed. W. Aldis Wright. Part I. 3*s.* 6*d.* ,,
E.S. 18. **The Complaynt of Scotlande,** ed. J. A. H. Murray. Part II. (*Out of print.*) ,,
19. **The Myroure of oure Ladye,** ed. J. H. Blunt. (*Out of print.*) ,,
O.S. 56. **The Gest Hystoriale of the Destruction of Troy,** in alliterative verse, ed. D. Donaldson and G. A. Panton. Part II. (*Out of print.*) 1874
57. **Cursor Mundi,** in four Texts, ed. R. Morris. Part I, with 2 photolithographic facsimiles. (*Reprinted* 1961.) 25*s.* ,,
58. **The Blickling Homilies,** ed. R. Morris. Part I. (*Out of print.*) ,,
E.S. 20. **Lovelich's History of the Holy Grail,** ed. F. J. Furnivall. Part I. (*Out of print.*) ,,
21. **Barbour's Bruce,** ed. W. W. Skeat. Part II. (*Out of print.*) ,,
22. **Henry Brinklow's Complaynt of Roderyck Mors** and **The Lamentacyon of a Christen Agaynst the Cytye of London,** made by Roderigo Mors, ed. J. M. Cowper. (*Out of print.*) ,,
23. **Early English Pronunciation,** by A. J. Ellis. Part IV. (*Out of print.*) ,,
O.S. 59. **Cursor Mundi,** in four Texts, ed. R. Morris. Part II. (*Out of print.*) 1875
60. **Meditacyuns on the Soper of our Lorde,** by Robert of Brunne, ed. J. M. Cowper. 3*s.* ,,
61. **The Romance and Prophecies of Thomas of Erceldoune,** ed. J. A. H. Murray. 12*s.* 6*d.* ,,
E.S. 24. **Lovelich's History of the Holy Grail,** ed. F. J. Furnivall. Part II. (*Out of print.*) ,,
25. **Guy of Warwick,** 15th century Version, ed. J. Zupitza. Part I. (*Out of print.*) ,,
O.S. 62. **Cursor Mundi,** in four Texts, ed. R. Morris. Part III. 18*s.* 1876
63. **The Blickling Homilies,** ed. R. Morris. Part II. (*Out of print.*) ,,
64. **Francis Thynne's Embleames and Epigrams,** ed. F. J. Furnivall. 8*s.* 6*d.* ,,
65. **Be Domes Dæge** (Bede's *De Die Judicii*), &c., ed. J. R. Lumby. (*Out of print.*) ,,
E.S. 26. **Guy of Warwick,** 15th-century Version, ed. J. Zupitza. Part II. (*Out of print.*) ,,
27. **The English Works of John Fisher,** ed. J. E. B. Mayor. Part I. (*Out of print.*) ,,
O.S. 66. **Cursor Mundi,** in four Texts, ed. R. Morris. Part IV, with 2 autotypes. (*Out of print.*) 1877
67. **Notes on Piers Plowman,** by W. W. Skeat. Part I. (*Out of print.*) ,,

E.S. 28. **Lovelich's Holy Grail**, ed. F. J. Furnivall. Part III. (*Out of print.*) 1877
29. **Barbour's Bruce**, ed. W. W. Skeat. Part III. 25*s.* "
O.S. 68. **Cursor Mundi**, in 4 Texts, ed. R. Morris. Part V. 30*s.* 1878
69. **Adam Davie's 5 Dreams about Edward II, &c.**, ed. F. J. Furnivall. 6*s.* "
70. **Generydes**, a Romance, ed. W. Aldis Wright. Part II. 5*s.* "
E.S. 30. **Lovelich's Holy Grail**, ed. F. J. Furnivall. Part IV. (*Out of print.*) "
31. **The Alliterative Romance of Alexander and Dindimus**, ed. W. W. Skeat. (*Out of print.*) "
32. **Starkey's England in Henry VIII's Time.** Part I. **Starkey's Life and Letters**, ed. S. J. Herrtage. 9*s.* 6*d.* "
O.S. 71. **The Lay Folks Mass-Book**, four texts, ed. T. F. Simmons. (*Out of print.*) 1879
72. **Palladius on Husbondrie**, englisht, ed. S. J. Herrtage. Part II. 6*s.* "
E.S. 33. **Gesta Romanorum**, ed. S. J. Herrtage. (*Reprinted* 1962.) 55*s.* "
34. **The Charlemagne Romances: 1. Sir Ferumbras**, from Ashm. MS. 33, ed. S. J. Herrtage. (*Out of print.*) "
O.S. 73. **The Blickling Homilies**, ed. R. Morris. Part III. (*Out of print.*) 1880
74. **English Works of Wyclif**, hitherto unprinted, ed. F. D. Matthew. (*Out of print.*) "
E.S. 35. **Charlemagne Romances: 2. The Sege off Melayne, Sir Otuell, &c.**, ed. S. J. Herrtage. (*Out of print.*) "
36. **Charlemagne Romances: 3. Lyf of Charles the Grete**, ed. S. J. Herrtage. Part I. 19*s.* "
O.S. 75. **Catholicon Anglicum**, an English-Latin Wordbook, from Lord Monson's MS., A.D. 1483, ed., with Introduction and Notes, by S. J. Herrtage and Preface by H. B. Wheatley. (*Out of print.*) 1881
76. **Ælfric's Metrical Lives of Saints**, in MS. Cott. Jul. E VII, ed. W. W. Skeat. Part I. (*Out of print.*) "
E.S. 37. **Charlemagne Romances: 4. Lyf of Charles the Grete**, ed. S. J. Herrtage. Part II (*Out of print.*) "
38. **Charlemagne Romances: 5. The Sowdone of Babylone**, ed. E. Hausknecht. (*Out of print.*) "
O.S. 77. **Beowulf**, the unique MS. autotyped and transliterated, ed. J. Zupitza. (*Re-issued as* No. 245. *See under* 1958.) 1882
78. **The Fifty Earliest English Wills**, in the Court of Probate, 1387–1439, ed. F. J. Furnivall. (*Out of print.*) "
E.S. 39. **Charlemagne Romances: 6. Rauf Coilyear, Roland, Otuel, &c.**, ed. S. J. Herrtage. 18*s.* "
40. **Charlemagne Romances: 7. Huon of Burdeux**, by Lord Berners, ed. S. L. Lee. Part I. (*Out of print.*) "
O.S. 79. **King Alfred's Orosius**, from Lord Tollemache's 9th-century MS., ed. H. Sweet. Part I. (*Reprinted* 1959.) 30*s.* 1883
79 *b. Extra Volume.* **Facsimile of the Epinal Glossary**, ed. H. Sweet. (*Out of print.*) "
E.S. 41. **Charlemagne Romances: 8. Huon of Burdeux**, by Lord Berners, ed. S. L. Lee. Part II. (*Out of print.*) "
42. **Guy of Warwick: 2 texts** (Auchinleck MS. and Caius MS.), ed. J. Zupitza. Part I. (*Out of print.*) "
O.S. 80. **The Life of St. Katherine**, B.M. Royal MS. 17 A. xxvii, &c., and its Latin Original, ed. E. Einenkel. (*Out of print.*) 1884
81. **Piers Plowman**: Glossary, &c., ed. W. W. Skeat. Part IV, completing the work (*Out of print.*) "
E.S. 43. **Charlemagne Romances: 9. Huon of Burdeux**, by Lord Berners, ed. S. L. Lee. Part III. (*Out of print.*) "
44. **Charlemagne Romances: 10. The Foure Sonnes of Aymon**, ed. Octavia Richardson. Part I. (*Out of print.*) "
O.S. 82. **Ælfric's Metrical Lives of Saints**, MS. Cott. Jul. E VII, ed. W. W. Skeat. Part II. 20*s.* 1885
83. **The Oldest English Texts, Charters, &c.**, ed. H. Sweet. (*Reprinted* 1957.) 42*s.* "
E.S. 45. **Charlemagne Romances: 11. The Foure Sonnes of Aymon**, ed. O. Richardson. Part II. (*Out of print.*) "
46. **Sir Beves of Hamtoun**, ed. E. Kölbing. Part I. (*Out of print.*) "
O.S. 84. **Additional Analogs to 'The Wright's Chaste Wife'**, O.S. 12, by W. A. Clouston. 1*s.* 1886
85. **The Three Kings of Cologne**, ed. C. Horstmann. 20*s.* 6*d.* "
86. **Prose Lives of Women Saints**, ed. C. Horstmann. 14*s.* "
E.S. 47. **The Wars of Alexander**, ed. W. W. Skeat. (*Out of print.*) "
48. **Sir Beves of Hamtoun**, ed. E. Kölbing. Part II. (*Out of print.*) "
O.S. 87. **The Early South-English Legendary**, Laud MS. 108, ed. C. Horstmann. (*Out of print.*) 1887
88. **Hy. Bradshaw's Life of St. Werburghe** (Pynson, 1521), ed. C. Hortsmann. 12*s.* "
E.S. 49. **Guy of Warwick, 2 texts** (Auchinleck and Caius MSS.), ed. J. Zupitza. Part II. (*Out of print.*) "
50. **Charlemagne Romances: 12. Huon of Burdeux**, by Lord Berners, ed. S. L. Lee. Part IV. (*Out of print.*) "
51. **Torrent of Portyngale**, ed. E. Adam. (*Out of print.*) "
O.S. 89. **Vices and Virtues**, ed. F. Holthausen. Part I. (*Out of print.*) 1888
90. **Anglo-Saxon and Latin Rule of St. Benet**, interlinear Glosses, ed. H. Logeman. (*Out of print.*) "
91. **Two Fifteenth-Century Cookery-Books**, ed. T. Austin. (*Out of print.*) "
E.S. 52. **Bullein's Dialogue against the Feuer Pestilence, 1578**, ed. M. and A. H. Bullen. (*Out of print.*) "
53. **Vicary's Anatomie of the Body of Man, 1548**, ed. 1577, ed. F. J. and Percy Furnivall. Part I. (*Out of print.*) "
54. **The Curial made by maystere Alain Charretier, translated by William Caxton**, 1484, ed. F. J. Furnivall and P. Meyer. (*Out of print.*) "
O.S. 92. **Eadwine's Canterbury Psalter**, from the Trin. Cambr. MS., ed. F. Harsley, Part II. (*Out of print.*) 1889
93. **Defensor's Liber Scintillarum**, ed. E. Rhodes. 20*s.* "
E.S. 55. **Barbour's Bruce**, ed. W.W. Skeat. Part IV. 6*s.* "
56. **Early English Pronunciation**, by A. J. Ellis. Part V, the present English Dialects. (*Out of print.*) "
O.S. 94. **Ælfric's Metrical Lives of Saints**, MS. Cott. Jul. E VII, ed. W. W. Skeat. Part III. 30*s.* 1890
95. **The Old-English Version of Bede's Ecclesiastical History**, re-ed. T. Miller. Part I, 1. (*Reprinted* 1959.) 30*s.* "
E.S. 57. **Caxton's Eneydos**, ed. W. T. Culley and F. J. Furnivall. (*Reprinted* 1962.) 30*s.* "
58. **Caxton's Blanchardyn and Eglantine**, c. 1489, ed. L. Kellner. (*Reprinted* 1962.) 42*s.* "
O.S. 96. **The Old-English Version of Bede's Ecclesiastical History**, re-ed. T. Miller. Part I, 2. (*Reprinted* 1959.) 30*s.* 1891
97. **The Earliest English Prose Psalter**, ed. K. D. Buelbring. Part I. (*Out of print.*) "

E.S. 59. **Guy of Warwick,** 2 texts (Auchinleck and Caius MSS.), ed. J. Zupitza. Part III. (*Out of print.*) 1891
60. **Lydgate's Temple of Glas,** re-ed. J. Schick. (*Out of print.*) „
O.S. 98. **Minor Poems of the Vernon MS.,** ed. C. Horstmann. Part I. (*Out of print.*) 1892
99. **Cursor Mundi.** Preface, Notes, and Glossary, Part VI, ed. R. Morris. (*Reprinted* 1962.) 25*s.* „
E.S. 61. **Hoccleve's Minor Poems, I,** from the Phillipps and Durham MSS., ed. F. J. Furnivall. (*Out of print.*) „
62. **The Chester Plays,** re-ed. H. Deimling. Part I. (*Reprinted* 1959.) 25*s.* „
O.S. 100. **Capgrave's Life of St. Katharine,** ed. C. Horstmann, with Forewords by F. J. Furnivall. (*Out of print.*) 1893
101. **Cursor Mundi.** Essay on the MSS., their Dialects, &c., by H. Hupe. Part VII. (*Reprinted* 1962.) 25*s.* „
E.S. 63. **Thomas à Kempis's De Imitatione Christi,** ed. J. K. Ingram. (*Out of print.*) „
64. **Caxton's Godeffroy of Boloyne, or The Siege and Conqueste of Jerusalem,** 1481, ed. Mary N. Colvin. (*Out of print.*) „
O.S. 102. **Lanfranc's Science of Cirurgie,** ed. R. von Fleischhacker. Part I. 24*s.* 1894
103. **The Legend of the Cross,** &c., ed. A. S. Napier. (*Out of print.*) „
E.S. 65. **Sir Beves of Hamtoun,** ed. E. Kölbing. Part III. (*Out of print.*) „
66. **Lydgate's and Burgh's Secrees of Philisoffres** ('Governance of Kings and Princes'), ed. R. Steele. (*Out of print.*) „
O.S. 104. **The Exeter Book** (Anglo-Saxon Poems), re-ed. I Gollancz. Part I. (*Reprinted* 1958.) 30*s.* 1895
105. **The Prymer or Lay Folks' Prayer Book,** Camb. Univ. MS., ed. H. Littlehales. Part I. (*Out of print.*) „
E.S. 67. **The Three Kings' Sons,** a Romance, ed. F. J. Furnivall. Part I, the Text. (*Out of print.*) „
68. **Melusine,** the prose Romance, ed. A. K. Donald. Part I, the Text. (*Out of print.*) „
O.S. 106. **R. Misyn's Fire of Love and Mending of Life** (Hampole), ed. R. Harvey. (*Out of print.*) 1896
107. **The English Conquest of Ireland,** A.D. 1166–1185, 2 Texts, ed. F. J. Furnivall. Part I. 18*s.* „
E.S. 69. **Lydgate's Assembly of the Gods,** ed. O. L. Triggs. (*Reprinted* 1957.) 25*s.* „
70. **The Digby Plays,** ed. F. J. Furnivall. (*Out of print.*) „
O.S. 108. **Child-Marriages and -Divorces, Trothplights, &c.** Chester Depositions, 1561–6, ed. F. J. Furnivall. (*Out of print.*) 1897
109. **The Prymer or Lay Folks' Prayer Book,** ed. H. Littlehales. Part II. (*Out of print.*) „
E.S. 71. **The Towneley Plays,** ed. G. England and A. W. Pollard. (*Re-issued* 1952.) 30*s.* „
72. **Hoccleve's Regement of Princes, and 14 Poems,** ed. F. J. Furnivall. (*Out of print.*) „
73. **Hoccleve's Minor Poems, II,** from the Ashburnham MS., ed. I. Gollancz. (*Out of print.*) „
O.S. 110. **The Old-English Version of Bede's Ecclesiastical History,** ed. T. Miller. Part II, 1. (*Reprinted* 1963.) 30*s.* 1898
111. **The Old-English Version of Bede's Ecclesiastical History,** ed. T. Miller. Part II, 2. (*Reprinted* 1963.) 30*s.* „
E.S. 74. **Secreta Secretorum,** 3 prose Englishings, one by Jas. Yonge, 1428, ed. R. Steele. Part I. 24*s.* „
75. **Speculum Guidonis de Warwyk,** ed. G. L. Morrill. 12*s.* „
O.S. 112. **Merlin.** Part IV. Outlines of the Legend of Merlin, by W. E. Mead. 18*s.* 1899
113. **Queen Elizabeth's Englishings of Boethius, Plutarch, &c.,** ed. C. Pemberton. (*Out of print.*) „
E.S. 76. **George Ashby's Poems, &c.,** ed. Mary Bateson. (*Out of print.*) „
77. **Lydgate's DeGuilleville's Pilgrimage of the Life of Man,** ed. F. J. Furnivall. Part I. (*Out of print.*) „
78. **The Life and Death of Mary Magdalene,** by T. Robinson, *c.* 1620, ed. H. O. Sommer. 6*s.* „
O.S. 114. **Ælfric's Metrical Lives of Saints,** ed. W. W. Skeat. Part IV and last. (*Out of print.*) 1900
115. **Jacob's Well,** ed. A. Brandeis. Part I. 12*s.* „
116. **An Old-English Martyrology,** re-ed. G. Herzfeld. 20*s.* „
E.S. 79. **Caxton's Dialogues, English and French,** ed. H. Bradley. 12*s.* „
80. **Lydgate's Two Nightingale Poems,** ed. O. Glauning. 6*s.* „
81. **The English Works of John Gower,** ed. G. C. Macaulay. Part I. (*Reprinted* 1957.) 40*s.* „
O.S. 117. **Minor Poems of the Vernon MS.,** ed. F. J. Furnivall. Part II. 18*s.* 1901
118. **The Lay Folks' Catechism,** ed. T. F. Simmons and H. E. Nolloth. 6*s.* „
119. **Robert of Brunne's Handlyng Synne,** and its French original, re-ed. F. J. Furnivall. Part I. (*Out of print.*) „
E.S. 82. **The English Works of John Gower,** ed. G. C. Macaulay. Part II. (*Reprinted* 1957.) 40*s.* „
83. **Lydgate's DeGuilleville's Pilgrimage of the Life of Man,** ed. F. J. Furnivall. Part II. (*Out of print.*) „
84. **Lydgate's Reason and Sensuality,** ed. E. Sieper. Part I. (*Out of print.*) „
O.S. 120. **The Rule of St. Benet** in Northern Prose and Verse, and Caxton's Summary, ed. E. A. Kock. 18*s.* 1902
121. **The Laud MS. Troy-Book,** ed. J. E. Wülfing. Part I. 18*s.* „
E.S. 85. **Alexander Scott's Poems,** 1568, ed. A. K. Donald. (*Out of print.*) „
86. **William of Shoreham's Poems,** re-ed. M. Konrath. Part I. (*Out of print.*) „
87. **Two Coventry Corpus Christi Plays,** re-ed. H. Craig. (*See under* 1952.) „
O.S. 122. **The Laud MS. Troy-Book,** ed. by J. E. Wülfing. Part II. 24*s.* 1903
123. **Robert of Brunne's Handlyng Synne,** and its French original, re-ed. F. J. Furnivall. Part II. (*Out of print.*) „
E.S. 88. **Le Morte Arthur,** re-ed. J. D. Bruce. (*Reprinted* 1959.) 30*s.* „
89. **Lydgate's Reason and Sensuality,** ed. E. Sieper. Part II. (*Out of print.*) „
90. **English Fragments from Latin Medieval Service-Books,** ed. H. Littlehales. (*Out of print.*) „
O.S. 124. **Twenty-six Political and other Poems** from Digby MS. 102, &c., ed. J. Kail. Part I. 12*s.* 1904
125. **Medieval Records of a London City Church,** ed. H. Littlehales. Part I. (*Out of print.*) „
126. **An Alphabet of Tales,** in Northern English, from the Latin, ed. M. M. Banks. Part I. 12*s.* „
E.S. 91. **The Macro Plays,** ed. F. J. Furnivall and A. W. Pollard. (*Out of print.*) „
92. **Lydgate's DeGuileville's Pilgrimage of the Life of Man,** ed. Katherine B. Locock. Part III. (*Out of print.*) „
93. **Lovelich's Romance of Merlin,** from the unique MS., ed. E. A. Kock. Part I. (*Out of print.*) „
O.S. 127. **An Alphabet of Tales,** in Northern English, from the Latin, ed. M. M. Banks. Part II. 12*s.* 1905
128. **Medieval Records of a London City Church,** ed. H. Littlehales. Part II. 12*s.* „

O.S. 129. **The English Register of Godstow Nunnery,** ed. A. Clark. Part I. 12*s.* 1905
E.S. 94. **Respublica,** a Play on a Social England, ed. L. A. Magnus. (*Out of print. See under* 1946.) „
95. **Lovelich's History of the Holy Grail.** Part V. **The Legend of the Holy Grail,** ed. Dorothy Kempe. (*Out of print.*) „
96. **Mirk's Festial,** ed. T. Erbe. Part I. 14*s.* „
O.S. 130. **The English Register of Godstow Nunnery,** ed. A. Clark. Part II. 18*s.* 1906
131. **The Brut, or The Chronicle of England,** ed. F. Brie. Part I. (*Reprinted* 1960.) 25*s.* „
132. **John Metham's Works,** ed. H. Craig. 18*s.* „
E.S. 97. **Lydgate's Troy Book,** ed. H. Bergen. Part I, Books I and II. (*Out of print.*) „
98. **Skelton's Magnyfycence,** ed. R. L. Ramsay. (*Reprinted* 1958.) 30*s.* „
99. **The Romance of Emaré,** re-ed. Edith Rickert. (*Reprinted* 1958.) 15*s.* „
O.S. 133. **The English Register of Oseney Abbey, by Oxford,** ed. A. Clark. Part I. 18*s.* 1907
134. **The Coventry Leet Book,** ed. M. Dormer Harris. Part I. 18*s.* „
E.S. 100. **The Harrowing of Hell,** and **The Gospel of Nicodemus,** re-ed. W. H. Hulme. (*Reprinted* 1961.) 30*s.* „
101. **Songs, Carols, &c.,** from Richard Hill's Balliol MS., ed. R. Dyboski. (*Out of print.*) „
O.S. 135. **The Coventry Leet Book,** ed. M. Dormer Harris. Part II. 18*s.* 1908
135 *b*. *Extra Issue.* Prof. Manly's **Piers Plowman and its Sequence,** urging the fivefold authorship of the *Vision*. (*Out of print.*) „
136. **The Brut, or The Chronicle of England,** ed. F. Brie. Part II. (*Out of print.*) „
E.S. 102. **Promptorium Parvulorum,** the 1st English-Latin Dictionary, ed. A. L. Mayhew. 25*s.* 6*d.* „
103. **Lydgate's Troy Book,** ed. H. Bergen. Part II, Book III. (*Out of print.*) „
O.S. 137 **Twelfth-Century Homilies** in MS. Bodley 343, ed. A. O. Belfour. Part I, the Text. (*Reprinted* 1962.) 25*s.* 1909
138. **The Coventry Leet Book,** ed. M. Dormer Harris. Part III. 18*s.* „
E.S. 104. **The Non-Cycle Mystery Plays,** re-ed. O. Waterhouse. (*Out of print.*) „
105. **The Tale of Beryn, with the Pardoner and Tapster,** ed. F. J. Furnivall and W. G. Stone. (*Out of print.*) „
O.S. 139. **John Arderne's Treatises on Fistula in Ano, &c.,** ed. D'Arcy Power. 18*s.* 1910
139 *b, c, d, e, f*, *Extra Issue.* **The Piers Plowman Controversy:** *b*. **Dr. Jusserand's 1st Reply to Prof. Manly;** *c*. **Prof. Manly's Answer to Dr. Jusserand;** *d*. **Dr. Jusserand's 2nd Reply to Prof. Manly;** *e*. **Mr. R. W. Chambers's Article;** *f*. **Dr. Henry Bradley's Rejoinder to Mr. R. W. Chambers.** (*Out of print.*) „
140. **Capgrave's Lives of St. Augustine and St. Gilbert of Sempringham,** ed. J. Munro. (*Out of print.*) „
E.S. 106. **Lydgate's Troy Book,** ed. H. Bergen. Part III. (*Out of print.*) „
107. **Lydgate's Minor Poems,** ed. H. N. MacCracken. Part I. **Religious Poems.** (*Reprinted* 1961.) 40*s.* „
O.S. 141. **Earth upon Earth,** all the known texts, ed., with an Introduction, by Hilda Murray. (*Out of print.*) 1911
142. **The English Register of Godstow Nunnery,** ed. A. Clark. Part III. 12*s.* „
143. **The Prose Life of Alexander,** Thornton MS., ed. J. S. Westlake. 12*s.* „
E.S. 108. **Lydgate's Siege of Thebes,** re-ed. A. Erdmann. Part I, the Text. (*Reprinted* 1960.) 24*s.* „
109. **Partonope,** re-ed. A. T. Bödtker. The Texts. (*Out of print.*) „
O.S. 144. **The English Register of Oseney Abbey, by Oxford,** ed. A. Clark. Part II. 12*s.* 1912
145. **The Northern Passion,** ed. F. A. Foster. Part I, the four parallel texts. 18*s.* „
E.S. 110. **Caxton's Mirrour of the World,** with all the woodcuts, ed. O. H. Prior. (*Out of print.*) „
111. **Caxton's History of Jason,** the Text, Part I, ed. J. Munro. 18*s.* „
O.S. 146. **The Coventry Leet Book,** ed. M. Dormer Harris. Introduction, Indexes, &c. Part IV. 12*s.* 1913
147. **The Northern Passion,** ed. F. A. Foster, Introduction, French Text, Variants and Fragments, Glossary. Part II. 18*s.* „
[An enlarged reprint of O.S. 26, **Religious Pieces in Prose and Verse,** from the Thornton MS., ed. G. G. Perry. 6*s.*] „
E.S. 112. **Lovelich's Romance of Merlin,** ed. E. A. Kock. Part II. (*Reprinted* 1961.) 30*s.* „
113. **Poems by Sir John Salusbury, Robert Chester, and others,** from Christ Church MS. 184, &c., ed. Carleton Brown. 18*s.* „
O.S. 148. **A Fifteenth-Century Courtesy Book and Two Franciscan Rules,** ed. R. W. Chambers and W. W. Seton. (*Reprinted* 1963.) 25*s.* 1914
149 **Lincoln Diocese Documents, 1450–1544,** ed. Andrew Clark. 18*s.* „
150. **The Old-English Rule of Bp. Chrodegang,** and the **Capitula of Bp. Theodulf,** ed. A. S. Napier. 15*s.* „
E.S. 114. **The Gild of St. Mary, Lichfield,** ed. F. J. Furnivall. 18*s.* „
115. **The Chester Plays,** re-ed. J. Matthews. Part II. (*Reprinted* 1959.) 25*s.* „
O.S. 151. **The Lanterne of Light,** ed. Lilian M. Swinburn. (*Out of print.*) 1915
152. **Early English Homilies,** from Cott. Vesp. D. XIV, ed. Rubie Warner. Part I, Text. (*Out of print.*) „
E.S. 116. **The Pauline Epistles,** ed. M. J. Powell. (*Out of print.*) „
117. **Bp. Fisher's English Works,** ed. R. Bayne. Part II. 18*s.* „
O.S. 153. **Mandeville's Travels,** ed. P. Hamelius. Part I, Text. (*Reprinted* 1960.) 25*s.* 1916
154. **Mandeville's Travels,** ed. P. Hamelius. Part II, Notes and Introduction. (*Reprinted* 1961.) 25*s.* „
E.S. 118. **The Earliest Arithmetics in English,** ed. R. Steele. 18*s.* „
119. **The Owl and Nightingale,** 2 Texts parallel, ed. G. F. H. Sykes and J. H. G. Grattan. (*Reprinted* 1959.) 20*s.* „
O.S. 155. **The Wheatley MS.,** ed. Mabel Day. 36*s.* 1917
E.S. 120. **Ludus Coventriae,** ed. K. S. Block. (*Reprinted* 1961.) 30*s.* „
O.S. 156. **Reginald Pecock's Donet,** from Bodl. MS. 916, ed. Elsie V. Hitchcock. 42*s.* 1918
E.S. 121. **Lydgate's Fall of Princes,** ed. H. Bergen. Part I. (*Out of print.*) „

E.S. 122. **Lydgate's Fall of Princes,** ed. H. Bergen. Part II. (*Out of print.*) 1918
O.S. 157. **Harmony of the Life of Christ,** from MS. Pepys 2498, ed. Margery Goates. (*Out of print.*) 1919
158. **Meditations on the Life and Passion of Christ,** from MS. Add., 11307, ed. Charlotte D'Evelyn. (*Out of print.*) ,,
E.S. 123. **Lydgate's Fall of Princes,** ed. H. Bergen. Part III. (*Out of print.*) ,,
124. **Lydgate's Fall of Princes,** ed. H. Bergen. Part IV. (*Out of print.*) ,,
O.S. 159. **Vices and Virtues,** ed. F. Holthausen. Part II. 14*s.* 1920
[A re-edition of O.S. 18, **Hali Meidenhad,** ed. O. Cockayne, with a variant MS., Bodl. 34, hitherto unprinted, ed. F. J. Furnivall. (*Out of print.*)] ,,
E.S. 125. **Lydgate's Siege of Thebes,** ed. A. Erdmann and E. Ekwall. Part II. (*Out of print.*) ,,
126. **Lydgate's Troy Book,** ed. H. Bergen. Part IV. 18*s.* ,,

---

O.S. 160. **The Old English Heptateuch,** MS. Cott. Claud. B. IV, ed. S. J. Crawford. (*Out of print.*) 1921
161. **Three O.E. Prose Texts,** MS. Cott. Vit. A. XV, ed. S. Rypins. (*Out of print.*) ,,
162. **Facsimile of MS. Cotton Nero A. x (Pearl, Cleanness, Patience and Sir Gawain),** Introduction by I. Gollancz. (*Reprinted* 1955.) 100*s.* 1922
163. **Book of the Foundation of St. Bartholomew's Church in London,** ed. N. Moore. (*Out of print.*) 1923
164. **Pecock's Folewer to the Donet,** ed. Elsie V. Hitchcock. (*Out of print.*) ,,
165. **Middleton's Chinon of England, with Leland's Assertio Arturii and Robinson's translation,** ed. W. E. Mead. (*Out of print.*) ,,
166. **Stanzaic Life of Christ,** ed. Frances A. Foster. (*Out of print.*) 1924
167. **Trevisa's Dialogus inter Militem et Clericum, Sermon by FitzRalph, and Bygynnyng of the World,** ed. A. J. Perry. (*Out of print.*) ,,
168. **Caxton's Ordre of Chyualry,** ed. A. T. P. Byles. (*Out of print.*) 1925
169. **The Southern Passion,** ed. Beatrice Brown. (*Out of print.*) ,,
170. **Walton's Boethius,** ed. M. Science. (*Out of print.*) ,,
171. **Pecock's Reule of Cristen Religioun,** ed. W. C. Greet. (*Out of print.*) 1926
172. **The Seege or Batayle of Troye,** ed. M. E. Barnicle. (*Out of print.*) ,,
173. **Hawes' Pastime of Pleasure,** ed. W. E. Mead. (*Out of print.*) 1927
174. **The Life of St. Anne,** ed. R. E. Parker. (*Out of print.*) ,,
175. **Barclay's Eclogues,** ed. Beatrice White. (*Reprinted* 1961.) 35*s.* ,,
176. **Caxton's Prologues and Epilogues,** ed. W. J. B. Crotch. (*Reprinted* 1956.) 30*s.* ,,
177. **Byrhtferth's Manual,** ed. S. J. Crawford. (*Out of print.*) 1928
178. **The Revelations of St. Birgitta,** ed. W. P. Cumming. (*Out of print.*) ,,
179. **The Castell of Pleasure,** ed. B. Cornelius. (*Out of print.*) ,,
180. **The Apologye of Syr Thomas More,** ed. A. I. Taft. (*Out of print.*) 1929
181. **The Dance of Death,** ed. F. Warren. (*Out of print.*) ,,
182. **Speculum Christiani,** ed. G. Holmstedt. (*Out of print.*) ,,
183. **The Northern Passion (Supplement),** ed. W. Heuser and Frances Foster. (*Out of print.*) 1930
184. **The Poems of John Audelay,** ed. Ella K. Whiting. (*Out of print.*) ,,
185. **Lovelich's Merlin,** ed. E. A. Kock. Part III. 30*s.* ,,
186. **Harpsfield's Life of More,** ed. Elsie V. Hitchcock and R. W. Chambers. (*Reprinted* 1963.) 45*s.* 1931
187. **Whittinton and Stanbridge's Vulgaria,** ed. B. White. (*Out of print.*) ,,
188. **The Siege of Jerusalem,** ed. E. Kölbing and Mabel Day. 18*s.* ,,
189. **Caxton's Fayttes of Armes and of Chyualrye,** ed. A. T. Byles. 25*s.* 6*d.* 1932
190. **English Mediæval Lapidaries,** ed. Joan Evans and Mary Serjeantson. (*Reprinted* 1960.) 20*s.* ,,
191. **The Seven Sages,** ed. K. Brunner. (*Out of print.*) ,,
191A. **On the Continuity of English Prose,** by R. W. Chambers. (*Reprinted* 1957.) 14*s.* ,,
192. **Lydgate's Minor Poems,** ed. H. N. MacCracken. Part II, **Secular Poems.** (*Reprinted* 1961.) 40*s.* 1933
193. **Seinte Marherete,** re-ed. Frances Mack. (*Reprinted* 1958.) 30*s.* ,,
194. **The Exeter Book,** Part II, ed. W. S. Mackie. (*Reprinted* 1958.) 25*s.* ,,
195. **The Quatrefoil of Love,** ed. I. Gollancz and M. Weale. (*Out of print.*) 1934
196. **A Short English Metrical Chronicle,** ed. E. Zettl. (*Out of print.*) ,,
197. **Roper's Life of More,** ed. Elsie V. Hitchcock. (*Reprinted* 1958.) 20*s.* ,,
198. **Firumbras and Otuel and Roland,** ed. Mary O'Sullivan. (*Out of print.*) ,,
199. **Mum and the Sothsegger,** ed. Mabel Day and R. Steele. 14*s.* ,,
200. **Speculum Sacerdotale,** ed. E. H. Weatherly. (*Out of print.*) 1935
201. **Knyghthode and Bataile,** ed. R. Dyboski and Z. M. Arend. (*Out of print.*) ,,
202. **Palsgrave's Acolastus,** ed. P. L. Carver. (*Out of print.*) ,,
203. **Amis and Amiloun,** ed. MacEdward Leach. (*Reprinted* 1960.) 30*s.* ,,
204. **Valentine and Orson,** ed. Arthur Dickson. (*Out of print.*) 1936
205. **Tales from the Decameron,** ed. H. G. Wright. 20*s.* ,,
206. **Bokenham's Lives of Holy Women (Lives of the Saints),** ed. Mary S. Serjeantson. (*Out of print.*) ,,
207. **Liber de Diversis Medicinis,** ed. Margaret S. Ogden. (*Out of print.*) ,,
208. **The Parker Chronicle and Laws** (facsimile), ed. R. Flower and A. H. Smith. 84*s.* 1937
209. **Middle English Sermons from MS. Roy. 18 B. xxiii,** ed. W. O. Ross. (*Reprinted* 1960.) 42*s.* 1938
210. **Sir Gawain and the Green Knight,** ed. I. Gollancz. With Introductory essays by Mabel Day and M. S. Serjeantson. (*Reprinted* 1957.) 10*s.* ,,
211. **Dictes and Sayings of the Philosophers,** ed. C. F. Bühler. (*Reprinted* 1961.) 45*s.* 1939

The Original and Extra Series of the 'Early English Text Society'

212. **The Book of Margery Kempe**, Part I, ed. S. B. Meech and Hope Emily Allen. (*Reprinted* 1961.) 42*s*. 1939
213. **Ælfric's De Temporibus Anni**, ed. H. Henel. (*Out of print.*) 1940
214. **Morley's Translation of Boccaccio's De Claris Mulieribus**, ed. H. G. Wright. (*Out of print.*) "
215. **English Poems of Charles of Orleans**, Part I, ed. R. Steele. (*Out of print.*) 1941
216. **The Latin Text of the Ancrene Riwle**, ed. Charlotte D'Evelyn. (*Reprinted* 1957.) 31*s*. 6*d*. "
217. **Book of Vices and Virtues**, ed. W. Nelson Francis. (*Out of print.*) 1942
218. **The Cloud of Unknowing and the Book of Privy Counselling**, ed. Phyllis Hodgson. (*Reprinted* 1958.) 40*s*. 1943
219. **The French Text of the Ancrene Riwle**, B.M. Cotton MS. Vitellius. F. VII, ed. J. A. Herbert. (*Out of print.*) "
220. **English Poems of Charles of Orleans**, Part II, ed. R. Steele and Mabel Day. (*Out of print.*) 1944
221. **Sir Degrevant**, ed. L. F. Casson. (*Out of print.*) "
222. **Ro. Ba.'s Life of Syr Thomas More**, ed. Elsie V. Hitchcock and Mgr. P. E. Hallett. (*Reprinted* 1957.) 35*s*. 1945
223. **Tretyse of Loue**, ed. J. H. Fisher. (*Out of print.*) "
224. **Athelston**, ed. A. McI. Trounce. (*Reprinted* 1957.) 15*s*. 1946
225. **The English Text of the Ancrene Riwle**, B.M. Cotton MS. Nero A. XIV, ed. Mabel Day. (*Reprinted* 1957.) 25*s*. "
226. **Respublica**, re-ed. W. W. Greg. 18*s*. 6*d*. "
227. **Kyng Alisaunder**, ed. G. V. Smithers. Vol. I, Text. (*Reprinted* 1961.) 35*s*. 1947
228. **The Metrical Life of St. Robert of Knaresborough**, ed. J. Bazire. (*Out of print.*) "
229. **The English Text of the Ancrene Riwle**, Gonville and Caius College MS. 234/120, ed. R. M. Wilson. With Introduction by N. R. Ker. (*Reprinted* 1957.) 25*s*. 1948
230. **The Life of St. George by Alexander Barclay**, ed. W. Nelson. (*Reprinted* 1960.) 28*s*. "
231. **Deonise Hid Diuinite**, and other treatises related to *The Cloud of Unknowing*, ed. Phyllis Hodgson. (*Reprinted* 1958.) 30*s*. 1949
232. **The English Text of the Ancrene Riwle**, B.M. Royal MS. 8 C. 1, ed. A. C. Baugh. (*Reprinted* 1958.) 20*s*. "
233. **The Bibliotheca Historica of Diodorus Siculus translated by John Skelton**, ed. F. M. Salter and H. L. R. Edwards. Vol. I, Text. 42*s*. 1950
234. **Caxton: Paris and Vienne**, ed. MacEdward Leach. 30*s*. 1951
235. **The South English Legendary**, Corpus Christi College Cambridge MS. 145 and B.M. M.S. Harley 2277, &c., ed. Charlotte D'Evelyn and Anna J. Mill. Text, Vol. I. 35*s*. "
236. **The South English Legendary**. Text, Vol. II. 35*s*. 1952

[E.S. 87. **Two Coventry Corpus Christi Plays**, re-ed. H. Craig. Second Edition. (*Out of print.*)] "

237. **Kyng Alisaunder**, ed. G. V. Smithers. Vol. II, Introduction, Commentary, and Glossary. 37*s*. 6*d*. 1953
238. **The Phonetic Writings of Robert Robinson**, ed. E. J. Dobson. 28*s*. "
239. **The Bibliotheca Historica of Diodorus Siculus translated by John Skelton**, ed. F. M. Salter and H. L. R. Edwards. Vol. II. Introduction, Notes, and Glossary. 15*s*. 1954
240. **The French Text of the Ancrene Riwle**, Trinity College, Cambridge, MS. R. 14. 7, ed. W. H. Trethewey. 45*s*. "
241. **Þe Wohunge of ure Lauerd**, and other pieces, ed. W. Meredith Thompson. 32*s*. 1955
242. **The Salisbury Psalter**, ed. Celia Sisam and Kenneth Sisam. 84*s*. 1955–56
243. **George Cavendish: The Life and Death of Cardinal Wolsey**, ed. Richard S. Sylvester. (*Reprinted* 1961.) 35*s*. 1957
244. **The South English Legendary**. Vol. III, Introduction and Glossary, ed. Charlotte D'Evelyn. 25*s*. "
245. **Beowulf** (facsimile). With Transliteration by J. Zupitza, new collotype plates, and Introduction by N. Davis. 70*s*. 1958
246. **The Parlement of the Thre Ages**, ed. M. Y. Offord. 28*s*. 1959
247. **Facsimile of MS. Bodley 34** (Katherine Group). With Introduction by N. R. Ker. 42*s*. "
248. **Þe Liflade ant te Passiun of Seinte Iuliene**, ed. S. R. T. O. d'Ardenne. 30*s*. 1960
249. **Ancrene Wisse**, Corpus Christi College, Cambridge, MS. 402, ed. J. R. R. Tolkien. With an Introduction by N. R. Ker. 30*s*. "
250. **Laȝamon's Brut**, ed. G. L. Brook and R. F. Leslie. Vol. I, Text (first part). 70*s*. 1961
251. **Facsimile of the Cotton and Jesus Manuscripts of the Owl and the Nightingale**. With Introduction by N. R. Ker. 42*s*. 1962
252. **The English Text of the Ancrene Riwle**, B.M. Cotton MS. Titus D. XVIII, ed. Frances M. Mack, and Lanhydrock Fragment, ed. A. Zettersten. (*At press.*) 35*s*. "
253. **The Bodley Version of Mandeville's Travels**, ed. M. C. Seymour. (*At press.*) 35*s*. 1963
254. **Ywain and Gawain**, ed. Albert B. Friedman and Norman T. Harrington. (*At press.*) 35*s*. "

The following is a select list of forthcoming volumes. Other texts are under consideration:

Sir Eglamour of Artois, ed. Frances E. Richardson.
Sir Thomas Chaloner: The Praise of Folie, ed. Clarence H. Miller.
Laȝamon's Brut, ed. G. L. Brook and R. F. Leslie, Vols. II and III.
Ælfric: Catholic Homilies, First Series, ed. P. Clemoes.
The Paston Letters, ed. N. Davis.
The English Text of the Ancrene Riwle, edited from all the extant manuscripts:
Bodleian MS. Vernon, ed. G. V. Smithers.
B.M. Cotton MS. Cleopatra C. VI, ed. E. J. Dobson.
Magdalene College, Cambridge, MS. Pepys 2498, ed. A. Zettersten.
The York Plays, re-ed. Arthur Brown.
The Macro Plays, re-ed. Mark Eccles.
The Cely Letters, ed. A. H. Hanham.

***April* 1963**

Publisher

LONDON: THE OXFORD UNIVERSITY PRESS, AMEN HOUSE, E.C. 4

The manufacturer's authorised representative in the EU for product safety is Oxford University Press España S.A. of El Parque Empresarial San Fernando de Henares, Avenida de Castilla, 2 - 28830 Madrid (www.oup.es/en or product.safety@oup.com). OUP España S.A. also acts as importer into Spain of products made by the manufacturer.

Printed and bound by CPI Group (UK) Ltd, Croydon, CR0 4YY

20/04/2026

02093360-0001